职业教育·城市轨道交通类专业教材

城市轨道交通概论

（第2版）

陈海峰　谢旺军　主　编
刘振华　磨巧梅　副主编
陈宗平　主　审

人民交通出版社股份有限公司
北　京

内 容 提 要

本书是职业教育城市轨道交通类专业教材。本书系统地阐述了城市轨道交通系统的组成,主要内容包括城市轨道交通概述、城市轨道交通线路、城市轨道交通轨道结构、城市轨道交通车站、路基与桥隧建筑物、轨道线路检查与维护、城市轨道交通其他组成部分七个模块。

本书为城市轨道交通类专业的专业基础课教材,可供高职、中职院校教学选用,也可作为城市轨道交通行业岗位培训或自学用书,同时可供城市轨道交通行业工程技术人员和技术工人参考学习。

***本书配有教学资源,任课教师可通过加入"职教轨道教学研讨群"(教师专用QQ群号:129327355)获取。**

图书在版编目(CIP)数据

城市轨道交通概论/陈海峰,谢旺军主编. —2版
. —北京:人民交通出版社股份有限公司,2022.9
ISBN 978-7-114-18239-6

Ⅰ.①城… Ⅱ.①陈…②谢… Ⅲ.①城市铁路—轨道交通—概论 Ⅳ.①U239.5

中国版本图书馆CIP数据核字(2022)第178766号

职业教育·城市轨道交通类专业教材
Chengshi Guidao Jiaotong Gailun

书　　名:城市轨道交通概论(第2版)
著 作 者:陈海峰　谢旺军
责任编辑:司昌静
责任校对:孙国靖　宋佳时
责任印制:张　凯
出版发行:人民交通出版社股份有限公司
地　　址:(100011)北京市朝阳区安定门外外馆斜街3号
网　　址:http://www.ccpcl.com.cn
销售电话:(010)59757973
总 经 销:人民交通出版社股份有限公司发行部
经　　销:各地新华书店
印　　刷:北京市密东印刷有限公司
开　　本:787×1092　1/16
印　　张:16.25
字　　数:362千
版　　次:2014年12月　第1版
2022年9月　第2版
印　　次:2022年9月　第1次印刷　总第9次印刷
书　　号:ISBN 978-7-114-18239-6
定　　价:45.00元
(有印刷、装订质量问题的图书,由本公司负责调换)

前·言

Preface

【编写背景】

随着我国经济的高速发展，城市化水平不断提高，为了适应城市发展，缓解城市交通压力，城市轨道交通成了大中城市大力发展的交通方式。我国城市轨道交通发展进入了高速阶段，已有50多个城市建设了城市轨道交通。城市轨道交通专业人才是保证建设目标实现的基础。专业人才的培养是职业教育的使命与责任，而教材是人才培养的载体，是学生获取知识的基本途径，是影响人才培养质量的关键因素，同时是体现国家意志，解决"为谁培养人、培养什么人、怎样培养人"这一根本问题的重要载体。因此，为了人才培养的需要，本教材编写团队根据新的教学需要，研究新的编写理念，对《城市轨道交通概论》进行了修订完善。

【教材定位】

城市轨道交通需要各专业组成部分密切配合，形成有机整体，才能确保安全运营。城市轨道交通行业对从业人员的系统意识、专业协作、职业素养等要求很高，本教材的编写目的是为了满足人才培养要求，帮助学生建立城市轨道交通的系统认识、学习各专业的基本知识，促进职业素养提升。

【教材特色】

1. 立德树人有道、春风化雨无声

教材编写以《国家职业教育改革实施方案》《关于学习宣传贯彻习近平总书记重要指示和全国职业教育大会精神的通知》为指导，全面贯彻党的教育方针，落实立德树人根本任务。教材中融入了精益求精、追求卓越的大国工匠精神和艰苦奋斗、科技报国的奉献精神，弘扬了我国的传统文化。

2. 教学设计先进、教学资源丰富

本教材针对职业教育特点，采取模块化学习方式，各模块之间既相互独立、又相互关联，学习形式灵活；设置互动栏目，激发学生的求知欲望和学习兴趣；每个模块学习完之后通过"知识巩固"检验学习的效果，提升综合素养。

3. 内容科学严谨，紧跟行业发展

为了紧跟城市轨道交通行业发展，本教材总结和吸收了目前城市轨道交通发展的最新技术及国家发布的相关标准规范,结合教育部推行的“1+X”证书制度的相关要求,通过梳理城市轨道交通所涉及专业的基本知识与技能要求,以应用为目的,以必需、够用为度,围绕核心职业能力的形成来组织教材内容。

4. 校企合作编写,对接职业能力

本教材编写得到了南宁轨道交通集团有限公司、中国建筑第八工程局有限公司、中铁一局集团有限公司的大力支持。编写组深度调研相关企业,把岗位要求、企业规范和行业发展内容融入教材,重新对教材的结构和内容进行了梳理,达到了知识更加系统、更加全面,技术更加先进。

【编写团队】

本教材由广西交通职业技术学院副校长陈海峰和广西交通职业技术学院谢旺军担任主编,广西交通职业技术学院刘振华和磨巧梅担任副主编,广西大学陈宗平教授担任主审。本书编写分工为:陈海峰编写模块1和统筹书稿、谢旺军编写模块2,南京交通职业技术学院彭涌涛编写模块3中的单元3.1和单元3.2,广西交通职业技术学院杨洋编写模块3中的单元3.3、盘霞编写模块5中的单元5.1、刘振华编写模块5中的单元5.2、孙宗丹编写模块5中的单元5.3,广西交通职业技术学院廖成文和中铁一局集团有限公司张彭云编写模块3中的单元3.5、单元3.6,柳州铁道职业技术学院沈杰编写模块3中的单元3.4,南宁学院梁莹和区王生编写模块4中的单元4.1和单元4.2,广西交通职业技术学院刘振华和中国建筑第八工程局有限公司广西分公司唐际宇编写模块4中的单元4.3,广西交通职业技术学院磨巧梅和南宁轨道交通集团有限责任公司吴涛编写模块6,广西交通职业技术学院裴廷福和天津一号线轨道交通运营有限公司杨健编写模块7。

在编写本教材的过程中,广西交通职业技术学院、南京交通职业技术学院、中铁一局集团有限公司、柳州铁道职业技术学院、南宁学院、中国建筑第八工程局有限公司广西分公司、南宁轨道交通集团有限责任公司运营分公司、天津一号线轨道交通运营有限公司等相关单位的领导和专家给予了指导和帮助,特别是广西大学陈宗平、中国建筑第八工程局有限公司广西分公司唐际宇、天津一号线轨道交通运营有限公司杨健、中铁一局集团有限公司张彭云对本教材的编写提出了宝贵建议,在此一并表示感谢。

因编写能力和掌握资料有限,书中缺点和错误在所难免,敬请专家和读者提出宝贵意见,以便今后改正完善。

【配套资源】

本教材配套课件、课程标准、视频、案例、习题及答案等丰富的助学助教资源。

作　者

2022年3月

本教材配套数字资源索引

目·录

Contents

模块1 城市轨道交通概述

背景导入

随着经济社会发展,城市化进程加快,大城市交通拥堵成为亟须解决的问题。城市轨道交通大大缓解了交通拥堵,成为人们出行优先选用的交通方式之一。小铁报考了某高校城市轨道交通工程技术专业,在新生开学报到这天,他第一次乘坐地铁来到了学校。在乘坐地铁的过程中他感受到了地铁的舒适、卫生、平稳、快速、准点,激起了他对专业的好奇。他开始思考:地铁这么方便,是谁提出建设的呢?我们国家的地铁是什么时候开始建设的?修建地铁需要花很多钱吧?现在哪些城市已经有地铁了?没有的城市为什么不修建?我学习的城市轨道交通工程技术专业是指地铁建设吗?他给自己定下目标,要解决这些疑问,好好学习专业知识,提高个人素养与综合能力,将来成为一名合格的城市轨道交通技术技能人才。

知识目标

1. 掌握城市轨道交通的概念、特点和类型。
2. 了解城市轨道交通的发展现状与趋势。
3. 熟悉城市轨道交通系统结构构成。

能力目标

1. 能区分不同类型的城市轨道交通,且能清晰地描述其特点。
2. 能清晰描述国内外城市轨道交通的发展状态与趋势。
3. 会通过正规出版物和权威机构官方网站查阅相关资料,熟练使用办公软件。

素质目标

增强民族自信、科技自信,激发科技报国的爱国精神;弘扬艰苦奋斗、无私奉献的劳模精神。

建议学时

4 学时。

单元1.1 城市轨道交通的特点与类型

城市轨道交通是指采用专用轨道导向运行的城市公共客运交通系统[参考《城市轨道交通工程基本术语标准》(GB/T 50833—2012)]。城市轨道交通作为城市公共交通的重要组成部分,具有城市公共交通的特点,但区别于传统的城市道路公共交通(如公共汽车、出租汽车等),是一种比较先进的城市公共交通系统。

城市轨道交通具有运能大、能耗低、污染小、安全舒适、方便、准点等优点。随着国民经济的发展,我国城市轨道交通建设进入了快速发展期。

城市轨道交通种类繁多,技术指标差异较大,世界不同地区、国家、城市评价标准不一,并无严格的分类。基于分类标准的不同,城市轨道交通有多种分类方式。

课堂交流

您认识的城市轨道交通类型有哪些,请说明其特点。

一、城市轨道交通分类

城市轨道交通根据相关的国家标准、行业标准、团体标准等有不同的分类方式。随着社会发展和行业进步,这些标准将适时更新或制定新的标准。目前《城市公共交通分类标准》(CJJ/T 114—2007)、《城市轨道交通线网规划标准》(GB/T 50546—2018)、《城市轨道交通分类》(T/CAMET 00001—2020)中均涉及城市轨道交通分类。

课堂交流

工程技术人员学习标准规范的重要性。

综合以上标准规范,城市轨道交通分类方式如下。

城市轨道交通按照空间范围可分为城区轨道交通(图1-1)和市域轨道交通(图1-2)两类。其技术特征应符合表1-1的规定。

图1-1 城区轨道交通(上海地铁16号线)

图1-2 市域轨道交通(金华轨道交通金义东线)

按空间范围划分的城市轨道交通分类及技术特征 表1-1

分类名称	技术特征
城区轨道交通	(1)主要服务于城市城区的通勤(学)、公务、购物、餐饮、文体娱乐、旅游休闲等多种出行目的。 (2)主要服务于城区内部的客流需求,线路正线主要位于城区范围内
市域轨道交通	(1)主要服务于城市市域或都市圈范围的公务、通勤(学)、旅游休闲等多种出行目的。 (2)主要服务于城市市域或都市圈外围地区与中心城区之间联系的客流需求,线路正线主要位于城区以外的城市市域或都市圈范围

城市轨道交通按照运输能力可分为大运能系统、中运能系统和低运能系统三类。其中,中运能系统又细分为中大运能系统和中小运能系统。按运输能力划分的城市轨道交通分类及技术特征见表1-2。

按运输能力划分的城市轨道交通分类及技术特征 表1-2

分类名称		运输能力(人次/h)
大运能系统		≥30000
中运能系统	中大运能系统	15000～30000(不含)
	中小运能系统	10000～15000(不含)
低运能系统		<10000

城市轨道交通按导向方式可分为轮轨导向(图1-3)和导向轮导向(图1-4)两类。

a)

b)

图1-3 轮轨导向

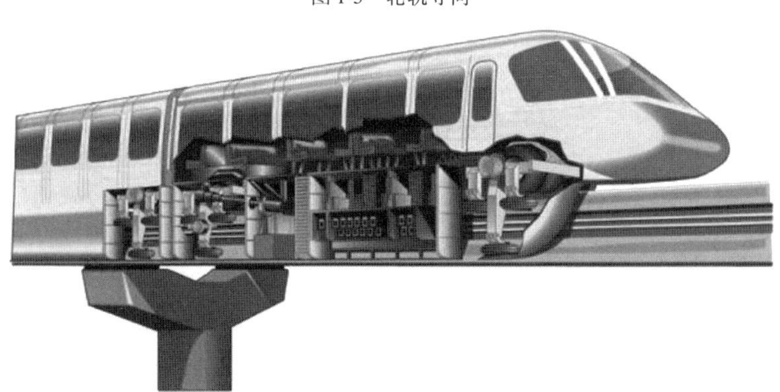

图1-4 导向轮导向

城市轨道交通按线路敷设方式可分为地下线(图 1-5)、高架线(图 1-6)和地面线(图 1-7)三类。

图 1-5 地下线

图 1-6 高架线

城市轨道交通按照路权形式可分为全封闭系统(图 1-8)、部分封闭系统(图 1-9)和开放式系统(图 1-10)三类。

图 1-7 地面线

图 1-8 全封闭系统

图 1-9 部分封闭系统

图 1-10 开放式系统

城市轨道交通按照设计最高速度可分为快速轨道交通和普速轨道交通两类。其中,快速轨道交通细分为 A、B 两级。按设计最高速度划分的城市轨道交通分类及主要特征应符合表 1-3 的规定。

按设计最高速度划分的城市轨道交通分类及主要特征　　表 1-3

分类名称		设计最高速度(km/h)
快速轨道交通	A	>120
	B	100～120
普速轨道交通		<100

注:1. 城市轨道交通的设计最高速度宜在 60km/h、70km/h、80km/h、100km/h、120km/h、140km/h、160km/h、200km/h 8 个速度等级中选用。

2. 快速轨道交通也称为快线、普速轨道交通也称为普线。

城市轨道交通按走行形式分为钢轮钢轨系统(图 1-3)、胶轮导轨系统(图 1-11)和磁浮系统(图 1-12)三类。

图 1-11　胶轮导轨系统(上海浦江线)

图 1-12　磁浮系统(上海磁浮线)

城市轨道交通按牵引方式分为旋转式直流电动机牵引、交流电动机牵引和直线电动机牵引三类。

按照城市轨道交通系统制式划分为地铁系统、市域快轨系统、轻轨系统、中低速磁浮交通系统、跨座式单轨系统、悬挂式单轨系统、自导向轨道系统、有轨电车系统、导轨式胶轮系统、电子导向胶轮系统 10 类。按系统制式划分的城市轨道交通分类及技术特征应符合表 1-4 的规定。

按系统制式划分的城市轨道交通分类及技术特征　　表 1-4

分类名称	技术特征					
	运输能力(人次/h)	设计最高速度(km/h)	路权形式	敷设方式	车辆类型	列车最大长度(m)
地铁系统	≥30000	80～120	全封闭	地下或地上	A、As、B、L_b 型车	185
市域快轨系统	≥10000	120～200	全封闭	地上为主	市域 A、市域 As、市域 B、市域 D 型车	185
轻轨系统	15000～30000	80～120	全封闭	地上为主	B、C、Lc 型车	100
	10000～15000	70	部分封闭	地上为主	C、Lc 型车	75
中低速磁浮交通系统	10000～30000	80～200	全封闭	高架为主	短定子直线异步电机磁浮车辆	120
					长定子直线同步电机磁浮车辆	

续上表

分类名称	技术特征					
	运输能力(人次/h)	设计最高速度(km/h)	路权形式	敷设方式	车辆类型	列车最大长度(m)
跨座式单轨系统	10000~30000	80~120	全封闭	高架为主	单轨A、单轨B、市域单轨车	120
悬挂式单轨系统	5000~15000	60~80	全封闭	高架为主	悬挂式单轨车辆	75
自导向轨道系统	5000~20000	60~80	全封闭	高架为主	自导向轨道车辆	75
有轨电车系统	5000~12000	60~70	开放式或部分封闭	地面为主	钢轮钢轨低地板车辆	75
					胶轮车辆	60
导轨式胶轮系统	5000~12000	60~80	全封闭	高架为主	胶轮车辆	75
电子导向胶轮系统	5000~12000	60~70	开放式或部分封闭	地面为主	胶轮车辆	60

二、城市轨道交通常见类型

以下城市轨道交通类型的概念依据《城市轨道交通工程基本术语标准》(GB/T 50833—2012)、《地铁设计规范》(GB 50157—2013)。

(一)有轨电车系统

有轨电车是指与道路上其他交通方式共享路权的低运量城市轨道交通方式。线路通常设在地面。

有轨电车通常采用电力牵引、轮轨导向、1~3 辆编组运行。

有轨电车是最早发展的城市轨道交通之一,一般设在城市中心,穿街走巷运行,具有上下车方便的优点。我国的有轨电车在 20 世纪 50 年代末已拆得所剩无几,仅大连、长春、沈阳有所保留,到 80 年代,大连对有轨电车进行了改造,使其成为城市的一张名片。大连的有轨电车如图 1-13 所示。

a)大连的早期有轨电车

b)大连的现代有轨电车

图 1-13 有轨电车

自主学习

通过查阅正规出版物和权威机构官方网站,总结国内外有轨电车的发展经历哪几个阶段?并分析原因。

(二)地铁系统

地下铁道简称地铁,是城市快速轨道交通的先驱,如图1-14所示。

地铁是指在城市中修建的快速、大运量、用电力牵引的轨道交通。列车在全封闭的线路上运行,位于中心城区的线路基本设在地下隧道内,中心城区以外的线路一般设在高架桥或地面上。地铁存在建设成本高、建设周期长的弊端,但同时具有运量大、速度快、安全、准时、节能环保、节省城市用地等优点。因此,地铁适用于出行距离较长、客运量需求大的城市中心区域。地铁的主要技术参数,见表1-5。

a)北京地铁

b)上海地铁

图1-14　地铁

地铁的主要技术参数　　表1-5

序号	项目	技术参数		序号	项目	技术参数	
1	高峰小时单向运输能力(人/h)	30000~70000		9	安全性和可靠性	较好	
2	列车编组	4~8节		10	最小曲线半径(m)	一般	300
						困难	250
3	列车定员(人)	230~310		11	最小竖曲线半径(m)	一般	5000
						困难	2500
4	车辆最高运行速度(km/h)	80~100		12	舒适性	较好	
5	平均运行速度(km/h)	35~40		13	城市景观	无大影响	
6	车站平均间距(m)	1000~2000		14	空气污染、噪声污染	小	
7	最大通过能力(对/h)	初期	≥12	15	站台高度	一般为高站台,乘降方便	
		远期	≥30				
8	与地面交通隔离率(%)	100		16	线路敷设	地下为主	

地铁的大部分线路为地下线或高架线,因此对线路建设技术水平要求较高,可靠性和安全

性要求也高。地铁系统与国家干线铁路一样,主要由线网、轨道、车站、车辆、供变电、通信信号等设施设备构成,要求各部门有机结合,共同完成输送任务。

课堂交流

分析总结地铁建设的周期、费用情况。

(三)轻轨系统

轻轨是指在全封闭或部分封闭线路上运行的中运量城市轨道交通方式。其通常设于地面或高架桥上,也可延伸至地下结构内。

轻轨是在有轨电车的基础上改造发展起来的。轻轨是个比较广泛的概念,公共交通国际联会(UITP)关于轻轨运营系统的解释为:轻轨是一种使用电力牵引、介于标准有轨电车和快运交通系统(包括地铁和城市铁路)之间,用于城市旅客运输的轨道交通系统。国内外大多以客运量或车辆轴重的大小来区分地铁和轻轨。

轻轨一般采用地面线和高架线相结合的方法建设,路线可以从市区通往近郊;列车编组采用3~6辆,为铰接车。由于轻轨采取了线路隔离、自动化信号、调度指挥系统等措施,最高运行速度不应小于60km/h,解决了有轨电车运能低、噪声大等难题。轻轨如图1-15所示。

a)长春轻轨

b)武汉轻轨

图1-15 轻轨

轻轨具有投资少、建设周期短、运能高、灵活(相对地铁来说)等优点。

课堂交流

如何区分地铁与轻轨?

(四)市域快轨系统

市域快速轨道交通是在市域范围内修建的最高运行速度为120~160km/h、旅行速度为45km/h及以上、采用电力牵引的快速轨道交通线路,列车在全封闭的线路上运行,结合沿线城市规划建设和环境采用地下、地面、高架等不同敷设方式,如图1-16所示。市域快轨系统线路设施与干线铁路基本相同,服务对象以城市公共交通客流为主。

市域快轨系统是伴随着城市规模的扩大、卫星城的建设而发展起来的，车辆通常使用电力牵引，列车编组多在 4 ~ 10 辆，最高运行速度可达 200km/h，每小时运能大于 10000 人，但由于站距较长，平均运行速度超过其他类型城市轨道交通，达 80km/h 以上。

a)北京地铁大兴机场线

b)南京宁句线(S6号线)

图 1-16　市域快轨系统

视野拓展

城市轨道交通有别于城际铁路

城市轨道交通也为轨道交通，但与城际铁路有很多不同之处，具体如下。

1. 运营范围

城市轨道交通的运营范围是城市市区及郊区，往往只有几十千米，不像城际铁路那样纵横数百千米，服务于相邻城市间或城市群。

2. 运行速度

城市轨道交通因在城市范围内运行，站间距离短，且每站须停车，列车最高运行速度通常不超过 120km/h。而城际铁路的最高运行速度比较高，通常为 120 ~ 200km/h。

3. 线路与轨道

城市轨道交通线路在地下、地面或高架，均为双线，各线路之间一般不共线运营。正线一般采用 9 号道岔，车辆段采用 7 号道岔，这些都与城际铁路有异。另外，城市轨道交通还有跨座式和悬挂式。

4. 车站

城市轨道交通车站一般设在正线上，多数车站没有道岔，换乘站多为立体换乘，而大部分城际铁路车站有数量不等的道岔及股道，有较复杂的咽喉区，采用平面换乘。

5. 车辆段

城市轨道交通的车辆段不同于城际铁路的车辆段，城际铁路车辆段只有车辆检修的功能。而城市轨道交通车辆段类似于铁路的区段站，在此进行车辆检修、停放以及大量的列车编解、接发车和调车作业。

6. 车辆

城市轨道交通采用电动车组，一般由动、拖车编组而成。城际铁路通常采用机车和车辆编组。

7. 供电

城市轨道交通供电包括牵引供电和动力照明供电，一般为直流供电，而城际铁路的供电方式同普速铁路。城市轨道交通的动力、照明供电尤为重要,一旦供电中断,将陷入瘫痪状况。

8. 通信信号

城市轨道交通列车密度高,行车间隔短,普遍采用列车自动监控和列车自动运行的信号系统。为了迅速、准确、可靠地传递信息,建有自成体系的独立完整的内部通信网,还包括广播和闭路电视。

9. 运营管理

城市轨道交通运营条件十分简单,除了进、出段和折返外,没有越行、交会,正线上一般没有调车作业,易于实现自动监控。

(五)单轨系统

跨座式单轨交通系统

单轨系统也称作独轨系统,是指采用电力牵引列车在一条轨道梁上运行的中低运量城市轨道交通系统,根据车辆与轨道梁之间的位置关系,通常分为跨座式单轨系统和悬挂式单轨系统两种类型。单轨系统的最大特点是车体比承载轨道要宽。其中,跨座式是车辆跨骑在单片梁上运行,如图1-17所示;悬挂式是车辆悬挂在单根梁上运行,如图1-18所示。

a)

b)

图1-17 重庆跨座式列车

图1-18 陕西韩城悬挂式单轨列车

跨座式轨道梁由预应力混凝土制作,车辆运行时走行轮在轨道上平面滚动,导向轮在轨道侧面滚动。悬挂式轨道梁大多由箱形断面钢梁制作,车辆运行时走行轮沿轨道走行面滚动,导向轮沿轨道导向面滚动。

跨座式单轨车辆采用橡胶车轮,由电气牵引,列车旅行速度不宜小于30km/h;列车编组可采用2~8节的动拖车混合或全动车编组;根据车辆客室的有效载客面积可将跨座式单轨车辆分为A型车和B型车,A型车载客量大于B型车。

与轮轨导向相比,跨座式单轨有很多突出的优点:由于跨座式单轨列车的走行轮采用特制的橡胶车轮,所以振动和噪声大为减少;两侧装有导向轮和稳定轮,控制列车转弯,运行稳定可靠,转弯半径小、爬坡能力强;轨道梁宽度,A型车应采用850mm,B型车宜采用700mm或

690mm，不需要很大空间，可适应复杂地形的要求，同时对城市景观影响较小；跨座式单轨交通占地少、造价低、建设工期短，建设费用不足地铁的1/2。

跨座式单轨也有其缺点：橡胶轮与轨道梁摩擦产生橡胶粉尘，对环境有轻度污染；列车运行在区间发生事故时救援比较困难等。

想一想

若单轨系统在行驶时发生火灾，应如何处理？

视野拓展

我国首条跨座式单轨

我国的单轨客车技术从日本引进，经中车长春轨道客车股份有限公司的技术团队消化、吸收、再创新，并取得成功。我国首条跨座式单轨线路是在有“山城”之称的重庆修建的重庆地铁2号线，一期工程于2004年建成，全线于2006年开通。跨座式单轨交通十分适合重庆市道路坡陡、弯急、路窄的地形特点，也因其结构轻巧、简洁，易融于山城景色而取得较好的景观效果，如图1-19所示。

图1-19 重庆单轨2号线(李子坝站)

自主学习

调研总结我国首条悬挂式单轨的基本情况，以图文并茂的形式展示，力求思路清晰、语言简洁。

(六)自动导向轨道系统

自动导向轨道系统是一种以无人驾驶胶轮电动车辆为主导的，在配有运行道与导向轨的专用线路上全自动运行的城市轨道交通系统制式。

自动导向轨道线路应为全封闭式，采用高架线敷设方式，列车采用无人值守全自动驾驶模式，应高密度组织运营，其设计最大运输能力应满足行车密度不小于36对/h的要求。

视野拓展

世界首条全地下APM系统——广州地铁APM线

广州地铁APM线(Zhujiang New Town Automated People Mover System)，全称广州市珠江新城核心区市政交通项目旅客自动输送系统，是世界上第一条在盾构结构内、全地下的旅客自动输送系统，于2010年11月8日开通运营，是广州地铁首条建成运营的自动导向轨道系统线路,如图1-20所示。线路全长约3.94km,共设9个站,运行全程需时约11分半钟;运营初期,列车采用两节独立车厢、橡胶轮胎、第三轨供电、全程无人驾驶,随着客流增加可采用三节编组。广州地铁APM线疏导了珠江新城核心区的交通,满足了旅游观光、购物、出行的需要。

a)

b)

图1-20 广州地铁APM线

(七)磁浮系统

磁浮交通是一种非轮轨黏着传动,采用直线同步电机驱动,定子设在轨道上的交通系统。磁浮列车是利用常导磁铁或超导磁铁产生的吸力或斥力使车辆浮起,用以上的复合技术产生导向力,用直线电动机产生牵引动力,使其成为高速、安全、舒适、节能、环保、维护简单、占地少的新一代交通运输工具。根据速度快慢,磁浮交通可分为中低速磁浮交通和高速磁浮交通。

中低速磁浮列车

视野拓展

我国磁浮技术发展

2003年1月4日,我国上海正式开通了世界上第一条用于商业运营的磁浮专线。上海磁浮列车专线西起上海地铁2号线的龙阳路站,东至浦东国际机场站,专线全长29.863km,设计速度为430km/h,实际速度约380km/h,现已降速至最高301km/h,由中德两国合作开发。磁浮列车原理图如图1-21、图1-22所示。

图1-21 上海磁浮列车

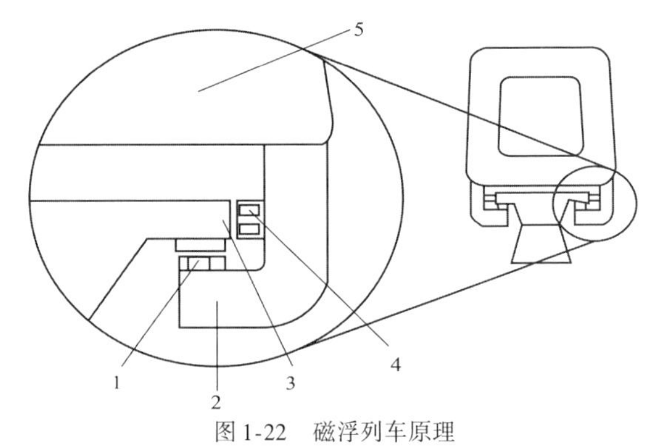

图1-22 磁浮列车原理

1-磁浮电磁铁;2-起落架;3-导轨;4-导引电磁铁;5-车厢

长沙磁浮快线,是服务于湖南省长沙市的一条城市轨道交通线路,是我国国内第一条自主设计、自主制造、自主施工、自主管理的拥有完全自主知识产权的中低速磁浮交通线路,于2016年5月6日开通运营,标志色为粉色,如图1-23所示。长沙磁浮快线途经长沙市雨花区和长沙县,连接长沙南站和长沙黄花国际机场,大致呈东西走向。截至2021年7月,长沙磁浮快线线路全长18.55km,全程高架敷设;设车站3座,预留车站2座;列车采用3节编组,设计速度为100km/h。

随着我国磁浮技术的发展,北京相继开通了北京地铁S1线,又称北京磁浮线。《交通强国建设纲要》明确提出,要合理统筹安排时速600公里级高速磁浮系统、时速400公里级高速轮轨(含可变轨距)客运列车系统、低真空管(隧)道高速列车等技术储备研发。高速磁浮列车具有无摩擦、爬坡能力强、节能环保等优势。

2020年6月21日,设计速度600km/h高速磁浮试验样车在同济大学磁浮试验线上试跑,成为常导电磁悬浮突破技术速度瓶颈的成功尝试,如图1-24所示。

图1-23 长沙磁浮列车

图1-24 设计速度600km/h高速磁浮试验样车

我国原创的高温超导磁浮技术依靠独特的钉扎作用悬浮或悬挂,可沿着永磁轨道运行,实现自悬浮、自稳定和自导向,运行速度可达600~1000km/h,甚至更高。从综合技术和可靠性方面来看,600km/h以上磁浮列车完全可以采用高温超导磁浮技术,这一技术具有后发技术优势和划时代意义。

自主学习

我国磁浮技术取得的最新成果有哪些?

单元1.2 城市轨道交通发展历程

从世界上第一条城市轨道交通线路正式运营到今天,已经有近160年的历史。随着城市交通运输的快速发展,城市轨道交通在运输能力、运行速度、运营成本、安全舒适、节能、环保诸方面具有明显优势。因此,发展城市轨道交通是世界各国大城市交通发展的趋势。

一、城市轨道交通发展历程概述

19 世纪中叶,英国伦敦工业发展迅速。新房屋、商店以及办公楼和工厂林立,街道变得十分狭窄,这种情况催生了地铁的出现。

1843 年,英国律师查尔斯·皮尔逊针对当时伦敦客流量日益增长给交通造成的压力,向国会提交了修建地铁的建议。经过近 20 年的酝酿,1860 年英国伦敦采用明挖法开始修建地铁,直到 1863 年 1 月,世界第一条地铁大都会地铁开通,车辆采用蒸汽机车牵引,如图 1-25 所示。虽然该线路只有 6.5km,但开通运营非常成功,第一年就运载乘客 950 万人。1874 年,英国在伦敦首次采用盾构法施工,于 1890 年修建完成一条 5.2km 的地铁线路,并首次采用电力机车牵引。

a)

b)

图 1-25 世界第一条地铁"大都会地铁"

在伦敦地铁获得良好的运营效果之后,其他国家的城市也纷纷效仿伦敦建起了地铁。其中,芝加哥地铁在 1892 年开通、布达佩斯地铁在 1896 年开通、波士顿地铁在 1897 年开通、巴黎地铁在 1900 年开通、纽约地铁在 1904 年开通。19 世纪共有 8 个城市开通了地铁,随着世界经济快速发展,很多国家都开始地铁建设。

在地铁建设的同时,作为城市轨道交通的另一种形式——有轨电车出现了。1879 年,德国柏林工业展览会上展出了第一辆以输电线供电的电动车;1881 年,维尔纳·冯·西门子在德国柏林制造了世界上第一台有轨电车;1886 年,美国阿尔拉巴州的蒙哥马利市开始出现有轨电车;1888 年,美国弗吉尼亚州里士满市建成了世界上第一个投入商业运行的有轨电车。此后,有轨电车发展起来。

我国最早的有轨电车出现于 1899 年,由德国西门子公司修建,连接北京郊区的马家堡火车站与永定门,后又被拆除。天津、上海先后于 1906 年、1908 年开通有轨电车。1908 年 3 月 5 日,上海第一条有轨电车正式通车,该线路全程长 6.04km。当时的有轨电车为一节车厢,由直流电动机驱动,车速很慢,乘客可随时上下。直至 1924 年底,北京才正式开通第一条有轨电车线路,由正阳门至西直门。与其他城市不同,北京的这条有轨电车由中国人自己创办的电车公司开通。

从 20 世纪初到 1945 年的时间里,由于战争以及汽车工业的发展,全世界地铁建设步伐放缓。随着汽车工业的迅速发展,一些国家的交通政策也随之发生变化,开始大量建设道路,为汽车发展创造了条件。随着汽车的增加,也使道路特别是城市道路出现了严重拥堵,在这种形势下,有轨电车的运行速度、准点率下降,乘客开始流失,一些城市的有轨电车开始被拆除。

我国现代城市轨道交通是以1965年7月1日开工建设的北京地铁为开端,该线路于1969年10月1日建成通车。这条地铁线路从北京站到苹果园站,全长23.6km。1970年开始建设、1976年建成通车的天津地铁,全长5.2km。1978年以前,我国城市轨道交通建设以北京和天津两个城市为代表。老一代地铁人弘扬奋发图强、自力更生的革命精神,克服种种困难,开创了我国城市轨道交通建设的新纪元。

1993年上海轨道交通1号线南段开通观光运营线路6km;1995年上海火车站至锦江乐园段开通运营线路16km;1997年广州地铁开通观光运营线路5km。

2000年起,我国城市轨道交通建设进入快速发展时期。2001年7月13日,北京申奥成功。此后,我国地铁建设速度加快,具有标志性的节点如下:2003年9月发布的《国务院办公厅关于加强城市快速轨道交通建设管理的通知》(国办发(2003)81号)拟定了可以建设城市轨道交通的基本条件,当时全国共有15个城市符合申报条件;2005年,出台了《城市轨道交通运营管理办法》(建设部令第140号)。"十五"期间(2001—2005年),10座城市新增城市轨道交通线路399km,年均增加约80km,2005年末运营线路达544km。"十一五"期间(2006—2010年),12座城市新建城市轨道交通线路1054km,年均增加200多km,2010年末运营线路累计达1599km。"十二五"期间(2011—2015年),新建城市轨道交通线路2019km,年均增加400多km,2015年末运营线路累计达3294km。"十三五"期间(2016—2020年),城市轨道交通线路新增2700km,年均增加540km,2020年末运营线路累计6000km。

自我国城市轨道交通建设步伐加速以来,建设速度和先进技术研发与应用均取得突破性进展,位居世界前列。

视野拓展

近二十年我国城市轨道交通建设展

2003年1月4日,我国上海正式开通运营了世界上第一条商业运营的磁浮专线。

2006年重庆轨道交通2号线全面建成通车,是我国西部地区第一条城市轨道交通线路,也是我国第一条跨座式单轨线路。

2008年研发制造了我国第一台具有自主知识产权的复合式土压平衡盾构机——中国中铁1号,实现了从"0到1"的跨越。

2010年3月20日,中国首列出口印度地铁列车在中车南京浦镇车辆有限公司下线,这一具有自主知识产权的地铁产品运用于印度孟买。这是我国轨道交通装备在印度市场上的零的突破,也是我国地铁A型车高端产品首次出口海外,标志着我国轨道交通装备国际竞争力提升。

2016年5月6日开通运营自主设计、自主制造、自主施工、自主管理的拥有完全自主知识产权的中低速磁浮线路——长沙磁浮快线。

2018年1月正式开通试运营我国具有完全自主知识产权的轨道交通全自动运行线路——燕房线。

2018年1月10日,首条无人驾驶的跨座式单轨线路——比亚迪云轨,正式通车运行,落户于银川。此云轨线路是首条搭载100%自主知识产权无人驾驶系统的跨座式单轨。

2020年6月21日,由中车四方股份有限公司承担研制的设计速度600km/h高速磁浮试验样车在同济大学磁悬浮试验线上试跑,成为常导电磁悬浮突破技术速度瓶颈的成功尝试。

2021年6月28日,由中国中车承担研制的我国首列中国标准地铁列车在郑州下线,标志着我国在地铁车辆技术领域取得重大创新突破。

2021年11月3日,全国首条全自动无人驾驶跨座式单轨——芜湖轨道交通1号线全线开通运营,标志着芜湖市正式跨入轨道交通时代。

近20年,我国城市轨道交通建设取得了显著成就,为实现更好的发展积累了宝贵的经验。

自主学习

同学们可登录中华人民共和国交通运输部官方网站、中国城市轨道交通协会官方网站,了解我国最新的城市轨道交通现状与发展趋势。

二、我国城市轨道交通发展展望

在新一轮科技革命和产业变革的推动下,我国城市轨道交通信息化建设步入快速发展阶段,信息化建设的成果初具规模,改变了传统的建设模式、服务手段和经营方式。但是,鉴于全国城市轨道交通建设起步不一,所处阶段不同,特别是对"城市轨道交通+信息化"的认识程度有别、信息化标准因地而异,致使各个城市轨道交通的信息化进程参差不齐,应用程度和水平差异较大。与此同时,随着云计算、大数据、物联网、人工智能、第五代移动通信技术(5G)、卫星通信、区块链等新兴信息技术的飞速发展,北京、上海、广州等先行城市的智慧车站建设已经起步,一批后发城市跃跃欲试,将很快遍及全行业。为了促使我国城市轨道交通信息化的健康发展和智慧城市轨道交通的有序建设,亟须进行行业层面的顶层设计,以统筹发展战略,明确建设目标,确定重点任务,谋划实施路径,创新体制机制,制定保障措施,指导和鼓励各城市按照"因地制宜、开拓创新、大胆探索、勇于实践"的原则,有序推进智慧城市轨道交通建设。《中国城市轨道交通智慧城轨发展纲要》智慧城市轨道交通建设蓝图如图1-26所示。

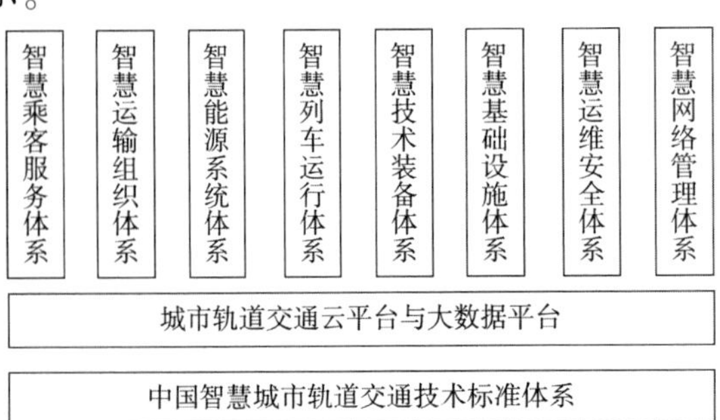

图1-26 智慧城市轨道交通建设蓝图

1.“十四五”规划里程目标

《国民经济和社会发展第十四个五年规划和2035年远景目标纲要》提出,“十四五”期间我国将新增城市轨道交通运营里程3000公里。由此可推算,2025年末我国城市轨道交通运营里程将突破1万公里。

2.智慧城市轨道交通发展目标

2020年3月12日,《中国城市轨道交通智慧城轨发展纲要》正式发布实施。该纲要正文7章,提出了智慧城轨建设的指导思想,阐述了智慧城轨的标志和内涵,描绘了智慧城轨建设的蓝图,明确了“两步走”总体目标和10大具体目标。

“两步走”实现智慧城市轨道交通建设目标的内容如下。

第一步:2025年,中国式智慧城市轨道交通特色基本形成,跻身世界先进智慧城市轨道交通国家行列。中国城市轨道交通行业的信息化、智能化、智慧化水平进入世界先进行列,重点智能化关键核心技术得到应用,智能化产业初具规模。一是智能服务设施和智慧服务手段广泛应用,乘客满意度显著提高。二是智能运输组织水平显著提高,运输效率进入世界先进行列。三是全行业能源系统初步建立绿色建设运维体系,节能率普遍提高,进入国际先进行列。四是自主化列车全自动运行系统成熟完善并大面积推广应用,互联互通取得重大突破,具有自主知识产权的全自动运行系统开始进入国际市场。五是自主化的技术装备研发制造能力大幅提升,部分关键核心技术进入世界先进行列,5G+取得实质性的推广应用,通信技术进入世界领先行列。六是智能线桥隧技术管理体系建立,基础设施的数字化和智能化达到世界先进水平。七是建立完善的全生命周期智能运维体系,车辆、能源装备及信号等专业系统实现普遍应用,运营维护和安全保障水平跻身世界先进行列。八是健全网络级管理平台,发挥网络层级功能优势,企业网络化管理体系初步建立,运营效率、管理能力达到国际先进水平。九是中国标准的城市轨道交通云平台和大数据平台建设初具规模,和世界新兴信息技术同步应用。十是智慧城市轨道交通技术标准体系基本形成,部分关键技术标准走向世界。

第二步:2035年,进入世界先进智慧城市轨道交通国家前列,中国式智慧城市轨道交通乘势领跑发展潮流。实现的总目标是:中国城市轨道交通行业的智能化水平世界领先,自主创新能力全面形成,建成全球领先的智慧城市轨道交通技术体系和产业链。一是建成世界领先的智慧乘客服务体系,乘客出行便捷、舒适、畅行。二是智能运输组织能力显著增强,运输效率进入世界先进前列。三是全行业绿色建设运维体系更加完善并取得显著成效,普遍采用绿色能源技术,全行业能源系统节能率大幅度提高,达到世界领先水平。四是区域全自动、互联互通列车运行系统广泛应用,智能全自动运行系统关键核心技术进入世界前列。五是自主技术创新创优能力强盛,拥有世界著名自主品牌,主要关键核心技术装备达到世界领先水平。六是基础设施资源集约共享,数字化、全生命周期应用水平大幅度提高,关键技术应用进入世界领先行列。七是智能运维安全保障体系健全完善,全行业运营安全和设备保障等指标达到世界领先水平。八是持续完善网络管理体系和平台,企业网络化管理体系健全完善,运营安全、服务品质和综合效益和网络化管理水平跨入世界前列。九是城市轨道交通云平台与大数据平台实现行业全覆盖、应用业务全覆盖,以城市轨道交通云平台为标志的新一代信息技术应用进入世界领先行列。十是自主化智慧城市轨道交通技术标准体系完备,关键技术标准纳入国际标准序列,形成以智慧城市轨道交通系列规范引领城市轨道交通行业的态势,总体水平处于国际引领地位。

想一想

我国城市轨道交通建设发展对政治、经济、国防、文化、生态、生活等产生了哪些积极影响?

自主学习

查阅目前全球城市轨道交通发展现状,包括国家、城市、运营里程,分析不同类型的城市轨道交通占比。

单元1.3 城市轨道交通系统结构

城市轨道交通是一个庞大复杂的综合系统,其涵盖土建工程系统、车辆系统、牵引供电系统、通信与信号系统、环控系统、运营管理系统等,它们协调工作是为乘客提供满意服务的保证。以下重点介绍土建工程系统、车辆系统、通信与信号系统、运营管理系统。

一、土建工程系统

土建工程是城市轨道交通项目建设中工期、费用占比最大,对城市轨道交通建设进度、运营管理等起到关键作用的部分,包括内容多、专业复杂。土建工程系统构成如图1-27所示。

二、车辆系统

城市轨道交通车辆是城市轨道交通系统中的关键组成部分,也是输送旅客的运输载体。车辆是融合多学科的综合性产品,涉及机械、电气、控制、材料等领域,各个相对独立的构成部分有机地组合在一起,共同实现安全、可靠和高品质的运行。

城市轨道交通车辆主要由车体、转向架、车钩及缓冲装置、制动装置、空调通风系统、车辆电气牵引系统、辅助供电系统、列车控制和诊断系统、乘客信息系统等部分组成。

三、通信与信号系统

城市轨道交通系统的安全、速度、输送能力和效率与信号系统密切相关。信号系统包括列车自动控制系统(ATC)和车辆基地信号系统两大部分组成。信号系统实际上已成为城市轨道交通调度指挥和运营管理的中枢神经。

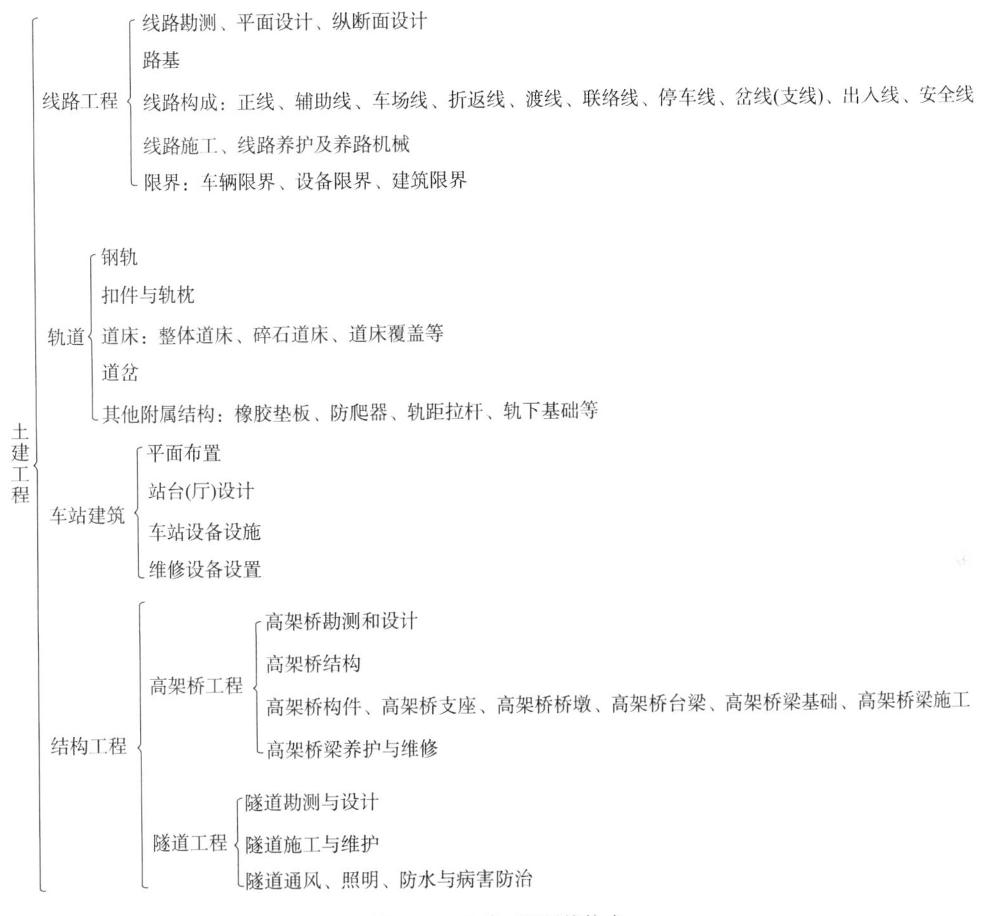

图1-27 土建工程系统构成

通信系统保证城市轨道交通系统列车运行的安全、可靠、准点、高密度和高效率，实现集中统一指挥、行车调度自动化和列车运行自动化。城市轨道交通系统必须配备专用的、完整的、独立的通信系统，从而实现城市轨道交通系统各职能部门之间的有机联系和行车调度指挥。通信系统通常分为传输系统、公务电话通信、有线广播通信、闭路电视、无线通信、其他通信(电话会议、可视电话会议等，数据通信)等。

四、运营管理系统

城市轨道交通运营管理是综合运用各种专业设备组织协调运输生产活动的技术业务。它采用先进的票务管理和行车组织方法，建立城市轨道交通内部各个专业部门和乘客间的密切联系，维护正常稳定的客运生产秩序，规范客运服务人员的工作行为规范，为乘客提供安全、准点、优质、舒适的客运服务。它主要包括客运组织、行车组织等内容。

城市轨道交通子系统包括内容多、意义大，对保证城市轨道交通运行安全、准时、舒适的意义重大，因此作为新时代城市轨道交通专业工程技术人才，我们应以端正的态度、科学的精神学习专业知识，为城市轨道交通的发展奉献力量。

行业楷模

“全国劳动模范”张重阳:坚守奋斗初心、诠释工匠精神

张重阳,男,1965年生,汉族,中共党员,湖南衡阳人,广州地铁运营事业总部首席技师。曾在湖南省株洲市湘江氮肥厂、广东南方制碱有限公司龙归硝盐矿工作;2003年,38岁的张重阳得知广州地铁招检修工的消息,广州地铁先进的技术和良好的工作环境给了他安全感,“我觉得自己找到了‘家’,就这样一待就是17年。”

张重阳是广州地铁技改革新的领头羊,广州地铁维修工匠的杰出代表。曾先后于2005年获评“全国知识型职工先进个人”;2006年“广州市劳动模范”“广东省劳动模范”“广州市突出贡献技师”;2012年“全国五一劳动奖章”;2013年被评为“广州市爱岗敬业道德模范”;2014年度获评“广州好人”;2015年受邀观礼抗战70周年阅兵;2016年获评“南粤工匠”称号,同年,张重阳劳模创新工作室被命名为“广东省创新工作室”;2017年广州市第十五届人民代表大会代表、2020年“全国劳动模范”,如图1-28所示。

“要树立终身学习的理念,必须不断翻开图纸手册或上图书馆查找资料,遇到难题自我设问、现场试验验证,才能第一时间掌握新的维修技术,适应新一轮科技革命和产业变革的需要。”张重阳说。获得一系列殊荣之后,心态没有变化是不可能的,但张重阳很清楚,“获奖不是我一个人有多厉害,而是反映广州地铁团队的力量,我不能辜负大家的期望,只有踏踏实实地工作才能心安”,如图1-29所示。坚持下去并不难,这位给检修行业带来巨大革新的佼佼者毫不犹豫地说“因为喜欢,每次完成一项任务都有一种成就感,我享受这种成就感。”

图1-28 “全国劳动模范”张重阳

图1-29 列车检修

他深深感受到,要想成为工匠,就要做到四点:心存感激,珍惜工作;明确定位,找准位置;勤于思考,勇于实践;坚持学习,学以致用。

自主学习

通过学习全国劳动模范张重阳的先进事迹,发表个人感言。

能力提升

1. 内容

(1)认真查阅资料,多角度说明轻轨与地铁的区别。

(2)认真查阅资料,举例说明国内外主要城市轨道交通发展状况及趋势。

2. 要求

(1)以小组为单位进行活动,各组人员不超过6人,推选组长1人。组长负责整体活动计划,协调、督促成员完成任务。

(2)每组制作汇报PPT,由任课教师任选1名成员在课堂上讲解。

知识巩固

一、填空题

1. 我国开通最早的地铁是1965年开始建设,1969年10月1日建成通车的__________地铁。

2. 单轨交通也称作独轨交通,单轨交通通常分为__________和__________两种。

3. 上海地铁1号线__________年建成通车向社会开放的。

二、选择题

1. 我国内地铁开通的先后顺序正确的是(　　)。

A. 北京　天津　上海　广州　　B. 北京　上海　天津　广州

C. 北京　上海　广州　天津　　D. 上海　北京　天津　广州

2. 我国首条跨座式单轨线路是在有“山城”之称的(　　)修建的。

A. 桂林　　B. 北京　　C. 新疆　　D. 重庆

3. 世界上第一条商业运营的磁浮专线产生于(　　)的(　　)市。

A. 中国　上海　　B. 英国　伦敦　　C. 日本　东京　　D. 美国　华盛顿

三、简答题

1. 简述城市轨道交通的定义。

2. 简述地铁、轻轨、单轨的优缺点。

3. 简述城市轨道交通系统的构成。

模块2
城市轨道交通线路

背景导入

城市轨道交通优势众多,我国支持满足条件的城市修建城市轨道交通,为社会和城市发展、居民出行提供更好的服务。

大学生活开始了,小铁周末经常和朋友到科技馆、展览馆、文化馆、图书馆等地方游学,出行的时候常常乘坐城市轨道交通列车。在乘坐的过程中小铁发现列车有时行走在地下、有时在高架,车站也有高架与地下之分,而且发现城市轨道交通车站大多设置在重要公共场所附近。小铁想:乘坐城市轨道交通如此舒适、安全、准点、环保,城市轨道交通线路的选择和设计肯定是关键,那线路如何选择,线路设计的主要内容是什么?设计出的线路图是什么样的?我能不能看懂?小铁感觉自己的专业知识不够,要认真地学习城市轨道交通专业知识。

知识目标

1. 能描述城市轨道交通线网规划与线路规划的基本要求。
2. 掌握城市轨道交通线路敷设的类型及优缺点。
3. 掌握城市轨道交通线路平、纵断面设计的内容。

能力目标

1. 能对北京地铁、上海地铁、所在城市地铁的线网规划与设计进行分析与解读。
2. 通过区分城市轨道交通线路类型,分析线路敷设方式的优缺点。
3. 能熟练识读线路平、纵断面图,能说出设计的主要内容。
4. 能熟练计算线路平、纵断面中的曲线要素及主点里程。
5. 会查阅相关资料,熟练使用办公、计算软件。

素质目标

养成科学使用规范标准的意识,培养严谨认真、实事求是的工匠精神,具备运用唯物辩证法认识问题、分析问题、解决问题的基本能力。

建议学时

12 学时。

单元2.1 线网规划与线路选择

城市轨道交通线路一经建成难以更改,是城市建设中周期长、投资大的交通基础设施。城市轨道交通线网直接影响城市发展的总体布局,改变人们的出行方式。因此,应首先科学编制城市轨道交通规划,严格落实建设条件,有序推进项目建设。

城市轨道交通线网规划应明确不同规划期城市轨道交通的功能定位、发展目标、发展模式和与其他交通方式的关系,提出线网规划布局以及线路和设施等用地的规划控制要求,同时城市轨道交通线网规划应与城市综合交通体系规划协调一致。

一、城市轨道交通线网规划与意义

1.城市轨道交通线网规划

城市轨道交通属于城市大型基础设施,与城市用地密不可分。城市轨道交通线网规划作为城市总体规划的重要组成部分,必须支持和服务于城市总体规划提出的城市发展战略。

城市轨道交通线网是多条城市轨道交通线路通过车站和联络线衔接组合而成的网络系统。城市轨道交通线网规划是指在一定线路规模条件下,确定路网的形态及各条线路走向的决策过程,实质是寻求“交通需求”和“交通供给”的动态平衡关系。

知识拓展

城市轨道交通工程设计年限应以建成通车年为基准年,之后应分为初期3年、近期10年、远期25年。在设计年限内,设计运能应满足客流预测需求,应留有不小于10%的运能储备[依据《城市轨道交通工程项目规范》(GB 55033—2022)]。

2.城市轨道交通线网规划的意义

城市轨道交通建设是一个庞大而复杂的系统工程,具有不可逆性,线路一经建成一般不可更改。用地控制、规划导向均与线网直接相关,规划布局合理和规模适当的线网显得非常重要,线网规划直接影响城市交通结构的合理性、工程项目的经济效益及社会效益。因此,科学、合理的线网规划在城市轨道交通建设中具有以下重要意义。

(1)科学、合理的线网规划能够很好地优化城市的发展布局,推进一个城市的城市化进程,且对扩大城市的内需、促进经济发展有着重要的战略意义。

(2)科学、合理的线网规划可以促使一个城市的市内交通和对外交通实现有序的衔接,提升城市的区位优势,提高城市的辐射能力,改善市容市貌,助推城市的总体规划更好地实施,产生良好的社会效益。

(3)科学、合理的线网规划有助于控制一个城市的建设用地规模,有助于推动城市总体规划的发展和实施,有利于一个城市的空间结构的发展和可持续发展。

(4)科学、合理的线网规划可以为一个城市的各种基础设施的修建创造更加有利的条件。

(5)科学、合理的线网规划有利于市内各类交通方式的衔接、互补,方便市民出行,解决交通拥堵问题。

可见,科学、合理的线网规划,可以支持城市总体规划的实施和发展,有利于城市制定科学的经济发展规划,有利于城市各项设施的建设,为控制城市轨道交通建设用地提供基础,为城市轨道交通工程立项提供依据。

知识拓展

城市总体规划是指城市人民政府依据国民经济和社会发展规划以及当地的自然环境、资源条件、历史情况、现状特点,统筹兼顾、综合部署,为确定城市的规模和发展方向,实现城市的经济和社会发展目标,合理利用城市土地,协调城市空间布局等所做的一定期限内的综合部署和具体安排。城市总体规划主要包含建筑用地规划、综合交通规划、绿地系统规划、空间景观规划、生态建设和环境保护规划、市政公用设施规划、综合防灾规划等。

城市总体规划按城市自身建设条件和现状特点,合理制定城市经济和社会发展目标,确定城市的发展性质、规模和建设标准,安排城市用地的功能分区和各项建设的总体布局,布置城市道路和交通运输系统,选定规划定额指标,制定规划实施的步骤和措施。最终使城市工作、居住、交通和游憩四大功能活动相互协调发展。城市总体规划期限一般为20年。

二、城市轨道交通线网规划的原则与任务

随着国民经济的快速发展,我国城市化进程逐步加速,城市轨道交通的优越性使其越来越受到重视。城市轨道交通建设也有了新的发展趋势:一方面由“城市化”转向“城际化”,另一方面则加大了向“网络化”的发展力度。

城市轨道交通线网规划应落实国家优先发展城市公共交通的政策,坚持量力而行、有序推进,因地制宜、经济适用,衔接协调、集约高效,严控风险、持续发展的原则,促进城市和交通可持续发展。

城市轨道交通线网规划任务应为,在明确城市轨道交通功能定位、发展目标的基础上,确定城市轨道交通线网的功能层次、规模和布局,提出城市轨道交通设施用地的规划控制要求。

知识拓展

城市轨道交通规划建设基本要求

《国务院办公厅关于进一步加强城市轨道交通规划建设管理的意见》(国办发〔2018〕52号)中对城市轨道交通规划建设管理总的指导思想是:以习近平新时代中国特色社会主义思想为指导,全面贯彻党的十九大和十九届二中、三中全会精神,统筹推进“五位一体”总

体布局和协调推进“四个全面”战略布局，牢固树立和贯彻落实新发展理念，按照高质量发展的要求，以服务人民群众出行为根本目标，持续深化城市交通供给侧结构性改革，坚持补短板、调结构、控节奏、保安全，科学编制城市轨道交通规划，严格落实建设条件，有序推进项目建设，着力加强全过程监管，严控地方政府债务风险，确保城市轨道交通发展规模与实际需求相匹配、建设节奏与支撑能力相适应，实现规范有序、持续健康发展。其中，对建设申报条件做如下要求：城市轨道交通系统，除有轨电车外均应纳入城市轨道交通建设规划并履行报批程序。地铁主要服务于城市中心城区和城市总体规划确定的重点地区，申报建设地铁的城市一般公共财政预算收入应在300亿元以上，地区生产总值在3000亿元以上，市区常住人口在300万人以上。引导轻轨有序发展，申报建设轻轨的城市一般公共财政预算收入应在150亿元以上，地区生产总值在1500亿元以上，市区常住人口在150万人以上。拟建地铁、轻轨线路初期客运强度分别不低于每日每公里0.7万人次、0.4万人次，远期客流规模分别达到单向高峰小时3万人次以上、1万人次以上。以上申报条件将根据经济社会发展情况按程序适时调整。

三、城市轨道交通线网规划的要求

城市轨道交通线网规划主要依据住房和城乡建设部发布的《城市轨道交通线网规划标准》(GB/T 50546—2018)。

(一)城市轨道交通线网规划基本规定

(1)城市轨道交通线网规划的规划范围应与城市总体规划的规划范围一致，并应符合下列规定：

①城市规划区应为规划编制的重点范围；

②在市域范围，应结合市域城镇发展和交通需求特征，论证规划建设城市轨道交通系统的必要性，需要规划建设轨道交通系统的城市，规划范围应增加市域层次。市域城镇连绵地区超出城市行政辖区范围的城市，可将城市行政辖区范围以外的城镇连绵地区作为规划编制的协调范围。

(2)城市轨道交通线网规划的年限应与城市总体规划的年限一致，同时应对远景城市轨道交通线网布局提出总体框架性方案，并应预留可扩展性和发展弹性。

(3)城市轨道交通线网方案应以交通需求分析为依据，经多方案综合评价确定。城市轨道交通线网规划修改或修编应以既有线网规划实施评估为基础。

(4)在中心城区，规划人口规模500万人及以上的城市，城市轨道交通应在城市公共交通体系中发挥主体作用；规划人口规模150万人至500万人的城市，城市轨道交通宜在城市公共交通体系中发挥骨干作用。

(5)对于规划人口规模不满150万人、确有必要发展建设轨道交通的城市，可在城市总体规划中预先安排轨道交通线路，规划预留相关设施建设用地。

(6)城市轨道交通线网规模、服务水平应与城市规模和经济社会发展水平相适应，并应符合城市综合交通体系规划的目标要求。

(7)城市轨道交通线网规划应对不同空间范围内的线网进行功能组织与布局,并应与城市总体规划用地布局协同、相互反馈,实现城市轨道交通建设与沿线用地及地下空间使用功能、开发强度相匹配,促进城市集约节约发展。

(8)城市轨道交通线网规划应与区域城际轨道交通网络规划、城市综合交通相关专项规划相衔接,应与城市客运及对外客运枢纽相衔接。

(9)城市轨道交通线网规划应满足风景名胜区、自然保护区、历史文化遗产、饮用水源保护区、湿地公园、森林公园等保护规划的要求。

(10)城市轨道交通线网规划应落实工程实施条件,尤其是与地形地貌、地质条件、沿线大型建筑物和构筑物等的关系,确保规划具有可实施性。

(11)城市轨道交通线网规划应满足网络化运营和资源共享的要求。

(12)城市轨道交通线网规划必须符合城市防灾减灾的相关要求。

(13)编制城市轨道交通线网规划应收集经济社会、城市规划、交通、环境、管线、构筑物、工程地质等基础资料,基础资料应准确、可靠,具有时效性。

(二)城市轨道交通线路规划规定

1. 一般规定

(1)线路规划应确定线路基本走向、起终点位置和主要车站分布,并应确定线路敷设方式的基本原则、线路规划应与沿线用地规划相协调。

(2)线路规划应提出线路的旅行速度、平均站间距、最大运输能力等技术标准,并应符合其在城市轨道交通线网中的功能定位和层次、客流特征、服务水平的总体要求。

(3)线路走向应符合城市总体规划的用地规划要求,并应符合沿线环境功能区对噪声、振动的要求,且应与沿线城市景观相协调;车站分布应满足城市用地功能及交通需求的基本要求,生态环境管控地区严禁设置车站。

2. 线路

(1)线路起终点车站应符合城市用地规划的要求。线路的起终点车站、支线分叉点均不宜布设在客流大断面位置。

(2)线路的路由宜沿承担主要客运功能的城市道路或客流走廊布设。线路路由穿越地块时,应具有可实施性,并应做好规划控制。

(3)线路的平、纵断面技术标准应满足系统制式和运营速度标准的要求,当同一走廊布设多条线路时,应同时满足各条线路布设的技术条件;具有多种速度标准需求的线路应满足越站运行的线路技术条件。

(4)线路应避开地下文物埋藏区、不良地质区域和重大安全风险源,当穿越较宽河流、水域、山体等地质地形复杂地段时,应具有可实施性。

3. 车站

(1)单一速度标准的线路平均站间距应满足速度目标值的合理运行要求。对于有越站运行线路的车站布局,应满足不同速度的合理运行要求。

(2)车站设置应与沿线用地开发强度相协调,并应与城市商业商务服务中心、重大公共设施、重要客运枢纽、大型居住与就业中心等大型客流集散点紧密结合，宜与车站周边地块的土地储备及开发条件相结合。

(3)换乘站宜结合城市重要功能区和大型客流集散点布设。普线与普线相交、快线与快线相交处应设置换乘站，有条件的可采用平行换乘或同台换乘，快线与普线相交且有换乘客流需求时应设置换乘站。

自主学习

普线与快线的特点。

4.敷设方式

(1)城市轨道交通线路敷设可采用地面、地下、高架等方式，敷设方式应结合城市总体规划、沿线用地条件、地理环境条件及城市轨道交通系统选型的技术特点因地制宜地选择，并应满足沿线城市功能发展需要和土地使用条件、环境保护、历史文化遗产保护、道路交通、气候、地形、水文地质、安全性和经济性等要素要求。

(2)线路敷设方式应与城市地上、地下空间综合开发利用相衔接，应有效地利用空间资源，合理控制建设和运营成本。

(3)在中心城区，大运量线路宜采用地下敷设为主，当条件许可时可采用高架线；中运量全封闭系统线路宜采用高架敷设为主，对于寒冷地区、飓风频繁地区经技术经济论证合理的条件下可采用地下线；中运量部分封闭系统线路宜采用高架、地面敷设为主。

(4)在中心城区以外，全封闭系统线路宜采用高架敷设为主，有条件的地段也可采用地面线。

5.交通接驳

(1)车站交通接驳应以城市轨道交通车站为核心进行组织，交通接驳方式可分为步行、非机动车、地面公交和出租车等。

(2)车站的步行方式接驳应安全、便捷，并应符合下列规定：

①集散广场、人行步道等设施应满足车站步行客流集散需求和通过能力要求。

②车站出入口宜设置客流集散广场、面积不宜小于30m²，对于突发性客流敏感车站，集散广场的设置应控制与之相适应的规模。

③应减小城市轨道交通车站与公交车站、非机动车停车场等换乘设施间的换乘距离，提高换乘效率。

④有条件时车站出入口应与周边建筑结合，合理规划步行空间并满足城市轨道交通运营和安全疏散的要求。

(3)车站的非机动车方式接驳，应结合用地条件在城市轨道交通车站出入口设置非机动车停车场，其规模应满足非机动车交通需求，并应符合下列规定：

①机动车停车场应结合城市轨道交通车站出入口分散布设，中心区宜采取分散与集中相结合的布设方式。

②非机动车停车场应布设在车站出入口附近，接驳距离不宜大于50m。

(4)车站的地面公交方式接驳应符合下列规定:

①公交车站与城市轨道交通车站出入口的接驳距离不宜大于50m,并不应超过150m。

②在城市轨道交通线路的末端车站应设置接驳公交车站。

(5)在车站出入口周边应结合用地条件配置出租车候客区,出租车候客区与车站出入口的接驳距离宜控制在50m以内,困难条件下不应大于150m。

(6)线路的外围地区车站或末端车站,可根据小汽车交通需求和用地条件设置接驳小汽车停车设施。

知识拓展

1965年7月1日,新中国第一条地铁正式破土动工。历时4年零3个月的艰苦奋战,1969年9月20日,第一条地铁线路胜利建成。东起北京站,西接古城,全长约23公里,设有车站16座。第一条地铁完全为我国自行设计自行施工,其建设不仅促进了当时国家经济的发展,而且为后来我国城市地铁的大规模建设探索了经验,奠定了基础。新中国第一条地铁线路曲折艰辛的建设史,见证了中国人民自强不息、自力更生的伟大精神。

(资料来源:陈小梅.曲折艰辛地铁路——新中国第一条地铁线路建设探源[J].中国档案,2012,460(02):72-73.)

自主学习

查询您所在城市或邻近城市的城市轨道交通规划线路数量、线路走向的基本情况,整理成表格。

四、城市轨道交通线路走向及设计选择

关于城市轨道交通线路走向及设计选择,以地铁线路为例,参照《地铁设计规范》(GB 50175—2013)和《城市轨道交通工程项目规范》(GB 55033—2022)中相关要求。

城市轨道交通的主要功能是为城市居民出行服务,所以,其线路走向选择的基本原则是沿客流方向布置。同时,应考虑有效利用土地、缩短建设工期、节约建设投资、线路运营后能方便乘客使用等方面的问题,市区线路绝大多数应铺设在城市街道地区的主要道路下面。城市轨道交通一旦建成,改造十分困难且费用高昂,因此,线路的走向应经慎重研究比较后选定。

按照《城市轨道交通分类》(T/CAMET 00001—2020),城市轨道交通包括地铁系统、轻轨系统、单轨系统、有轨电车、磁浮系统、自动导向轨道系统、市域快速轨道系统。关于不同类型的城市轨道交通线路走向及设计选择,分别在《地铁设计规范》(GB 50157—2013)、《轻轨交通设计标准》(GB/T 51263—2017)、《城市有轨电车工程设计标准》(CJJ/T 295—2019)、《跨座式单轨交通设计标准》(GB/T 50458—2022)、《中低速磁浮交通设计规范》(CJJ/T 262—2017)、《高速磁浮交通设计标准》(CJJ/T 310—2021)、《自动导向轨道交通设计标准》(CJJ/T 277—2018)、《市域快速轨道交通设计标准》(CJJ/T 314—2022)等行业标准中有相关规定。

这些规定既有共性，也有差异。地铁在众多城市轨道交通类型中占比最大，因此以《地铁设计规范》(GB 50157—2013)中的内容为例进行介绍。模块三至模块七采用同样的原则。在具体的工程应用中，应参阅相应的标准规范。

1.线路选择

(1)应依据线路在城市轨道交通规划线网中的地位和客流特征、功能定位等，确定线路性质、运量等级和速度目标。

(2)地铁线路应以快速、安全、独立运行为原则。当有条件时，也可根据需要在两条正线之间或一条线路上干线与支线之间，组织共线运行。

(3)支线在干线上的接轨点应设在车站，并应按进站方向设置平行进路；接轨点不宜设在靠近客流大断面的车站。

(4)地铁线路应符合运营效益原则，线路走向应符合城市客流走廊，应有全日客流效益、通勤客流规模、大型客流点的支撑。

(5)地铁选线应符合工程实施安全原则，宜规避不良工程地质、水文地质地段，并宜减少房屋和管线拆迁，宜保护文物和重要建、构筑物，同时应保护地下资源。

(6)地铁线路与相近建筑物距离应符合城市环境、风景名胜和文物保护的要求。地上线必要时应采取针对振动、噪声、景观、隐私、日照的治理措施，并应满足城市环境相关的规定；地下线应减少振动对周围敏感点的影响。

2.线路起、终点选择

(1)线路起、终点车站宜与城市用地规划相结合，并宜预留公交等城市交通接驳配套条件。

(2)线路起、终点不宜设在城区内客流大断面位置；也不宜设在高峰客流断面小于全线高峰小时单向最大断面客流量1/4的位置。

(3)对穿越城市中心的超长线路，应分析运营的经济性，并应结合对全线不同地段客流断面和分区交通出行量(OD)的特征、列车在各区间的满载率和拥挤度，以及建设时序的分析，合理确定线路运行的起、终点或运行的分段点。

(4)每条线路长度不宜大于35km，也可按每个交路运行不大于1h为目标。当分期建设时，初期建设线路长度不宜小于15km。

(5)支线与干线贯通共线运行时，其长度不宜过长。当支线长度大于15km时，宜按既能贯通又能独立折返运行设计，但应核算正线对支线客流的承受能力。

3.车站分布

(1)车站分布应以规划线网的换乘节点、城市交通枢纽点为基本站点，结合城市道路布局和客流集散点分布确定。

(2)车站间距在城市中心区和居民稠密地区宜为1km；在城市外围区宜为2km。超长线路的车站间距可适当加大。

(3)地铁车站站位选择，应结合车站出入口、风亭设置条件确定，并应满足结构施工、用地规划、客流疏导、交通接驳和环境要求。

(4)换乘车站线路设计应符合下列规定：

①换乘站的规划与设计,应按各线独立运营为原则,宜采用一点两线形式,并宜控制好换乘高差与距离;当采用一点三线换乘形式时,宜控制层数,并宜按两个站台层设置;一个站点多于三条线路时,其换乘形式应经技术经济论证确定。

②换乘车站应结合换乘方式,拟定线位、线间距、线路坡度和轨面高程;相交线路邻近一站一区间宜同步设计。

③当换乘站为两条线路采用同站台平行换乘方式时,车站线路设计应以主要换乘客流方向实现同站台换乘为原则。

④当多条线路在中心城区共轨运行并实行换乘时,接轨(换乘)站应满足各线运行能力和共轨运行总量需求;支线在干线上的接轨点应设在车站,并应按进站方向设置平行进路;接轨点不宜设在靠近客流大断面的车站。根据上述规定确定线路配线及站台布置。

自主学习

认真查询轻轨、有轨电车、单轨的相关规范与文献,总结其线路选择、车站布置的基本规定,以当地的城市轨道交通线路为例介绍基本规定的内容,或为当地城市轨道交通线路建设提出建议。

单元 2.2 城市轨道交通线路类型

一、按线路敷设方式划分

城市轨道交通线路按敷设方式,可划分为地下线、地面线(含路堑、路堤)和高架线三种,如图 2-1 所示。线路敷设方式应根据城市总体规划和地理条件,因地制宜地选定。在城市中心区宜采用地下线;在中心城区以外地段,宜采用高架线;有条件的地段也可采用地面线。

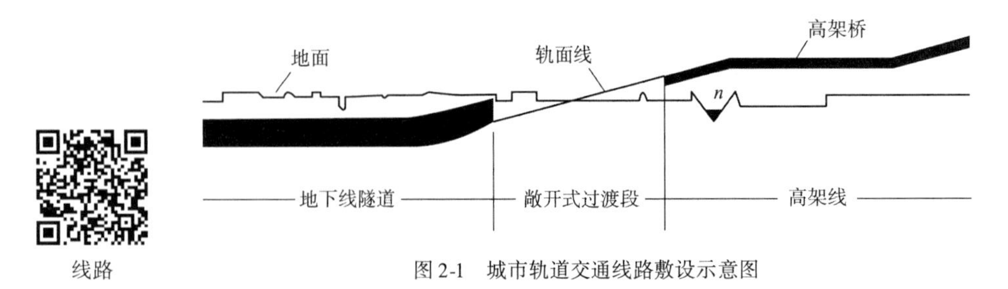

图 2-1 城市轨道交通线路敷设示意图

1. 地下线

(1)基本概述

城市轨道交通地下线的建设一般选择在城市中心繁华地区,它是对城市环境影响最小的一种线路敷设方式。

优点：与地面交通完全分离，不占城市地面和地上空间，基本不受气候影响。

缺点：需要较大投资、较高的施工技术、较先进的管理，以及完善的环控、防灾措施，如图2-2所示。

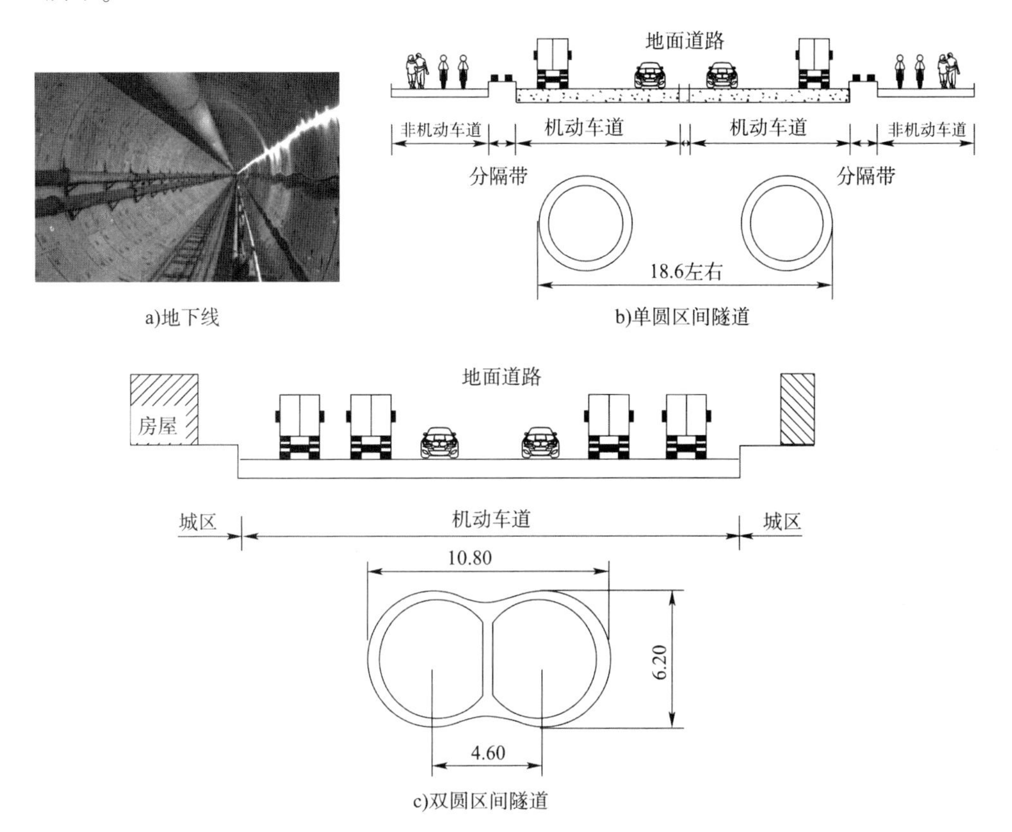

图2-2 城市轨道交通地下线(尺寸单位:m)

地下线路埋设深度，应结合工程地质和水文地质条件，以及隧道形式和施工方法确定；隧道顶部覆土厚度应满足地面绿化、地下管线布设和综合利用地下空间资源等要求。在城市中，一般以浅埋为好；在设计工程方案时，要由浅入深进行选择比较，以确定最佳方案。

(2)平面位置

①设置于城市规划道路范围内。地下线设置于城市规划道路范围内是城市轨道交通常用的线路平面位置，对道路红线范围以外的城市建筑物干扰较少。城市轨道交通地下线位置示意图如图2-3所示。

a. 道路中线位置。优点：线路位于道路的中心，对两侧建筑物影响小，地下管网拆迁较少，有利于城市轨道交通线路截弯取直，减少曲线数量，并能适应较窄的道路红线宽度。缺点：当采用明挖法施工时，会破坏现有道路路面，对城市交通干扰较大。

b. 慢车道位置。线路位于慢车道和人行道下方，能减少对城市交通的干扰和机动车路面的破坏。缺点：线路走向的灵活性受限，线路施工引起大量管线的拆迁，同时受邻近建筑物的影响较大。

c.建筑物下方位置。线路位于待拆的既有建筑物下方,对现有道路及交通基本无干扰和破坏,地下管网也极少。但房屋拆迁及安置量大,适用于与城区改造同步进行的情况。

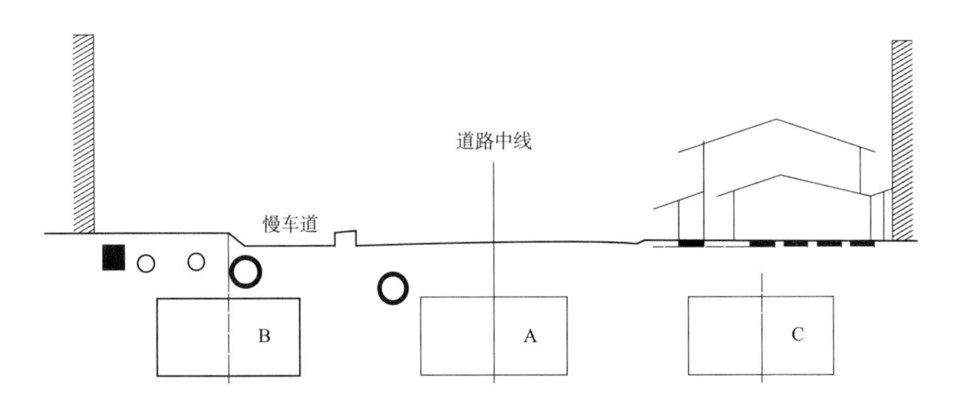

图 2-3 城市轨道交通地下线位置示意图

A-道路中线位置;B-慢车道位置;C-建筑物下方位置

②设置于城市规划道路范围外。将地下线置于城市道路范围以外,可以达到缩短线路长度、减少拆迁、降低工程造价的目的,但是只能在以下特定条件下进行:

a.地质条件好,基岩埋深很浅,隧道可以用矿山法在建筑物下方施工。

b.城市非建成区或广场、公园、绿地(耕地)。

c.老的街坊改造区,可以同步规划设计,并能按合理施工顺序施工。

除了以上特定条件外,城市轨道交通线路一般不建议从既有多层、高层房屋建筑下方通过,因为其施工不仅工艺复杂、难度大,而且造价高昂。

2.地面线

(1)基本概述

城市轨道交通地面线造价低,一般敷设在有条件的城市道路或郊区。优点:土建工程造价最低。缺点:隔断线路两侧的交通,使线路两侧难以沟通,不利于两侧土地的商业开发利用;运营时噪声较大;由于地面线的沉降变化较大,故多采用碎石道床,因此运营后养护维修工作量较大。城市轨道交通中的市域线在偏远市郊路段多采用这种形式。

为保证城市轨道交通车辆的快速运行,一般设为专用道形式;当与城市道路相交时,一般应设置为立交形式。由于市区一般用地较为紧张,道路交叉口较多,干扰较大,穿越市中心的城市轨道交通线路一般很少设置为地面线。在连接中心城与卫星城之间或城市边缘地带、停车场,应尽可能创造条件,设置地面线,以降低工程造价。城市轨道交通地面线如图 2-4 所示。

(2)平面位置

①地面线位于城市道路中心带

地面线一般设置于城市道路中心带上,带宽一般为 20m 左右,如图 2-5a)、b)所示。当城市快速路或主干道的中间有中央分隔带时,地面线可以设于中央分隔带上,不阻隔两侧建筑物内的车辆按右行方向出入,不需要设置辅路,有利于城市景观及减少城市轨道交通噪声的干扰,但这种设置需要乘客通过人行道、地下通道或天桥进入城市轨道交通车站。

a)地面线

b)地面线位于中心带——沈阳有轨电车

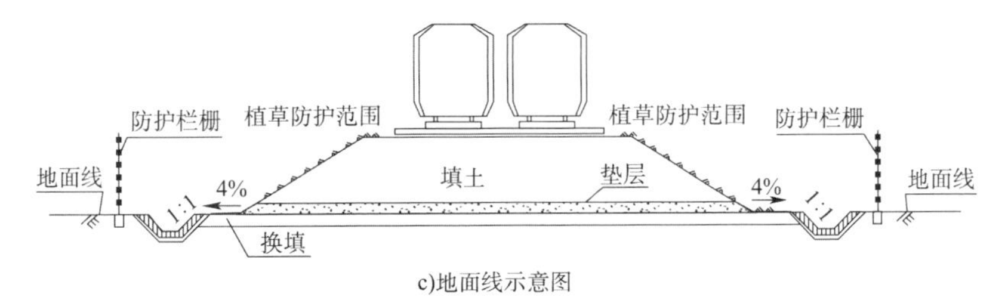

c)地面线示意图

图 2-4　城市轨道交通地面线

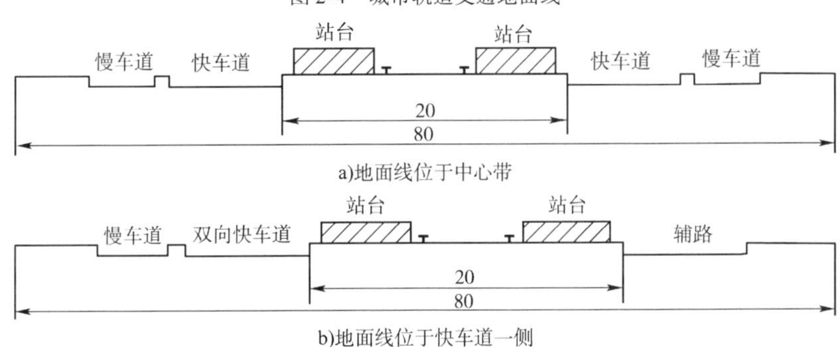

a)地面线位于中心带

b)地面线位于快车道一侧

图 2-5　城市轨道交通地面线设置位置示意图(尺寸单位:m)

②地面线位于快车道一侧

城市轨道交通地面线位于快车道的一侧,带宽一般为 20m 左右,如图 2-6b)所示。当城市道路中间无中央分隔带时,该位置可以减少道路改移量,其缺点是在快车道另一侧需要设置辅路,增加了道路交通管理的复杂性。

地面线应按全封闭设计,并应处理好与城市道路红线及其道路断面的关系,地面线应具备防淹、防洪能力,并应采取防侵入和防偷盗设施。

3. 高架线

(1)基本概述

高架线一般是在市区外围建筑稀少及空间开阔的地段采用的一种线路,不仅保持了专用道的形式,而且占地较少,对城市交通干扰较小,如图 2-6 所示。高架线是城市轨道交通中一种重要的线路敷设方式,高架区段中的高架桥是永久性的城市建筑,结构寿命要求按 100 年来设计。

图 2-6　高架线

当城市道路红线宽度在40m以上时,可以考虑设置高架线。如果工程处理得当,它也能够满足城市环境的要求。

(2)平面位置

高架线路平面位置选择较地下线严格,自由度更小,一般要顺城市主干路平行设置,道路红线宽度宜大于40m。在道路横断面上,线路高架桥墩柱位置要与道路车道分幅配合,一般宜将桥墩柱置于中央分隔带上。高架线设置示意图如图2-7所示。

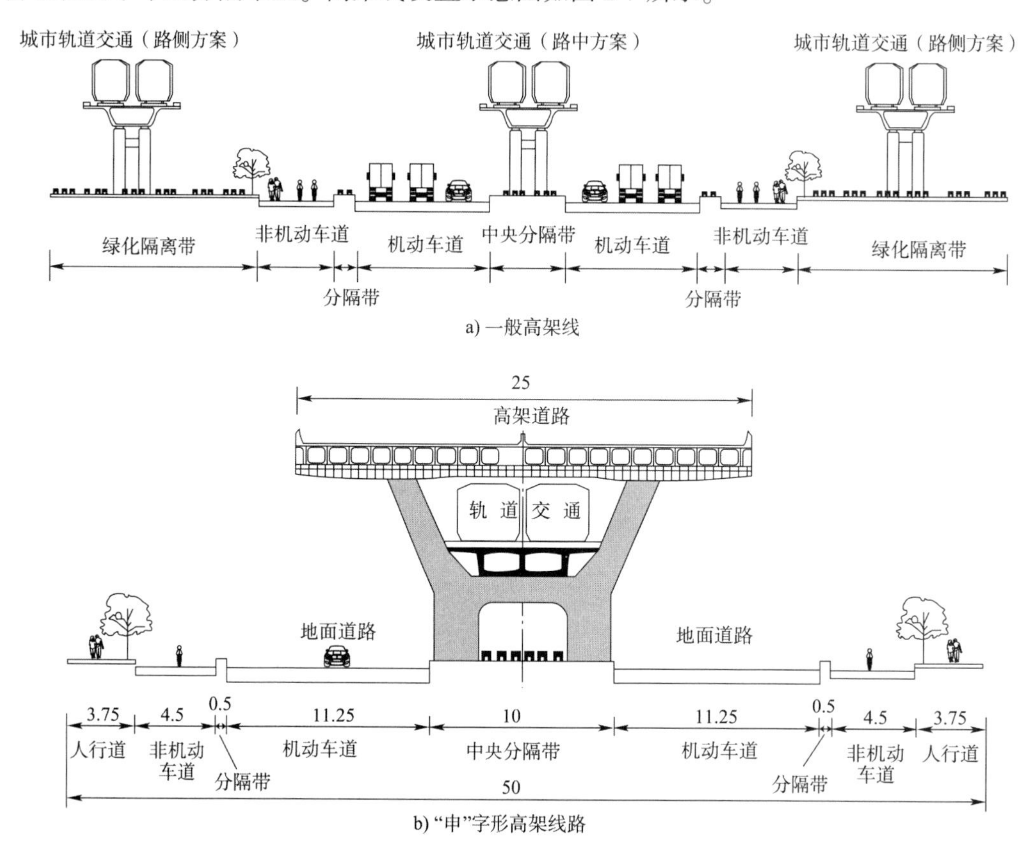

图2-7 高架线设置示意图(尺寸单位:m)

国内外对穿越城区的城市轨道交通甚至道路设置高架线存在一些争议,问题的焦点在于以下3个方面:

①高架线路对市区景观有影响,可能破坏城市市容。

②高架系统产生的噪声和污染对线路周围环境有不良影响。

③高架线对沿线居民的隐私权有所侵犯,易引起某些纠纷。

知识拓展

高架线设计的要求

一般来说,高架线设计时应考虑以下两个因素:

(1)应了解道路的规划位置和净空要求,以确定高架桥的桥底高度和跨度;要与河道管理部门和水务管理部门协调，了解河道的规划宽度、防洪要求和通航等级，以便确定梁下的净空高度和梁的跨度。

(2)线位距高楼房较近的地段，要充分考虑噪声和振动对周围楼房的影响，可考虑设置隔音屏，采用减振效果好的道床；对噪声和振动有特殊要求的，可考虑改为地下线或采取绕避。

综上，上述三种线路敷设方式的选择应结合城市的总体规划、线路所穿越的地区环境、工程具体技术要求及造价综合比选后确定，其中与城市规划相结合是最重要的方面。一般在城市中心地区宜采用地下线，其他地区条件许可时宜采用高架线或地面线。

自主学习

查阅资料，收集整理您所在城市或邻近城市的城市轨道交通线路敷设方式，并根据具体的敷设方式分析线路优缺点。

二、按线路在运营中的地位和作用划分

城市轨道交通线路按其在运营中的地位和作用，可分为正线、配线和车场线。

1. 正线

正线是指列车载客运营的贯穿全程的线路。我国城市轨道交通正线运营线路采用双线右侧行车制，以便与城市地面公共交通的行车规则相吻合。正线行车速度高、密度大，且要保证行车安全和舒适，因此线路标准较高。

2. 配线

配线是指为保证正线运营而设置的不载客列车运营的线路，又称为辅助线。在运行过程中为列车提供收发车、折返、联络、安全保障、临时停车等功能服务。配线包括折返线、渡线、联络线、停车线、车辆基地出入线、安全线等，一般要求速度较低，最高运行速度为35km/h，因此线路标准也较低。

(1)折返线

折返线是指列车交路进行列车折返作业的线路。折返线视不同的折返方式可分为如下几种。

①环形折返。

环形折返线(俗称灯泡线，如图2-8所示)实质上取消了折返过程，变为区间运行，有利于列车运行速度发挥，一般应设置在起点、终点站。

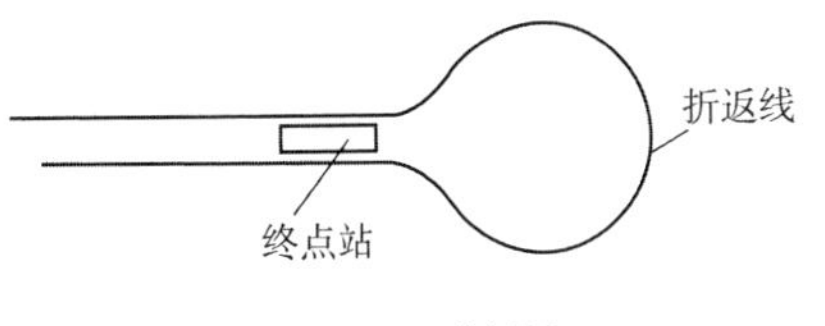

图2-8 环形折返

环形折返消除了因折返作业而形成的线路通过能力限制条件，是一种对提高运营效率有利的折返方法。但是环形线占地面积较大，尤其在地下修建难度更大，投资较高；轮轨磨耗较大，无法停放和检修列车，难以延长线路等。

②尽端折返。

尽端折返可分为单线折返、双线折返与多线折返等不同布置办法，如图2-9所示。

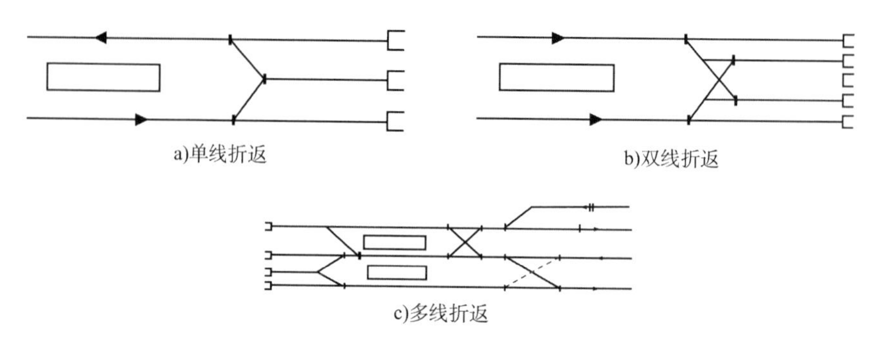
a)单线折返　b)双线折返

c)多线折返

图 2-9　尽端折返

利用尽端折返的方式,弥补了环形折返的不足,使端点既可有效组织折返(如双折返线可明显降低折返时间),又备有停车线供故障停车、检修、夜间停车等作业使用。对于线路延伸也十分方便,比较适合于地下结构的端点站,以及线路较长或有延伸可能,土地不宜占用的情况。

③单轨交通折返。

单轨交通折返与双轨交通不同,必须采用专门的转线设备(如折返道岔)来完成,如图 2-10 所示。

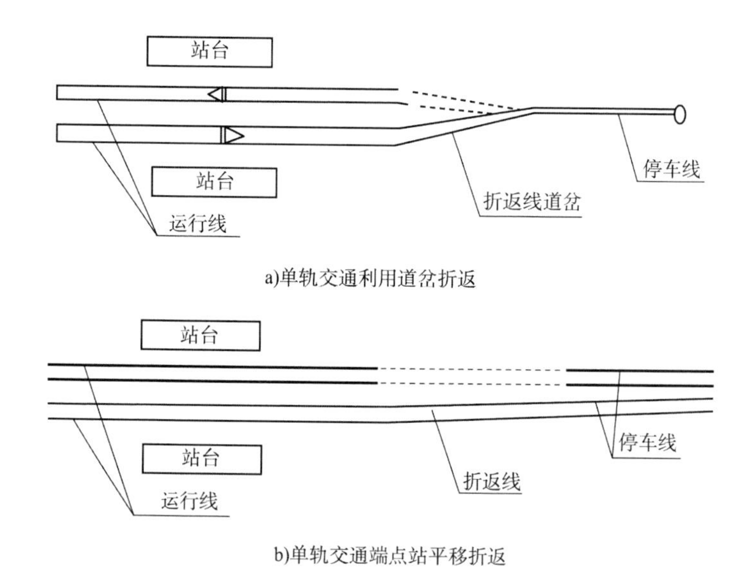

a)单轨交通利用道岔折返

b)单轨交通端点站平移折返

图 2-10　单轨交通折返

单轨交通折返设备因其需承载线路、列车作转动或平移,所以建造与投资均有一定的难度,这也是单轨交通发展的一个限制因素(包括单轨交通线路分岔连接均需上述转动承载台状的道岔)。

(2)渡线

渡线是指引导列车从一条线路转移到另一条线路的设施,一般由两组单开道岔及一条连接轨道组成。当线路两端客流不平衡,需要中间折返时,在折返站应设置渡线,如图 2-11 所示。

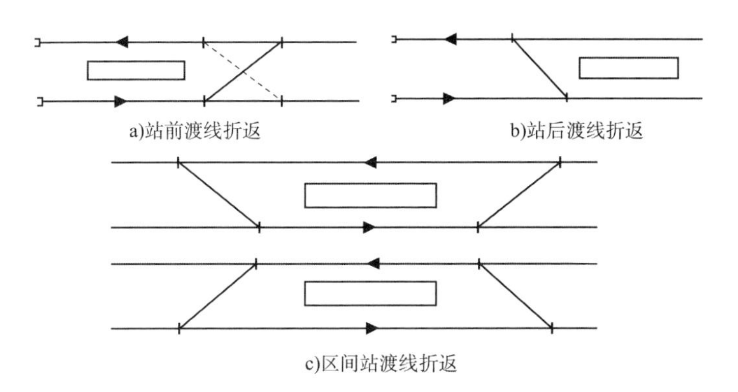

图 2-11　渡线折返

很明显,利用渡线折返需要修建的线路最少,投资减少。但是,对列车进出车站与折返作业有严重的干扰。所以,在列车运行速度较高、运行间隔时间较短(发车频率较高)、运量较大的线路不宜采用此类办法。

(3)联络线

联络线是指连接两条独立运营线路的辅助线路,其示意图如图 2-12 所示。

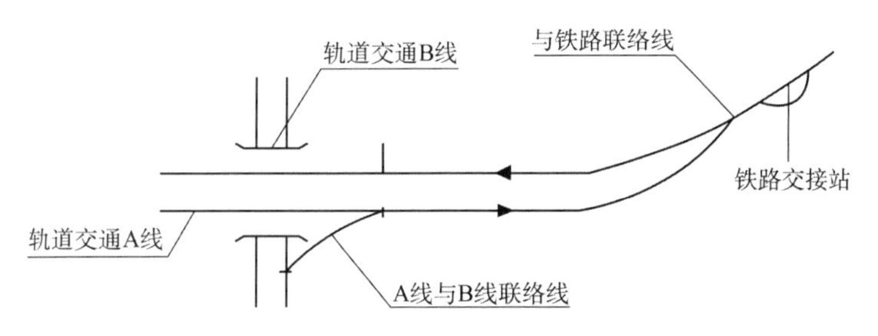

图 2-12　联络线示意图

联络线因连接的城市轨道交通线往往不在一个平面上,因此,有较大的坡道与较小的曲线半径,列车运行速度不可能很高。如果在地下建设,施工难度较大,投资也随之增加。

(4)停车线

停车线是指用于正线运行中列车临时停放的线路,也称存车线,一般设置在端点站,专门用于停车,进行少量检修作业的尽端线。

停车线、牵出线、出入段线

(5)车辆基地出入线

车辆基地出入线是指车辆基地与正线的连接线路,也称出入段(场)线,专供列车进出车辆段(停车场)。

(6)安全线

安全线是指防止车辆在未开通进路的情况下,越过警冲标进入其他线路而设置的尽头式线路,以保证列车安全、正常地运行。

3. 车场线

车场线是指车辆基地内的各种作业线路,包括存车线、检修线、试车线、牵出线、洗车线等。

(1)存车线

存车线是指场内作业停放列车的线路。

图 2-13 车场线

(2)检修线

检修线是指用于车辆检查、维修的专用线路。部分检修线设有地沟,配有架车设备、检修设备,如图 2-13 所示。

(3)试车线

试车线是指对车辆进行动态性能检测的线路。

(4)牵出线

牵出线是指专供列车解体、编组、转线等调车活动使用的轨道线路。

单元 2.3 城市轨道交通线路平面

一、城市轨道交通线路

城市轨道交通线路是一条三维空间带状实体。一般所说的线路,是指轨道中心线在空间的位置,通过线路的中心线在水平面及铅垂面上的投影来表示的。如图 2-14 所示,路基横断面上距外轨半个轨距的铅垂线 *AB* 与路肩水平线 *CD* 的交点 *O* 在纵向的连线,称为线路中心线。

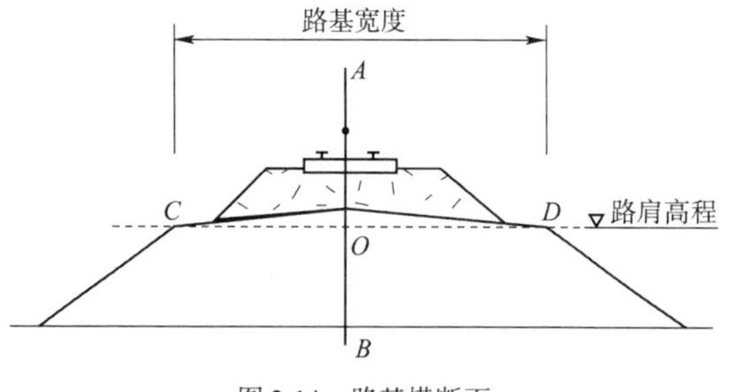

图 2-14 路基横断面

线路平面图是线路中心线在水平面上的投影,表示线路平面位置;线路纵断面图是沿线路中心线所作的铅垂剖面展直后的立面图,表示线路起伏情况,其高程为路肩高程;线路横断面是线路中心线上任意一点处的法向切面,如图 2-15 所示。

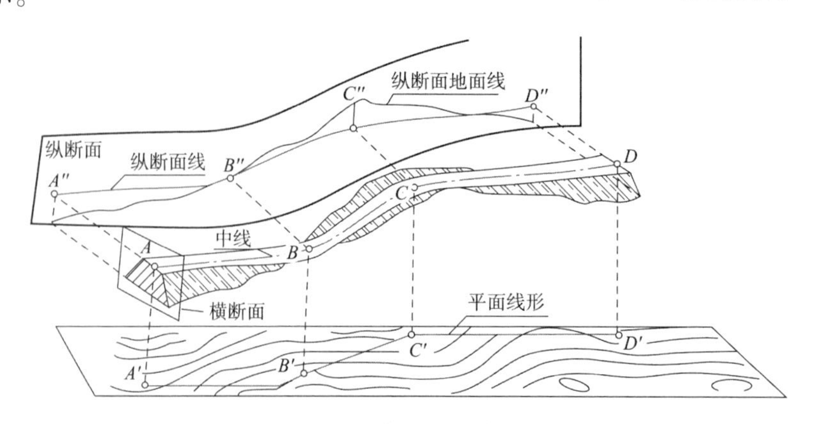

图 2-15 线路平、纵、横断面图

各设计阶段编制的线路平面图和纵断面图是线路设计的基本文件。各设计阶段的定线要求不同,线路平面图和纵断面图的详细程度也各有区别。

二、城市轨道交通线路平面设计

线路平面由直线和曲线组成,其中曲线包括圆曲线、缓和曲线。

线路平面设计就是将这三种线形进行组合,根据地形、地质条件,合理地确定平面技术标准,并正确利用平面技术标准进行线路位置的选定,以便为列车运行提供一个安全、平顺的运行轨迹。这个轨迹应当连续且圆顺,具有曲率连续、曲率变化率连续的特点。城市轨道交通线路的基本线型是:直线—缓和曲线—圆曲线—缓和曲线—直线,如图2-16所示。

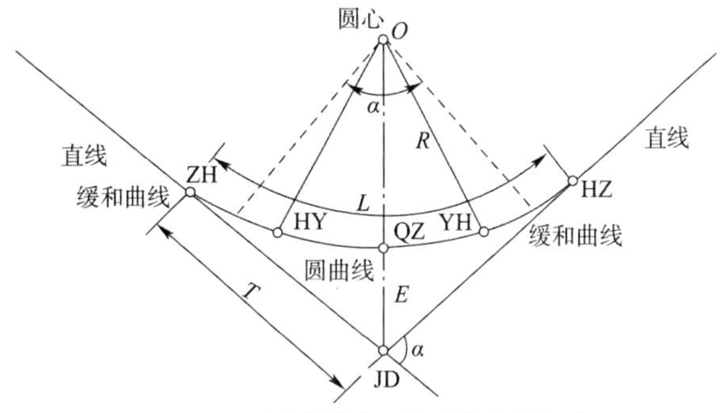

图2-16 城市轨道交通线路的基本线型

线路平纵断面设计

以下按照《地铁设计规范》(GB 50157—2013)、《地铁快线设计标准》(CJJ/T 298—2019)中的相关规定进行知识讲解。其他城市轨道交通类型的相关内容可根据需要查阅相应的标准规范。

(一)直线

设计线路平面时,在选定直线位置时,要求如下:

(1)根据地形、地物、地质条件使直线与曲线相互协调,线路所处位置最为合理。

(2)应力争设置较长的直线段,减少交点个数,以缩短线路长度,改善运营条件。

(3)应力求减小交点转角的度数,转角大则线路转弯急,总长增大,同时列车行经曲线要克服的阻力功增大,运营支出相应加大。

在曲线毗连地段,为了保证线形连续和行车平顺,两相邻曲线间应有一定长度的直线段。该直线段,即前一曲线终点(HZ_1)与后一曲线起点(ZH_2)间的直线,称为夹直线,其示意图如图2-17所示。两相邻曲线,转向相同者称为同向曲线,如图2-17a)所示;转向相反者称为反向曲线,如图2-17b)所示。

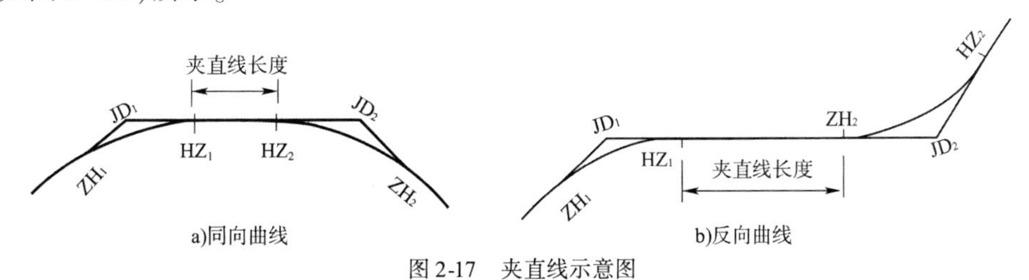

图2-17 夹直线示意图

1. 夹直线最小长度

为了保证列车通过夹直线两端的缓和曲线端部时产生的振动不致出现叠加,影响列车运行的舒适与安全,因此两相邻曲线间的夹直线长度不得小于规定的最小长度,夹直线的最小长度见表2-1。设计夹直线必须符合如下基本规定:

(1)设计时,两相邻曲线间,尤其是反向曲线间,应尽可能采用较长的夹直线。

(2)不载客列车走行的道岔缩短渡线,其曲线间夹直线可缩短为10m。

无超高夹直线最小长度 表2-1

正线、联络线、出入线(V≤100km/h)	一般情况	≥0.5V	
	困难情况	A型车	B型车
		25m	20m
正线、联络线、出入线(V>100km/h)	一般情况	50m	
	困难情况	25m	

注:V为列车通过直线的运行速度(km/h)。

知识拓展

最小夹直线长度设置要求

在线路设计过程中,夹直线长度应力争长一些,为行车和维修创造条件。但是在条件困难地段,为适应条件节省工程造价,需要设置较短的夹直线时,夹直线最小长度受下列条件控制:

(1)保证线路养护维修的要求。夹直线太短,特别是在反向曲线路段,列车通过时,因频繁转换方向,车轮对钢轨的横向推力加大,夹直线的正确位置不易保持。同时,由于直线两端曲线变形的影响,夹直线的直线方向也不易保持。

(2)行车平稳、安全要求。列车从前一曲线通过夹直线进入后一曲线的运行过程中,因外轨超高和曲线半径不同,未被平衡的横向加速度频繁变化,引起车辆左右摇摆,反向曲线地段更为严重。

(3)乘客舒适要求。列车通过夹直线时,要跨过夹直线前后的缓直点和直缓点,车轮与钢轨冲击引起转向架弹簧的振动,因此为保证缓直点和直缓点产生的振动不叠加,使乘客感觉舒适,夹直线应有足够长度。

2. 夹直线长度的保证

在线路设计过程中,夹直线的长度应尽量长一些,有利于行车。在困难情况下,当夹直线的长度不满足要求时,应该修改线路平面实现夹直线最小长度的保证。夹直线长度不够时的修正方法如图2-18所示。

(1)对于反向曲线,可以减小曲线半径或选用较短的缓和曲线长度,如图2-18a)所示;通过改移夹直线的位置,以延长两端点间的直线长度和减小曲线偏角,如图2-18b)所示。

(2)对于同向曲线间夹直线长度不够时,可采用一个较长的单曲线代替两个同向曲线,如图2-18c)所示。

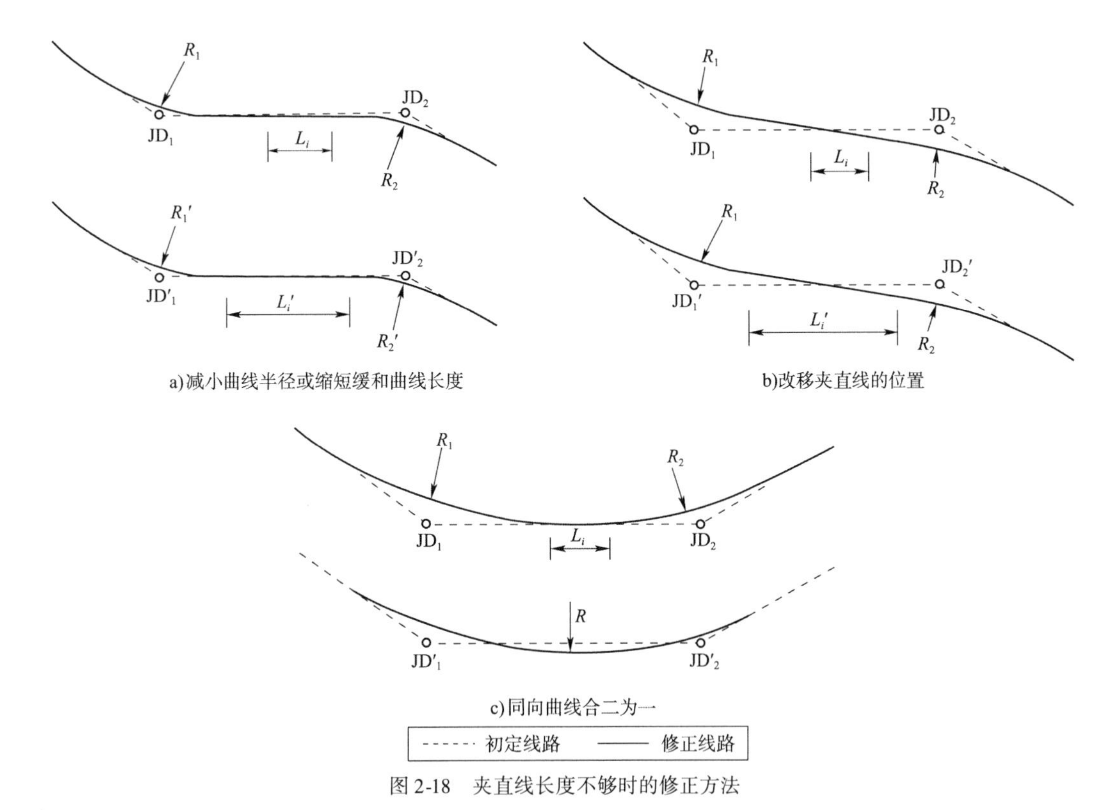

图 2-18 夹直线长度不够时的修正方法

自主学习

认真查询轻轨、有轨电车、单轨的相关规范与文献,讲述对夹直线的基本要求。

(二)圆曲线

线路平面中,圆曲线半径应根据车辆类型、地形条件、运行速度和环境要求等综合因素比选确定。在选择线路圆曲线的半径时需注意以下规定。

1. 圆曲线标准半径

(1)当列车最高运行速度不超过 100km/h 时,《地铁设计规范》(GB 50157—2013)中地铁线路的常用半径为 3000m、2500m、2000m、1500m、1200m、1000m、800m、700m、600m、550m、500m、450m、400m、350m、300m、250m、200m。

(2)当列车最高运行速度为 120km/h 的钢轮钢轨地铁快线新建工程时,《地铁快线设计标准》(CJJ/T 298—2019)中线路曲线半径可采用 5000m、4000m、3000m、2500m、2000m、1800m、1600m、1500m、1400m、1300m、1200m、1100m、1000m、900m、850m、800m、750m、700m、650m、600m、500m、400m、350m。

特殊困难条件时,可设计为上列半径间 10m 整倍数的曲线半径。

2. 最小曲线半径

(1)线路平面设计中普线、快线地铁圆曲线最小曲线半径不得小于表 2-2、表 2-3 中规定的数值。

普线地铁圆曲线最小曲线半径(单位:m) 表 2-2

线路	A 型车		B 型车	
	一般地段	困难地段	一般地段	困难地段
正线	350	300	300	250
出入线、联络线	250	150	200	150
车场线	150	—	150	—

快线地铁圆曲线最小曲线半径 表 2-3

运行速度 V(km/h)		一般地段(m)	困难地段(m)
正线	$110 < V \leqslant 120$	850	750
	$100 < V \leqslant 110$	700	650

世界其他城市轨道交通系统,主要线路上的曲线半径比我国的标准小得多。例如,美国纽约地铁的最小曲线半径为 107m,法国巴黎地铁的最小曲线半径为 75m。由于轻轨交通运量较小,最小曲线半径视车型情况可采用比地铁曲线半径更小一些的数值。

(2)车站站台宜设在直线上。若设在曲线上,其站台有效长度范围的线路曲线最小半径应符合表 2-4 的规定。

车站曲线最小半径(单位:mm) 表 2-4

车型		A 型车	B 型车
曲线半径	无站台门	800	600
	设站台门	1500	1000

(3)折返线、停车线等宜设在直线上。困难情况下,除道岔外,可设在曲线上,并可不设缓和曲线,超高应为 0 ~ 15mm。但在车挡前宜保持不少于 20m 的直线段,或者采取其他有效措施。

3. 圆曲线最小长度

圆曲线最小长度见表 2-1,普线的正线、联络线及车辆基地出入线,A 型车不宜小于 25m,B 型车不宜小于 20m;在困难情况下,不得小于一节车辆的全轴距;车场线不应小于 3m;半径大于或等于 3000m 的圆曲线长度不宜小于 $0.5V$(m)。

自主学习

认真查询轻轨、有轨电车、单轨的相关规范与文献,总结其曲线半径选择的规律。

(三)缓和曲线

车辆在曲线上运行时,出现了在直线上运行时所没有的力,如转向力、离心力以及各种惯性力。当车辆由直线运行至曲线时,这些力尤其离心力的突然产生,致使列车振动、行车不稳、乘客不舒适。为了避免离心力突然产生及消失,使离心力逐渐增加或减少,就需要一段半径逐渐变化的曲线,我们把这段曲线称为缓和曲线。

1. 缓和曲线和线型

缓和曲线是指设置在直线与圆曲线或者不同半径的圆曲线之间的曲率连续变化的曲线。为使列车安全、平稳、舒适地由直线过渡到圆曲线或在不同半径的圆曲线之间过渡，通常在直线与圆曲线、不同半径的圆曲线之间要设置缓和曲线。缓和曲线设置示意图如图2-19所示。

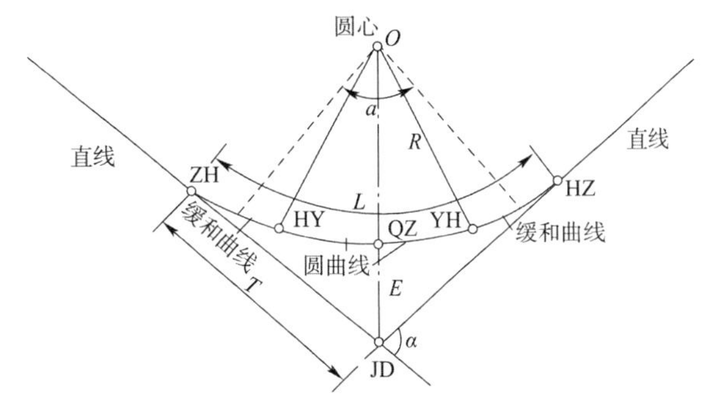

图2-19 缓和曲线设置示意图

缓和曲线曲率变化

实践和研究表明，三次抛物线型缓和曲线能够满足安全、舒适、平稳的行车要求，并且具有线形简单、设计方便、平立面有效长度长、现场应用和养护经验丰富等特点。所以，我国城市轨道交通线路均采用三次抛物线型缓和曲线。

2. 缓和曲线设置要求

(1)新建地铁线路不宜采用复曲线。在困难条件地段，须经技术经济充分比较后采用。复曲线间应设置中间缓和曲线，其有效长度不应小于20m，并应满足超高顺坡率不大于2‰。

(2)地铁线路道岔附带曲线可不设缓和曲线和超高，但其曲线半径不得小于道岔的导曲线半径。

(3)地铁线路缓和曲线长度内应完成直线至圆曲线的曲率变化，包括轨距加宽过渡和超高递变。

(4)当地铁线路圆曲线计算超高值较小，不设置缓和曲线时，曲线超高应在圆曲线外的直线段内完成递变。

(5)当曲线半径大于或等于5000m时，可不设缓和曲线。

3. 缓和曲线长度

缓和曲线长度应根据曲线半径、列车通过速度，以及曲线超高设置等因素综合确定。地铁线路曲线超高—缓和曲线长度标准，见表2-5。

地铁线路曲线超高(mm)—缓和曲线长度标准(m) 表2-5

R	V	100	95	90	85	80	75	70	65	60	55	50	45	40	35
3000	L	30	25	20	20	20	20	20	—	—	—	—	—	—	—
	h	40	35	30	30	25	20	20	15	15	10	10	10	5	5
2500	L	35	30	25	20	20	20	20	20	—	—	—	—	—	—
	h	50	45	40	35	30	25	25	20	15	15	10	10	10	5

续上表

R	*V*	100	95	90	85	80	75	70	65	60	55	50	45	40	35
2000	*L*	45	40	35	30	25	20	20	20	20	20	—	—	—	—
	h	60	55	50	45	40	35	30	25	20	20	15	10	10	5
1500	*L*	55	50	45	35	30	25	20	20	20	20	20	—	—	—
	h	80	70	65	60	50	45	40	35	30	25	20	15	15	10
1200	*L*	70	60	50	40	40	30	25	20	20	20	20	20	—	—
	h	100	90	80	70	65	55	50	40	35	30	25	20	15	10
1000	*L*	85	70	60	50	45	35	30	25	20	20	20	20	20	—
	h	120	105	95	85	75	65	60	50	45	35	30	25	20	15
800	*L*	85	80	75	65	55	45	35	30	25	20	20	20	20	20
	h	120	120	120	105	95	85	70	60	55	45	35	30	25	20
700	*L*	85	80	75	75	65	50	45	35	25	20	20	20	20	20
	h	120	120	120	120	110	95	85	70	60	50	40	35	25	20
600	*L*	—	80	75	75	70	60	50	40	30	25	20	20	20	20
	h	—	120	120	120	120	110	95	85	70	60	50	40	30	25
550	*L*	—	—	75	75	70	65	55	40	35	25	20	20	20	20
	h	—	—	120	120	120	120	105	90	75	65	55	45	35	25
500	*L*	—	—	—	75	70	65	60	45	35	30	25	20	20	20
	h	—	—	—	120	120	120	115	100	85	70	60	50	40	30
450	*L*	—	—	—	—	70	65	60	50	40	30	25	20	20	20
	h	—	—	—	—	120	120	120	110	95	80	65	55	40	30
400	*L*	—	—	—	—	—	65	60	55	45	35	30	20	20	20
	h	—	—	—	—	—	120	120	120	105	90	75	60	50	35
350	*L*	—	—	—	—	—	—	60	55	50	40	30	25	20	20
	h	—	—	—	—	—	—	120	120	120	100	85	70	55	40
300	*L*	—	—	—	—	—	—	—	55	50	50	35	30	25	20
	h	—	—	—	—	—	—	—	120	120	120	100	80	65	50
250	*L*	—	—	—	—	—	—	—	—	50	50	45	35	25	20
	h	—	—	—	—	—	—	—	—	120	120	120	95	75	60
200	*L*	—	—	—	—	—	—	—	—	—	50	45	40	35	25
	h	—	—	—	—	—	—	—	—	—	120	120	120	95	70

注:1. *R* 为曲线半径(m);*V* 为设计速度(km/h);*L* 为缓和曲线长度(m);*h* 为超高值(mm)。
2. 地铁快线轨道交通缓和曲线值,可查《地铁快线设计标准》(CJJ/T 298—2019)。

自主学习

认真查询轻轨、有轨电车、单轨的相关规范与文献,讲述缓和曲线设置要求。

(四)曲线要素与主点桩号

1. 曲线要素

概略定线时,简明平面图和纵断面图中仅绘出未加缓和曲线的圆曲线,如图2-20a)所示。圆曲线的要素为偏角 α、半径 R、切线长 T_y、曲线长 L_y 和外矢距 E_y。偏角 α 在平面图上量得,曲线半径 R 系选配得出,切线长 T_y、曲线长 L_y 和外矢距 E_y 由下列公式计算:

$$T_y = R\tan\frac{\alpha}{2} \tag{2-1}$$

$$L_y = \frac{\pi\alpha R}{180} \tag{2-2}$$

$$E_y = R\cdot\left(\sec\frac{\alpha}{2} - 1\right) \tag{2-3}$$

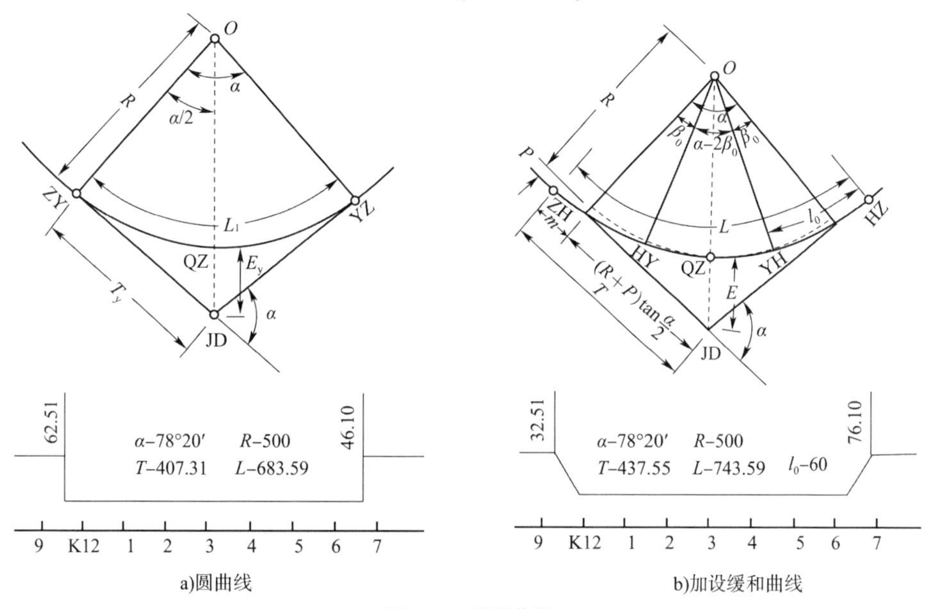

图2-20 平面曲线

详细定线时,平面图和纵断面图中要绘出加设缓和曲线后的曲线,如图2-20b)所示。曲线要素为偏角 α、半径 R、缓和曲线长 l_0、切线长 T、曲线长 L 和外矢距 E。偏角 α 在平面图上量得,圆曲线半径 R 和缓和曲线长 l_0 由选配得出;切线长 T、曲线长 L、外矢距 E 和切曲差 q 由下列公式计算:

切线长 $$T = (R+p)\cdot\tan\frac{\alpha}{2} + m \quad (\text{m}) \tag{2-4}$$

曲线长 $$L = \frac{\pi(\alpha - 2\beta_0)R}{180} + 2l_0 = \frac{\pi\alpha R}{180} + l_0 \quad (\text{m}) \tag{2-5}$$

外矢距 $$E = (R+p)\cdot\sec\frac{\alpha}{2} - R \quad (\text{m}) \tag{2-6}$$

切曲差 $$q = 2T - L \quad (\text{m}) \tag{2-7}$$

式中:l_0——缓和曲线长度,m;

m——切垂距,$m \approx \frac{l_0}{2}$,m;

p——内移距,$p \approx \frac{l_0^2}{24R}$,m;

β_0——缓和曲线角,$\beta_0 = \frac{90\ l_0}{\pi R}$,(°)。

2. 曲线主要桩点里程

(1)里程表示方法

线路里程一般用 K×(km)+×××(m)表示,表示在线路平面图上该点的线路中线位置沿线路中线至线路起点(K0+000 处)的距离,也称为里程桩号。例如,里程桩号为 K2+725.000,表示该点沿着线路中心线距线路起点的距离为 2725.000m。线路设计时,一般在线路特征点处需要标注里程桩号,因此曲线线路也需要标注特征点里程。

线路里程桩号通常按不同设计阶段区分标示,即在整千米 K 前加不同字头,如可行性研究阶段为 AK,初测、初步设计阶段为 CK,定测及施工设计阶段为 DK;比较方案时,在两字头之间加罗马数字的方案编号如 AⅠK,CⅡK 等,分别表示可研比较方案Ⅰ里程、初步比较方案Ⅱ里程等。

城市轨道交通线路里程应以右线为基准采用连续里程,双线并行地段左线采用右线的投影里程;双线不并行地段左、右线分别采用各自里程,并在其两端并行地段衔接的右线百米标处注明两线里程关系及左线断链。

关于里程精度要求,一般线路通常在可行性研究阶段为米,初步设计阶段为厘米,施工图设计阶段为厘米或毫米。城市轨道交通线路设计无明确规定时,采用电算软件的在上述各阶段一般均精确至毫米。

(2)桩点里程计算

曲线主要桩点里程计算示意图如图 2-21 所示。

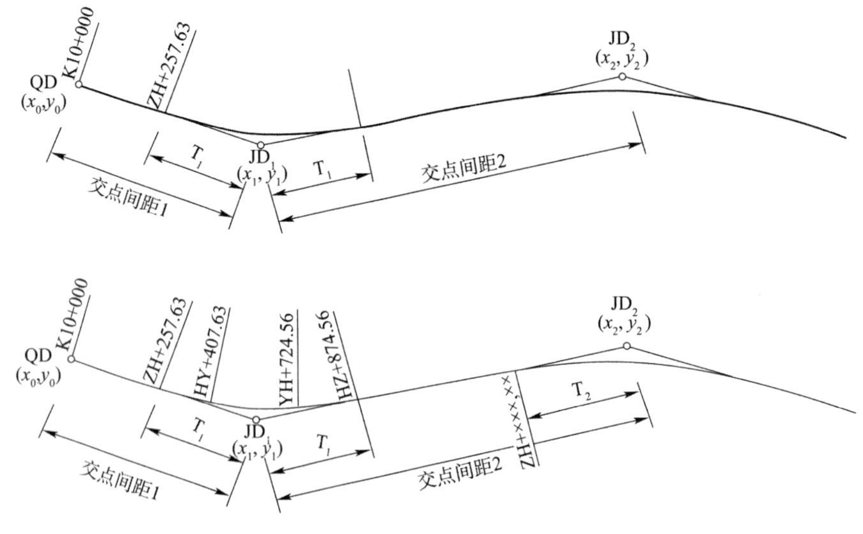

图 2-21 曲线主要桩点里程计算示意图

其计算公式如下:

直缓点 $$ZH\text{里程}=JD\text{里程}-T \tag{2-8}$$

缓直点 $$HZ\text{里程}=ZH\text{里程}+L \tag{2-9}$$

缓圆点 $$HY\text{里程}=ZH\text{里程}+l_0 \tag{2-10}$$

曲终点 $$QZ\text{里程}=ZH\text{里程}+\frac{L}{2} \tag{2-11}$$

圆缓点 $$YH\text{里程}=HZ\text{里程}-l_0 \tag{2-12}$$

三、线路平面图

线路平面图是指在绘有初测导线和经纬距的大比例带状地形图上,设计出线路平面和标出有关资料的平面图。

线路平面图是城市轨道交通线路设计的基本文件。在各个设计阶段都要编制要求不同、用途不同的各种平面图,其比例尺、项目内容及详细程度均不相同。

1. 线路里程和百米标

线路里程是最直观地表示线路长度及位置的要素,为列车正常运行及养护维修提供了一个统一的参照标准。整千米处注明线路里程,千米标之间的百米标注明百米标数,面向线路起点书写,数字写在线路右侧,并应在图上注明断链和断高关系。

2. 曲线要素及其起终点里程

曲线交点应标明曲线编号,曲线转角应加脚注 Z 或 Y,表示左转角或右转角;曲线要素应平行线路写于曲线内侧,曲线主要桩点 ZH、HY、QZ、YH、HZ 的里程应垂直于线路写在曲线内侧,面向起点。

3. 线路上各主要建筑物

沿线的车站、大中桥、隧道、平立交道口、房屋等建筑物,应以规定图例符号表示,并注明里程、类型及大小。如有改移道路、管道等时,应绘出其中线。

4. 初测导线和水准基点

图中连续的折线表示初测导线,导线点符号为 C,脚注为导线点编号。图中应绘出水准基点的位置、编号及高程,其符号为 BM。

单元 2.4 城市轨道交通线路纵断面

线路纵断面设计是在平面设计的基础上进行,同时又可对平面设计进行检验和调整,最终确定线路在三维空间的位置。

城市轨道交通线路的纵断面由坡段和连接相邻坡段的竖曲线组成。其中,坡段的特征用坡段长度和坡度值来表示。相邻两坡段的坡度变化点称为变坡点;相邻变坡点之间的水平距离称为坡段长度(L_i)。

一、线路坡度

以下按照《地铁设计规范》(GB 50157—2013)、《地铁快线设计标准》(CJJT 298—2019)、《轻轨交通设计标准》(GB/T 51263—2017)中的相关规定进行知识讲解。其他城市轨道交通类型的相关内容可根据需要查阅相应的标准规范。

坡段坡度 i 为该坡段两端变坡点的高差 H_i(m)与坡段长度 L_i(m)的比值,其值以千分数表示。坡度与坡长示意图如图2-22所示。

$$i=\frac{H_i}{L_i}\times 1000 \quad (‰) \tag{2-13}$$

坡度值中,上坡取正值,下坡取负值。例如,坡度为30‰,即表示沿该坡段线路前进1000m高程升高30m。

坡度概念

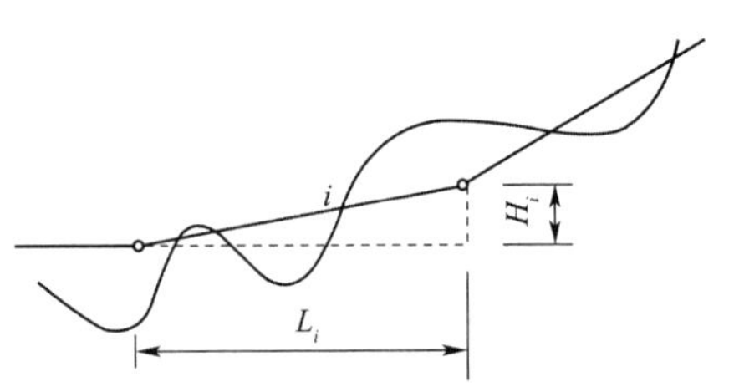

图2-22 坡度与坡长示意图

1. 最大坡度

(1)地铁正线的最大坡度宜采用30‰,困难地段最大坡度可采用35‰。在山地城市的特殊地形地区,经技术经济比较,有充分依据时,最大坡度可采用40‰(均不考虑各种坡度折减值)。

(2)轻轨线路正线最大坡度不宜大于50‰,困难条件下可采用60‰(均不计平面曲线对坡度折减值)。

(3)地铁线路联络线、出入线的最大坡度在一般情况下采用40‰(均不考虑各种坡度折减值)。

2. 最小坡度

地铁隧道内和路堑地段的正线最小坡度主要为了满足纵向排水、避免积水的需要,一般情况下线路的坡度与排水沟坡度相一致。区间隧道的线路最小坡度宜采用3‰;困难条件下可采用2‰;区间地面线和高架线,当具有有效排水措施时,可采用平坡。

3. 车站及配线坡度

车站站台计算长度段线路应设在一个坡道上,既可简化设计、施工,也便于排水处理。车站宜布置在纵断面的凸形部位上,可根据具体条件,按节能坡理念,即进站上坡、出站下坡,有利于节省列车制动和启动能耗。

(1)地下车站

地铁车辆经试验,在2‰的坡道上,可以停止不溜车;在3‰坡道上,不制动即溜车,所以地下车站站台范围内的线路坡度宜采用2‰,以防止车辆溜逸,同时便于站内线路排水;在困难条件下,可设在不大于3‰的坡道上;当具有有效排水措施或与相邻建筑物合建时,可采用平坡。

(2)地面和高架车站

地面和高架车站的站台范围内的线路宜设在平道上,以利于车站停车平稳;在困难地段可设在不大于3‰的坡道上，便于停车和启动。

(3)车场线

车站站台范围内的线路应设在一个坡道上，有利于列车停车和检修时处于平直状态。库外停放车的线路不做检修作业，但不能溜车，坡度不应大于1.5‰。折返线和停车线宜布置在面向车挡的下坡道上，隧道内的坡度宜为2‰；地面和高架线上折返线、停车线，其坡度不宜大于1.5‰，以确保停车安全，同时保证设有必要的最小排水坡度。

(4)道岔线

道岔在坡度上的最大问题是担心尖轨爬行，影响使用安全。这主要取决于尖轨跟端的接头是活动接头还是固定接头。当前正线道岔均采用曲线尖轨、固定接头和无砟道床时，基本上可以消除上述缺陷，故坡度可以放大至10‰的坡道上。

自主学习

认真查询轻轨、有轨电车、单轨的相关规范与文献，总结最小与最大坡度设计要求。

二、坡段长度

从工程数量上看，采用较短的坡段长度可更好地适应地形起伏，减少路基、桥隧等工程数量；但最短坡段长度应保证坡段两端所设的竖曲线不在坡段中间重叠。从运营角度看，因列车通过变坡点时，变坡点前后的列车运行阻力不同，车钩间存在游间，将使部分车辆产生局部加速度，影响行车平稳；同时使车辆间产生冲击作用，增大列车纵向力，坡段长度要保证不致产生断钩事故。因此，为了保证列车运行的平稳性，纵断面坡段长度宜设计为较长的坡段。

城市轨道交通线路坡段长度不宜小于远期列车编组长度，且相邻竖曲线间的夹直线长度：地铁或快速轨道交通不宜小于50m、轻轨线路不宜小于30m。

自主学习

认真查询轻轨、有轨电车、单轨的相关规范与文献，总结最小坡段长度要求。

三、坡段连接

1. 相邻坡度代数差

在线路纵断面设计中，根据主要技术标准、地形、地质条件，同时为了降低工程数量，将采用不同的坡段长度和设计坡度。当相邻坡段之间的设计坡度不同时，其设计坡度的代数差值称为相邻坡度代数差Δi，计算公式如下：

$$\Delta i = |i_1 - i_2| \quad (‰) \tag{2-14}$$

在计算过程中，沿线路方向上坡i_1取正值，反之取负值；i_2取值方法同i_1。

列车通过变坡点时，车钩产生附加应力，并致使车辆的局部加速度增加，其值与相邻两坡段的坡度代数差成正比。坡度代数差太大，会影响乘客乘车的舒适度及行车的安全。我国《地铁设计规范》(GB 50157—2013)没有对坡度代数差加以限制，但根据施工经验，如两反向坡段的坡度值均超过5‰时,通常采用一段坡度不大于5‰的坡段连接。

2. 竖曲线

在线路纵断面的变坡点处设置的竖向圆弧称为竖曲线。

在线路纵断面上,若各坡段直接连接成折线,列车通过变坡点时,产生的车辆振动和局部加速度增大,乘客乘车舒适度降低;当机车车辆重心未达变坡点时,将使前转向架的车轮悬空(图2-23),相邻车辆的连接处于变坡点附近时,车钩要上、下错动(图2-24),所以必须在变坡点处用竖曲线把折线断面平顺地连接起来,以保证行车的安全和平顺,使乘客乘坐舒适。

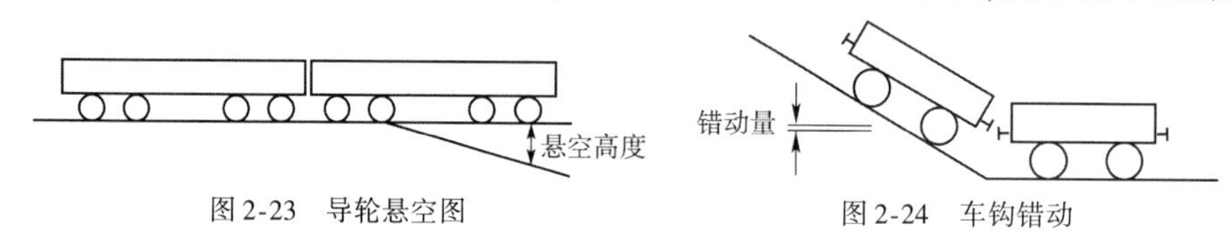

图2-23 导轮悬空图　　图2-24 车钩错动

常用的竖曲线有两种线型:一种为抛物线型,即用一定变坡率的20m短坡段连接起来的竖曲线;另一种为圆曲线型竖曲线。由于圆曲线型竖曲线测设、养护方便,因此我国城市轨道交通路线通常采用圆曲线型竖曲线。当变坡点在竖曲线上方时为凸形竖曲线,当变坡点在竖曲线下方时为凹形竖曲线。

(1)竖曲线半径

对于地铁、轻轨线路,两相邻坡段的坡度代数差等于或大于2‰时,应在变坡点处设圆曲线型竖曲线连接。竖曲线的半径不应小于表2-6、表2-7的规定。

轻轨竖曲线最小半径(单位:m)　　表2-6

线别	竖曲线半径	
	一般情况	困难情况
正线、联络线、出入线	2000	1000

地铁竖曲线最小半径(单位:m)　　表2-7

运行速度 V		$100km/h < V \leq 120km/h$		$V \leq 100km/h$	
		一般情况	困难情况	一般情况	困难情况
正线	区间	8000	5000	5000	2500
	车站端部	一般情况:3000;困难情况:2000			
联络线、出入线、车场线		2000			

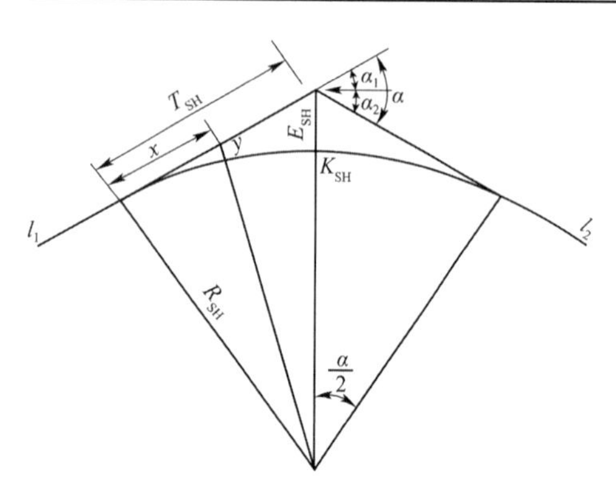

图2-25 圆曲线型竖曲线示意图

(2)竖曲线几何要素

圆曲线型竖曲线示意图如图2-25所示。

①竖曲线切线长 T_{SH}。

$$T_{SH} = \frac{R_{SH} \times \Delta i}{2000} \quad (m) \tag{2-15}$$

式中:R_{SH}——竖曲线半径,m;

Δi——相邻坡段坡度代数差的绝对值,‰。

②竖曲线长度 L_{SH}。

$$L_{SH} \approx 2T_{SH} \quad (m) \tag{2-16}$$

③竖曲线纵距 y。

$$y=\frac{x^2}{2R_{SH}}\quad (m) \tag{2-17}$$

式中：x——切线上计算点至竖曲线起终点的距离，m。

④竖曲线外矢距 E_{SH}。

变坡点处的纵距称为竖曲线的外矢距 E_{SH}，其计算公式如下：

$$E_{SH}=\frac{T_{SH}^2}{2R_{SH}}\quad (m) \tag{2-18}$$

⑤变坡点处的施工高程 H_{SH}。

$$H_{SH}=H\pm y\quad (m) \tag{2-19}$$

式中：H——设计线高程，凸形变坡点取“-”；凹形变坡点取“+”。

3. 竖曲线设置规定

(1)在车站站台有效长度内和道岔范围内不得设置竖曲线，地铁竖曲线离开道岔端部的距离应符合表2-8的规定。

道岔与曲线、站台的最小距离 表2-8

项目	至平面曲线端，或竖曲线端		至站台端
	正线	车场线	正线
道岔型号	60kg/m-1/9	60kg/m-1/9	60kg/m-1/9
道岔前端/后端	5/5(m)	3/3(m)	6/(m)①

注：①表示道岔后端至站台端位置，应按道岔警冲标位置控制。

(2)地铁线路竖曲线与缓和曲线或超高顺坡段在有砟道床地段不得重叠。在无砟道床地段竖曲线与缓和曲线重叠时，每条钢轨的超高最大顺坡率不得大于1.5‰。

【例题2-1】某地铁正线区间线路，在一般情况下，线路凸形变坡点A的地面高程为476.50m，设计高程为472.36m，相邻坡段坡度为$i_1=6‰$，$i_2=-2‰$。求：A点的挖方高度。

【解】A点的坡度差：

$$\Delta i=|i_1-i_2|=|6-(-2)|=8‰$$

A点的竖曲线切线长：

$$T_{SH}=\frac{R_{SH}\times\Delta i}{2000}=\frac{5000\times 8}{2000}=20(m)$$

A点的竖曲线外矢距：

$$E_{SH}=\frac{T_{SH}^2}{2R_{SH}}=\frac{20^2}{2\times 5000}=0.04(m)$$

A点的施工高程：

$$472.36-0.04=472.32(m)$$

A点的挖方高度：

$$476.50-472.32=4.18(m)$$

自主学习

认真查询有轨电车、单轨的相关规范与文献，设置竖曲线的条件。

四、线路纵断面图

线路纵断面图是线路设计的基本文件,在各个设计阶段都要编制要求不同、用途不同的各种纵断面图,其比例尺、项目内容及详细程度均不相同。

线路纵断面图是由图和资料两部分内容组成。详细纵断面图,横向表示线路的长度,竖向表示高程。

1.纵断面示意图的各部分说明

该部分内容绘制于上方,表示线路纵断面概貌和沿线主要建筑物特征。图中,细实线为地面线,粗实线为设计线,设计线上的小圆圈表示变坡点。

纵断面示意图的左方,应标注线路的主要技术标准。

车站符号的左、右侧,应写上距前、后车站的距离和前、后区间的往返走行时分。

设计线的上方,要求标出线路各主要建筑物的名称、里程、类型和大小,绘出断链标和水准基点标的位置和数据。

2.线路资料和数据

该部分内容标注在图的下方。

(1)平面曲线

平面曲线是表示线路平面的示意图。凸起部分表示右转曲线,凹下部分表示左转曲线。凸起与凹下部分的转折点依次为ZH点、HY点、YH点、HZ点。在ZH点和HZ点处要标注距前一百米标的距离。曲线要素注于曲线内侧。两相邻曲线间的水平线为直线段,要标注其长度。

(2)车站及配线

该栏中在车站起、终点桩号位置绘制站台,绘制形式具体参考车站的设置形式,主要包括岛式站台、侧式站台和混合式站台。岛式站台线路位于站台两侧,侧式站台线路位于站台中间。在线路的终点站或区段折返站位置设置了专用折返线或折返渡线,要将其线路示意图绘出。

(3)里程

一般以线路起点车站的中心线处为零起算,在整千米处标注千米标,在整百米标处标注百米标,加标处应标注距前一百米标的距离。

(4)地面高程

各百米标和加标处应填写地面高程,纵断面线路图中的地面线就是根据该栏中各标的地面高程点绘制连接而成的。

(5)设计坡度与坡段长度

向上或向下的斜线表示上坡道或下坡道,水平线表示平道,斜线交接的位置表示变坡点。线上数字表示坡度的千分数(单位:‰),坡度值一般为整数,如遇曲线折减、车站及困难地段可保留一位小数;线下数字表示坡段长度(单位:m)。初步设计以及以前各设计阶段,坡段长度宜为50m的倍数,变坡点一般落在100m里程及50m里程处。施工图设计阶段,坡段长度一般取整为10m的倍数,变坡点落在10m里程上。

(6)设计高程

图上应标出各变坡点、百米标及加标处的设计高程,精度为0.01m。城市轨道交通的设计高程一般有路肩设计高程和轨面设计高程两种。

路肩设计高程为路基边缘位置高程。当线路通过地下水位高或常年有地面积水的地区，路堤过低容易引起基床翻浆冒泥等病害，因此路肩设计高程应高出线路通过地段的最高地下水位或最高地面积水水位，并应加毛细水上升高度和有害冻胀深度，再加0.5m。

轨面设计高程为轨顶高程。一般地铁线路纵断面设计高程应为轨面设计高程。

(7)竖曲线

该栏中示意图简单显示了竖曲线的位置、形式以及起终点，并在示意图位置填写竖曲线半径、切线长等数据。一般初步设计阶段只进行竖曲线半径设计，施工图设计阶段还要进行竖曲线高程改正值计算(精度至毫米)。

(8)工程地质概况

工程地质特征，扼要填写沿线各路段重大不良地质现象、主要地层构造、岩性特征及水文地质等情况。

单元2.5 限界

保障城市轨道交通安全运行、限制车辆断面尺寸、限制沿线设备安装尺寸及确定建筑结构有效净空尺寸的图形及相应定位坐标参数称为限界。

一、限界分类

限界分为车辆限界、设备限界和建筑限界。

(1)车辆限界是指车辆在平直线上正常运行状态下所形成的最大动态包络线，用以控制车辆制造，以及制定站台和站台门的定位尺寸。

(2)设备限界是指车辆在故障运行状态下所形成的最大动态包络线，用以限制行车区的设备安装。

(3)建筑限界是指在设备限界基础上，满足设备和管线安装尺寸后的最小有效断面。

各类限界又按不同的分类标准划分为不同的限界，具体如图2-26所示。

二、地铁限界的确定

限界设计的任务是在满足城市轨道交通车辆安全运行的前提下，合理地选择桥、隧等结构的有效断面尺寸，以节省工程投资。

限界一般都是按平直线路的条件进行制订的。确定各限界尺寸的首要步骤是确定车辆轮廓线。

车辆限界、设备限界、建筑限界、轮廓线

车辆轮廓线是指城市轨道交通车辆在平直线路上，其车辆中心线与线路中心线重合时，新造车各部分尺寸的标准值。车辆轮廓线通常由车辆供货商提供，其与车辆限界、设备限界和建筑限界的关系如图2-27所示。

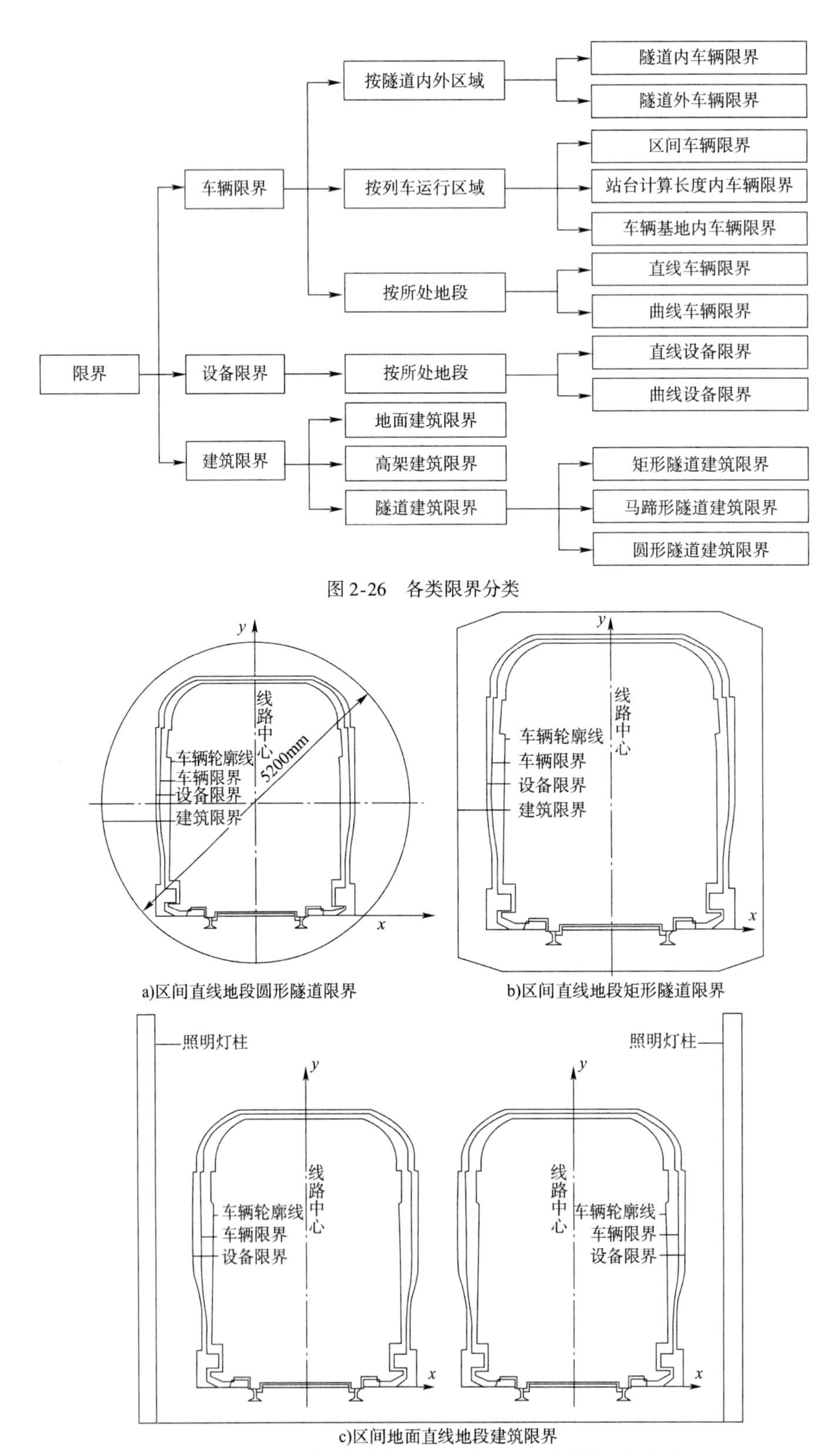

图 2-26 各类限界分类

图 2-27 车辆轮廓线与车辆限界、设备限界和建筑限界的关系

确定限界的步骤一般如下：

(1)根据车辆轮廓线建立正交于轨道中心线的平面二维直角坐标系,以两钢轨轨顶连线延伸作为 x 轴,以垂直于轨顶连线中心的铅垂线作为 y 轴。

(2)以两轴相交点作为坐标的原点 O_{xy}。

(3)根据建立的坐标系即可确定车辆轮廓线的各点坐标值。

车辆限界应以车辆轮廓线的各点坐标值为基础,按照车辆在线路上运行产生的最不利位置,考虑车辆的偏移和倾斜,按照规范要求,在车辆轮廓线坐标值的基础上加宽调整得到;设备限界要在车辆限界的基础上,考虑轨道出现状况不良而引起车辆偏移和倾斜,另外再考虑一定的安全预留量而得到;对于建筑限界,应在直线设备限界基础上,对于不同断面的建筑限界按照一定的公式计算确定。具体设计要求可参考《地铁设计规范》(GB 50157—2013)。

三、城市轨道交通限界一般规定

《城市轨道交通工程项目规范》(GB 55033—2022)对城市轨道交通限界有如下规定。

(1)城市轨道交通应根据不同车辆类型和运行工况,确定相应的车辆限界、设备限界和建筑限界。

(2)车辆在规定的运行工况下不应超出相应车辆限界,轨行区土建工程和机电设备的设置应符合相应的限界要求。车辆在各种运行状态下,不应发生车辆与车辆、车辆与轨行区内任何固定或可移动物体之间的接触,车辆受电弓与接轨网、车辆集电靴与接触轨除外。

(3)隧道及永久建(构)筑物的断面尺寸不应小于建筑限界。

(4)城市轨道交通线路单线断面建筑限界应符合表 2-9 的规定。

车辆断面与隧道净断面面积之比 表 2-9

车辆类型	速度等级			
	100km/h 及以下	120km/h	140km/h	160km/h
密闭性车体	—	—	<0.35	<0.29
非密闭性车体	≤0.5	≤0.4	≤0.27	—

(5)建筑限界上部和侧面距设备限界的最小安全间隙如下：

①当城市轨道交通非顶部受电且无安装设备时,应符合表 2-10 的规定。

建筑限界上部和侧面距设备限界的最小安全间隙(单位:mm) 表 2-10

类别	地铁、轻轨、直线电机车辆、有轨电车	市域快轨	跨座式单轨、中低速磁浮、AGT 自动导向
最小安全间隙	200	300	200

②当车辆存在低于运行面以下部分且无安装设备时,建筑限界下部距设备限界的轨道最小安全间隙应符合表 2-11 的规定。

建筑限界下部距设备限界的最小安全间隙(单位:mm) 表 2-11

类别	地铁、轻轨、直线电机车辆、有轨电车、市域快轨	跨座式单轨	中低速磁浮	AGT 自动导向
最小安全间隙	—	100	100	100

(6)建筑限界宽度应符合下列规定：

①对双线区间，当两条线间无建(构)筑物时，两条线设备限界之间的安全间隙应符合表2-12的规定。

两条线间无建(构)筑物时设备限界之间的安全间隙(单位：mm) 表2-12

类别	地铁、轻轨、直线电机车辆、有轨电车、跨座式单轨、中低速磁浮、AGT自动导向	市域快轨	
		140km/h	160km/h
安全间隙	100	150	200

②当无建(构)筑物或设备时，市域快轨隧道结构与设备限界之间的距离不应小于200mm，其他轨道交通形式不应小于100mm；当有建(构)筑物或设备时，建(构)筑物或设备与设备限界之间的安全间隙不应小于50mm。

③当采用接触轨受电时，受流器带电体与轨旁设备之间应保持电气安全距离。

④当地面线外侧设置防护栏杆、接触网支柱等构筑物时，应保证与设备限界之间留有安装设备需要的空间。

⑤人防隔断门、防淹门的建筑限界，在车辆静止状态下应满足宽度方向的安全间隙，且不应小于600mm。

⑥车辆基地建筑限界在作业区域应扩展设备装拆、设备舱开启与关闭等占用空间的包络范围。

(7)车站计算站台长度范围内直线站台边缘与车厢地板面高度处车辆轮廓线的水平间隙应符合表2-13的规定，曲线站台边缘与车厢地板面高度处车辆轮廓线的水平间隙相比直线站台的间隙增加量不应大于80mm。

直线站台边缘与车厢地板面高度处车辆轮廓线的水平间隙 表2-13

类别	停站进出站端速度	100km/h以上速度等级的车辆越行	水平间隙(mm)				
			80km/h		100km/h		120km/h
			滑动门	塞拉门	滑动门	塞拉门	
地铁	≤70km/h	不大于相邻区间速度	≤70	≤100	≤70	≤100	停站≤100 越行≤100
轻轨	≤60km/h	—	≤70				
直线电机车辆	≤65km/h	—	≤100				
市域快轨	≤70km/h	不大于相邻区间速度	停站≤100，越行≤100				
跨座式单轨	≤60km/h	—	≤80				
有轨电车	≤35km/h	—	≤100				
中低速磁浮	≤60km/h	—	≤70				
AGT自动导向	≤35km/h	—	≤50(含橡胶条)				

(8)在任何工况下，车站站台面均不应高于车辆客室地板面，车站站台面与车辆客室地板面间的高差应符合表2-14的规定。

车站站台面与车辆客室地板面间的高差(单位:mm) 表2-14

类别	工况	车站站台面与车辆客室地板面间的高差
地铁	空车静止	≤50
轻轨	空车静止	≤50
直线电机车辆	空车静止	≤50
市域快轨	空车静止	≤50
跨座式单轨	空车静止	≤50
有轨电车	空车静止	≤50
中低速磁浮	悬浮静止	≤30
AGT 自动导向	空车静止	≤50

(9)直线车站的站台屏蔽门与车辆车体轮廓最宽处的间隙应符合表2-15的规定。

直线车站的站台屏蔽门与车辆车体轮廓最宽处的间隙(单位:mm) 表2-15

类别	停站	越行
地铁	≤130	140
轻轨	≤130	—
直线电机车辆	≤130	—
市域快轨	≤130	150
跨座式单轨	≤130	—
有轨电车	≤130	—
中低速磁浮	≤110	—
AGT 自动导向	≤110	—

(10)区间内的纵向疏散平台应在设备限界外侧设置,直线地段和曲线地段纵向疏散平台距轨道中心线高度应统一按低于车厢地板面高度150~200mm确定。在车辆静止状态下,车辆轮廓距离疏散平台间隙,曲线地段不应大于300mm。

(11)车辆基地库内检修高平台及安全栅栏距车辆轮廓之间的水平横向间隙应限定在80~120mm,低平台应采用车站停站站台限界。

(12)线路上运行的车辆均不应超出运行线路的车辆限界。

能力提升

1.内容

(1)认真查阅资料,分析北京、上海或你所在城市的城市轨道交通线网与线路规划并解读。

(2)认真查阅资料,分析不同类型的城市轨道交通常见的线路敷设方式,列举国内城市轨道交通线路进行说明。

(3)讲解实际工程线路平面图与纵断面图,计算线路平曲线要素及主要桩点里程、竖曲线要素。

2. 要求

(1)以小组为单位进行活动,各组人员不超过6人,推选组长1人。组长负责整体活动计划,协调、督促成员完成任务。

(2)每组制作汇报PPT,由任课教师任选1名成员在课堂上讲解。

知识巩固

一、填空题

1. 地铁的设计年度通常分为三期,分别为________、________、________。

2. 城市轨道交通线路按敷设方式可分为________、________和________三种。

3. 城市轨道交通线路按照其在运营中的地位和作用划分为________、配线和车场线。

4. 线路平面是由________和曲线组成,其中曲线包括________、________。

5. 我国地铁线路采用________型缓和曲线。

6. 在线路纵断面的变坡点处设置的竖向圆弧称为________。

7. 城市轨道交通线路的纵断面由________和连接相邻坡段的________组成。其中,坡段的特征用________和________值来表示。

8. ________称为变坡点;________称为坡段长度。

9. 根据不同的功能要求,城市轨道交通的限界分为________、设备限界、________。

二、选择题

1. 转角大,则线路转弯(　　),线路总长增大,运营支出相应(　　)。

A. 越急　增大　　B. 越缓　增大　　C. 越缓　减小　　D. 越急　减小

2. 前一曲线终点(　　)与后一曲线起点(　　)间的直线,称为夹直线。

A. HZ_1　HZ_2　　B. ZH_1　HZ_2　　C. HZ_1　ZH_2　　D. ZH_1　HY_1

3. 为了保证行车平稳、乘客舒适、安全,夹直线长度不宜短于:A型车不能小于(　　),B型车不能小于(　　)。

A. 20　25　　B. 20　20　　C. 25　20　　D. 25　25

4. 坡度值上坡取(　　)值,下坡取(　　)值。

A. 正　正　　B. 负　正　　C. 正　负　　D. 负　负

5. 地铁线路正线的最大坡度宜采用(　　)‰,困难地段可采用35‰;高架线路按我国轻轨样车技术条件规定,正线的限制坡度为(　　)‰。

A. 30　60　　B. 25　45　　C. 30　45　　D. 25　30

6. 地铁车站宜布置在纵断面的(　　)型部位上,可根据具体条件,按节能坡理念,设计合理的进出站坡度和坡段长度;地铁车站站台范围内的线路应设在一个坡道上,坡度宜采用(　　)‰。当与相邻建筑物合建时,可采用平坡。

A. 凹　2　　B. 凸　2　　C. 凹　3　　D. 凸　3

三、简单题

1. 简述城市轨道交通线网规划的意义与原则。

2. 简述城市轨道交通线路起终点、车站选择的基本原则。

3. 简述城市轨道交通线路三种敷设方式的优缺点。

4. 简述城市轨道交通线路按照地位与作用分类。

5. 什么是线路平面？什么是线路纵断面？什么是线路横断面？

6. 什么是变坡点？什么是坡段长度？

7. 简述设置竖曲线的意义和基本条件。

8. 简述城市轨道交通限界的概念、作用与类型。

四、计算题

1. 某地铁曲线 $\alpha = 30°00'00''$，$R = 800$m，缓和曲线长为120m，ZH点里程DK11 + 105.12。求：(1)曲线长 L；

(2)HY、QZ、YH、HZ点里程(以上结果保留两位小数)。

2. 某地铁正线区间线路，在困难情况下，线路凸形变坡点 A 两侧设计坡度为 $i_1 = 30‰$，$i_2 = -2‰$，A 点的里程为K100 + 50，设计线高程为365.45m。求：竖曲线要素及竖曲线上每20m的施工高程(以上结果保留两位小数)。

模块3

城市轨道交通轨道结构

背景导入

城市轨道交通轨道结构复杂,它是城市轨道交通安全、平稳、舒适运行的基础。

随着小铁在大学期间的学习,他一直很想知道为什么列车行走在两根铁轨上面那么的安全,不会掉下来,并且乘坐的感觉是很舒适的,没有任何的颠簸;平时在坐火车的时候,他看到火车行走的路线及轨道,很想知道城市轨道交通的轨道结构与火车的轨道结构一样吗?改变汽车行驶方向是很简单的,可是火车又是如何转弯改变行驶方向的呢?

知识目标

1. 掌握城市轨道交通轨道结构的组成,熟悉各组成部件。
2. 掌握道岔的类型及组成和无缝线路的概念、类型及特点。
3. 掌握碎石道床与整体道床的结构形式及特点。
4. 掌握常见的城市轨道交通线路的结构特点。
5. 了解城市轨道交通中的其他设施。

能力目标

1. 能阐述无砟轨道、有砟轨道的轨道结构组成、特点及适用线路。
2. 能认识不同类型道岔及其组成部件。
3. 能认识城市轨道交通线路标志及其他设施。
4. 能描述城市轨道交通线路的常见轨道结构。
5. 会通过正规出版物和权威机构官方网站查阅相关资料,熟练使用办公软件。

素质目标

1. 培养科学创新、精益求精的工匠精神。
2. 增强民族自信、科技自信,激发科技报国的家国情怀和使命担当。

建议学时

12 学时。

单元3.1 轨道

轨道是指承受列车荷载和约束列车运行方向的设备或设施的总称。

轨道结构是指轨道设备或设施中用于车辆支承和导向并将列车载荷传向下部结构的组合体。一般分为上部轨道结构和下部基础结构。上部轨道结构主要由钢轨、扣件、轨枕、道床、道岔及附属设施等组成;下部基础结构主要指路基、桥梁、隧道。钢轨通过扣件固定在轨枕上,轨枕埋设在道床内,道床直接铺设在基础上。线路结构示意图如图3-1所示。

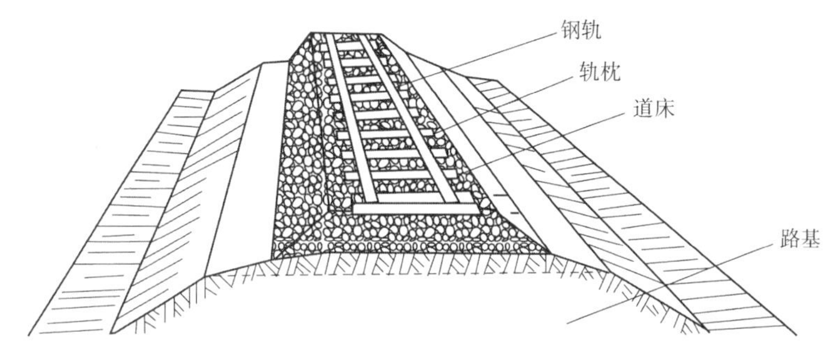

图3-1 线路结构示意图

轨道结构的作用是引导列车的运行,直接承受来自列车的荷载,并将荷载传至路基或者桥隧结构物。轨道结构应具有足够的强度、稳定性、耐久性、绝缘性和适量弹性,应能保证列车运行平衡、安全并应结合其他措施满足减振、降噪的要求。因此,轨道结构的性质和状况决定了列车的运行质量,也决定了乘客乘坐的舒适性。

轨道结构组成示意图如图3-2所示。

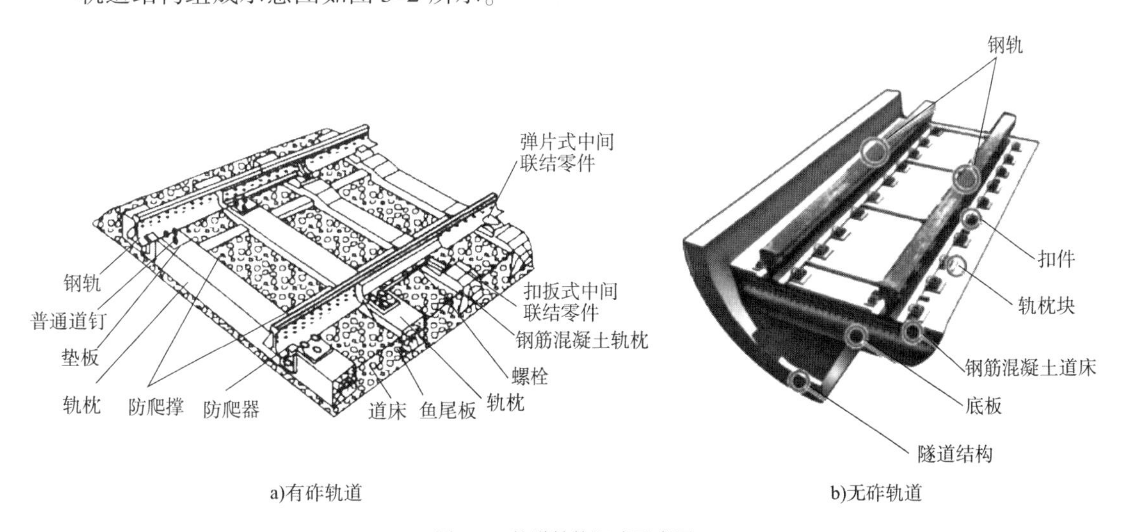

图3-2 轨道结构组成示意图

城市轨道交通线路大都采用工字形截面钢轨,只是单位长度及质量有所不同。轨枕主要由木枕、混凝土枕和钢枕组成,大多是横向轨枕。城市轨道交通地下线采用整体道床的无砟轨道结构、地面线较多采用有砟轨道结构形式。

城市轨道交通接近人口密集的市区,需要安全平稳运营、舒适性好,对振动与噪声控制的要求大大高于普速铁路和高速铁路。此外,城市轨道交通的行车密度大,维修天窗时间短,因而,需要轨道结构具有较好的耐磨性,尽可能减少养护维修工作量。

城市轨道交通线路通常分为地面线路、地下线路和高架线路三大类,每种线路类型使用的轨道结构往往是有差异的。

单元3.2 轨道结构部件

一、钢轨

钢轨是指直接支承列车荷载和引导车轮行驶的型钢。钢轨与列车的车轮直接接触,钢轨质量的好坏直接影响到行车的安全性和平稳性。

1. 钢轨的作用

为保证列车按设计速度运行,钢轨必须具备以下几个方面的功能:

(1)为车轮提供连续平顺和阻力最小的滚动面,引导列车前进。

(2)钢轨要承受来自车轮的巨大垂向压力,并以分散的形式传给轨枕。

(3)兼作轨道电路,为轨道电路提供导体。

因此,钢轨要求有足够的承载能力、抗弯强度、断裂韧性、稳定性及耐腐蚀性。

2. 钢轨的横截面形状

钢轨的横截面为工字形,可分为轨头、轨腰和轨底三部分,如图3-3所示。

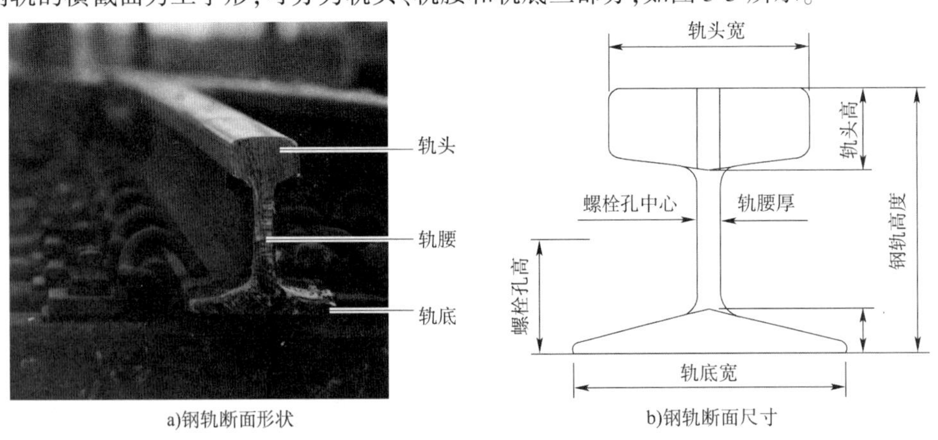

a)钢轨断面形状　b)钢轨断面尺寸

图3-3 钢轨

想一想

钢轨的横截面为什么是工字形?

钢轨横截面

3. 钢轨的类型

(1)按每米质量分类

钢轨的类型通常按每米长度钢轨的质量来表示,如60轨表示每米的重量是60kg。目前我国钢轨的类型主要有75kg/m、60kg/m、50kg/m、43kg/m等,分别记为P75、P60、P50、P43等,其中60kg/m及以上的为重型钢轨,50kg/m及以下的为轻型轨,43kg/m钢轨在新建线路上已很少使用。

我国地铁、轻轨等城市轨道交通线路,正线及配线宜采用60kg/m钢轨,车场线宜采用50kg/m钢轨。

(2)按单根钢轨的长度分类

我国钢轨的标准长度有12.5m和25.0m两种。曲线缩短轨长度有比12.5m标准轨短40mm、80mm、120mm的三种,有比25.0m标准轨短40mm、80mm、160mm的三种。我国地铁、轻轨等城市轨道交通一般位于市区的地下,考虑到长钢轨运输困难且不便施工等因素,因此一般采用25.0m定尺长钢轨。

4. 钢轨接头

轨道上钢轨与钢轨之间用夹板和螺栓连接的部位,称为钢轨接头,如图3-4所示。接头处轮轨作用力大,养护维修工作量大,是轨道结构的薄弱环节之一。

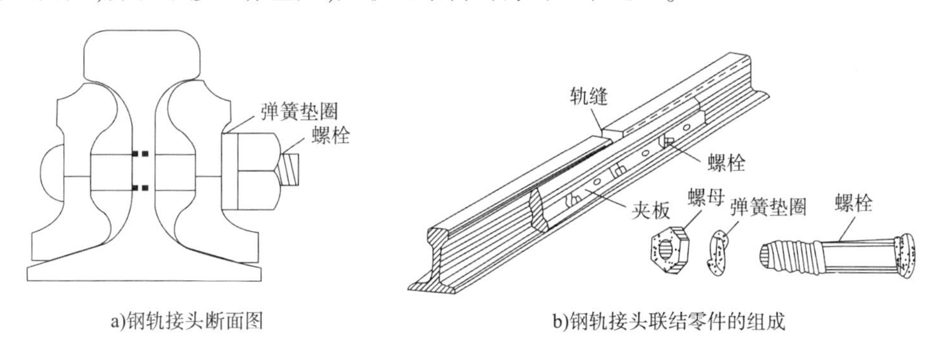

a)钢轨接头断面图　b)钢轨接头联结零件的组成

图3-4　钢轨接头

(1)钢轨接头按其在两股轨线上的相互位置,分为相对式和相错式两种,如图3-5所示。我国城市轨道交通采用相对式钢轨接头。

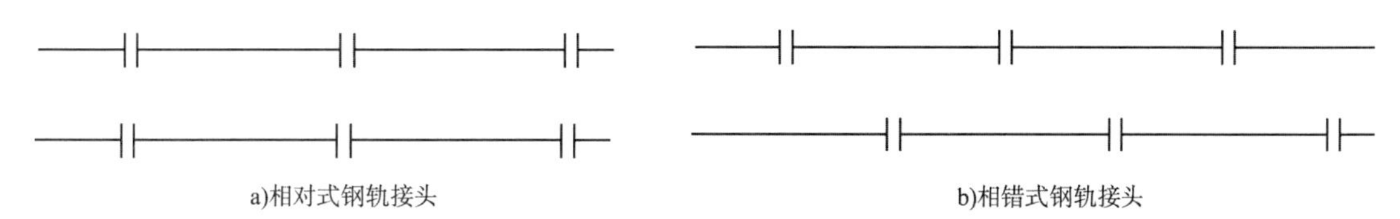
a)相对式钢轨接头　b)相错式钢轨接头

图3-5　相对式和相错式钢轨接头布置

(2)钢轨接头按其相对于轨枕的位置,分为悬空式和承垫式两种,如图3-6所示。承垫式接头又分为单枕承垫式和双枕承垫式两种。我国一般采用悬空式。

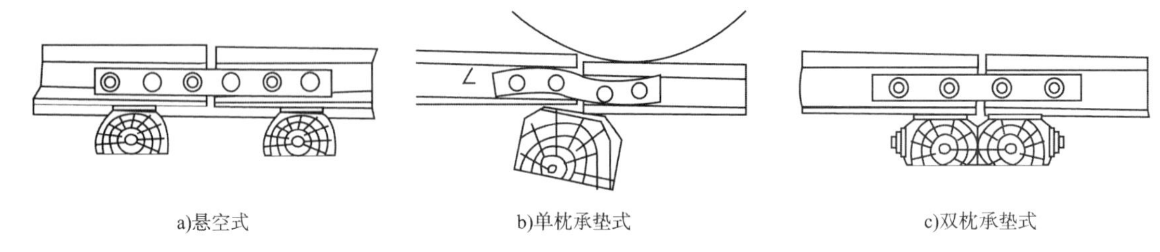

图 3-6 钢轨接头的承垫方式

(3)钢轨接头按其用途和性能可分为普通钢轨接头、异型钢轨接头、导电钢轨接头、绝缘钢轨接头、胶结钢轨接头、冻结钢轨接头、伸缩钢轨接头等。

①普通钢轨接头。普通钢轨接头是指将同类型钢轨用接头夹板和接头螺栓连接起来的钢轨接头。该接头在城市轨道交通中很少采用。

②异型钢轨接头。异型钢轨接头是指将不同类型钢轨(如 50kg/m 钢轨和 60kg/m 钢轨)用异型接头夹板和接头螺栓连接起来的钢轨接头,也称为过渡接头。异型钢轨接头通常在不同类型轨道线路交界处(比如正线线路和站场线路连接处,通常为站场出入段线端头)使用。不同类型钢轨相连接,还可插入相应的异型钢轨(异型钢轨为特制的两端为不同类型的钢轨,有焊接异型钢轨和轨端模压成型为异型的钢轨两种)两端分别与同类型钢轨连接。异型接头通常使用在车辆段和停车场与正线连接处,随着技术的发展,目前车辆段和停车场与正线连接处较多采用异型钢轨代替异型接头。

③导电钢轨接头。导电钢轨接头是指当钢轨兼作城市轨道交通线路的牵引电流回路时,用钢绞线焊在钢轨接头外侧的套扣中;当钢轨兼作信号轨道电路传输通道时,可将轨道接续线(导接线)两端塞钉打入靠近轨端处轨腰上的导接线孔中。上述两种为减小钢轨接头处的接触电阻,提高钢轨导电能力的钢轨接头通称为导电钢轨接头。

正线都采用钢绞线式,而塞钉式只用于停车场的无接触网线路的轨道电路区段,由于其接触电阻大、又容易断裂,将逐步被淘汰,用钢绞线式替代。

④绝缘钢轨接头。绝缘钢轨接头是在接头夹板、接头螺栓、钢轨间加垫轨端绝缘、槽型绝缘板及绝缘管、垫,使接头夹板、接头螺栓、钢轨间互相绝缘,用以隔断轨道的钢轨接头。绝缘钢轨接头用于分隔信号系统的轨道电路,通常分为普通绝缘接头和无缝线路的胶结绝缘接头,如图 3-7、图 3-8 所示。

图 3-7 绝缘接头

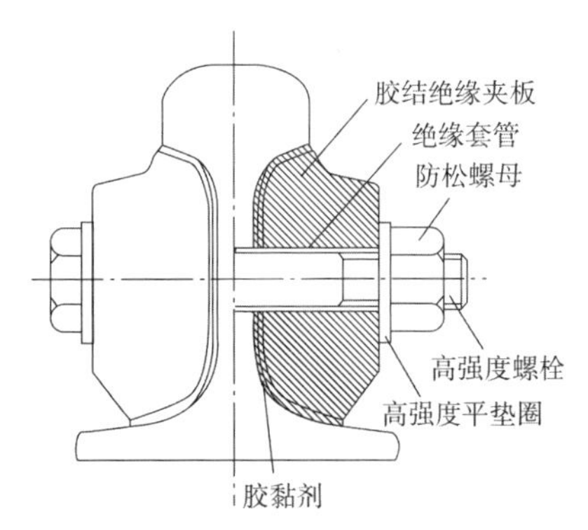

图 3-8 胶结绝缘接头

⑤胶结钢轨接头。胶结钢轨接头是用特制的黏接材料胶合而成的绝缘钢轨接头。胶结钢轨接头不仅提高了绝缘性能,其受力状态也有明显的改善。胶结钢轨绝缘接头作为绝缘钢轨接头的改良,在新线上较多使用。

⑥冻结钢轨接头。冻结钢轨接头是用高强度螺栓,将接头夹板与钢轨夹紧,钢轨螺栓孔中插入月牙形垫片,依靠接头夹板与钢轨间的摩擦力和螺栓的支撑力,强制两根钢轨轨端密贴,使轨缝不再发生变化的钢轨接头。冻结钢轨接头在城市轨道交通高架线路上有所使用。

⑦伸缩接头又称为伸缩调节器(图3-9),由基本轨和尖轨组成,其中尖轨固定不动,基本轨向轨道外侧伸缩,以保证伸缩时轨距保持不变。

a)

b)

图3-9 伸缩接头

想一想

100m长的P75钢轨的质量。

自主学习

钢轨接头处轨缝设置多大才合理,分析轨缝大小的重要性。

二、轨枕

轨枕是指承受来自钢轨的压力,使之传布于道床,同时利用扣件有效保持轨道的几何形态,保持轨距并将列车荷载弹性地传向下部结构的构件。其承受的压力通常为竖向垂直力、横向和纵向的水平力。因此,轨枕应具有一定的坚固性、弹性和耐久性。轨枕规格尺寸应便于固定钢轨,有抵抗线路纵、横向位移的能力。同时,轨枕还要造价低廉,制作简单,铺设及养护便易。

我国城市轨道交通20世纪60年代开始兴建,在最早设计的北京地铁1号线,整体道床采用钢筋混凝土短轨枕,车辆段地面线、正线道岔采用木枕。此后,钢筋混凝土短轨枕在国内城市轨道交通地下线、高架线整体道床中大量采用。20世纪90年代,结合上海地质情况,上海地铁在地下线采用预应力混凝土长轨枕。

目前,城市轨道交通工程基本形成了以钢筋混凝土短轨枕、混凝土支撑块、预应力混凝土长轨枕为主,以木枕、树脂枕为辅的轨枕类型。

1. 我国常用轨枕分类

(1)按构造及铺设方法分类

轨枕按其构造及铺设方法可分为横向轨枕、纵向轨枕、短轨枕和宽轨枕等。

①横向轨枕。横向轨枕与钢轨垂直间隔铺设,是城市轨道交通线路中最常用的轨枕。

②纵向轨枕。纵向轨枕沿钢轨方向铺设,值得注意的是,纵向布置的钢轨和轨枕之间的连接还是采用定距离配置螺栓、扣件的形式,即还是"点支撑"的传力形式,纵向轨枕在我国城市轨道交通线路中很少使用。

③短轨枕。短轨枕又称为支撑墩,是在左右两股钢轨下分开铺设的轨枕,只用于混凝土整体道床上。短轨枕有使用木质材料的,但在我国普遍使用钢筋混凝土材料,钢筋混凝土短轨枕采用C50混凝土,宜在工厂预制,以期保证质量。

④宽轨枕。宽轨枕因其底面积比横向轨枕大,减小了对道床的压力和道床的永久变形。

(2)按使用部位分类

轨枕按其使用部位可分为用于区间线路的普通轨枕、用于道岔上的岔枕和用于无砟桥上的桥枕,如图3-10所示。

a)普通轨枕

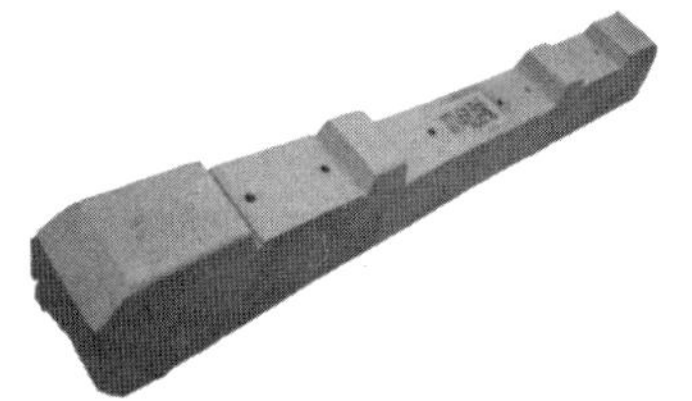
b)岔枕

c)桥枕

图3-10 轨枕

(3)按材料分类

轨枕按其材料可分为木枕、混凝土轨枕和钢枕等,现钢枕不被采用。

图3-11 木枕

①木枕。木枕又称为枕木,是铁路上最早采用且目前依然被采用的一种轨枕,如图3-11所示。木枕主要的优点是弹性好,易加工,运输、铺设、养护维修方便,绝缘性能好;其缺点是易于腐朽和机械磨损,使用寿命短,且木材资源缺乏,价格比较昂贵。为保护环境、节约资源,城市轨道交通新线已不再使用木枕,只有在早期的线路中,如道岔、停车场等部位有所使用。

②混凝土轨枕(图3-12)。混凝土轨枕均采用预应力混凝土轨枕,已被各国广泛采用。混凝土轨枕的优点是材源较多,规格统一,轨道弹性均匀,稳定性高,具有较高的道床阻力,对提高无缝线路的横向稳定性有利,使用寿命长,不受

气候、腐朽、虫蛀及失火的影响;其主要的缺点是质量大,弹性差,更换困难。《地铁设计规范》(GB 50157—2013)规定,无砟道床地段应采用预制钢筋混凝土轨枕,有砟道床地段宜采用预应力混凝土轨枕。

a)混凝土长枕

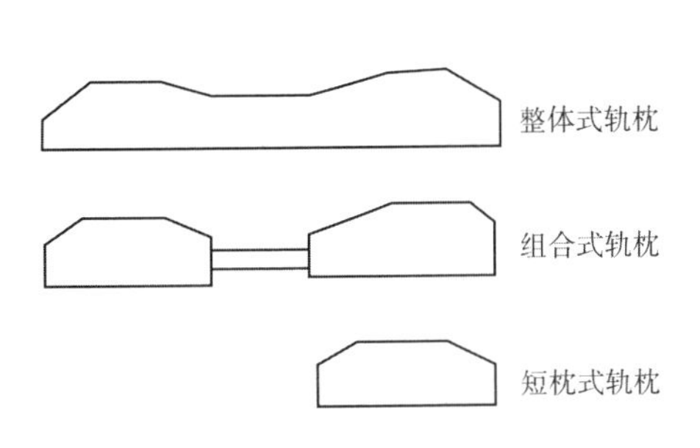

b)混凝土轨枕形式

图 3-12 混凝土枕

我国常见混凝土轨枕的类型主要有Ⅰ型、Ⅱ型和Ⅲ型,其中Ⅰ型枕和旧式Ⅱ型枕已逐步淘汰,现使用较多的为新Ⅱ型预应力混凝土轨枕和Ⅲ型预应力混凝土轨枕,Ⅲ型枕相比新Ⅱ型枕尺寸大,承载能力高。常用混凝土轨枕的主要参数见表 3-1。

常用混凝土轨枕的主要参数 表 3-1

轨枕类型	主筋数量	混凝土强度等级	截面高度(mm)		底面积(cm^2)	质量(kg)	长度(cm)
			轨下	中间			
新Ⅱ型	8ϕ7 或 10ϕ6.25	C60	205	175	6700	275	250
Ⅲa 型(有挡肩)	10ϕ7	C60	230	185	7720	353	260
Ⅲb 型(无挡肩)	10ϕ7	C60	230	185	7720	349	260
新Ⅲ型桥枕	14ϕ7	C60	210	240	8320	436	260

正线有砟轨道地段一般使用Ⅲa 型轨枕或新Ⅱ型轨枕,车辆段和停车场内有砟轨道地段一般使用新Ⅱ型轨枕,桥上设防脱护轨地段使用新Ⅲ型桥枕。

同时,列车通过不平顺的混凝土轨枕线路时,轨道附加动力增大,故对轨下部件的弹性提出了更高的要求,以提高线路减振性能。混凝土轨枕按结构形式可分为整体式、组合式和短枕式三种,如图 3-12b)所示。整体式轨枕整体性强,稳定性好,制作简便,是目前广泛使用的一种类型。组合式轨枕由两个钢筋混凝土块使用一根钢杆连接而成,其整体性不如前者,但钢杆承受正负弯矩的能力比较强,我国使用较少,欧洲使用较为广泛。轨枕间距也是轨道设计中的重要参数之一,其间距大小与每千米铺设的轨枕数量有关。

2. 城市轨道交通线路常用轨枕

(1)地面线路常用轨枕

地铁、轻轨等城市轨道交通地面线路有砟轨道采用新Ⅱ型、Ⅲa 型预应力混凝土枕。在采用第三轨受电方式时,需每隔 4 根轨枕加长 1 根或在轨枕上安装支架,以便设置第三轨。

(2)地下线路和高架线路常用轨枕

地铁、轻轨等城市轨道交通地下线路和高架线路一般采用整体道床,轨枕一般采用钢筋混凝土结构直接嵌入钢筋混凝土道床内,主要包含短轨枕、长轨枕、梯形轨枕。每种形式的轨枕根据设计要求的不同有多种类别。

①短轨枕(图3-13)。

图3-13 短轨枕(亦称支撑墩)

钢筋混凝土短轨枕在地铁工程中大量采用,其结构简单、容易制作、施工灵活,用于地下线时排水沟可设在道床中心或两侧,造价较低。短轨枕横断面为梯形,通常分为有带挡肩和无挡肩两种形式,底部伸出钢筋钩以增加与道床的联结,其中,短轨枕混凝土强度等级为C50。

短轨枕式整体道床可采用轨排法施工,进度快,精度易保证。我国城市轨道交通地下线及高架线均采用短轨枕式整体道床,经过几十年运营使用,状况良好。

②长轨枕(图3-14)。

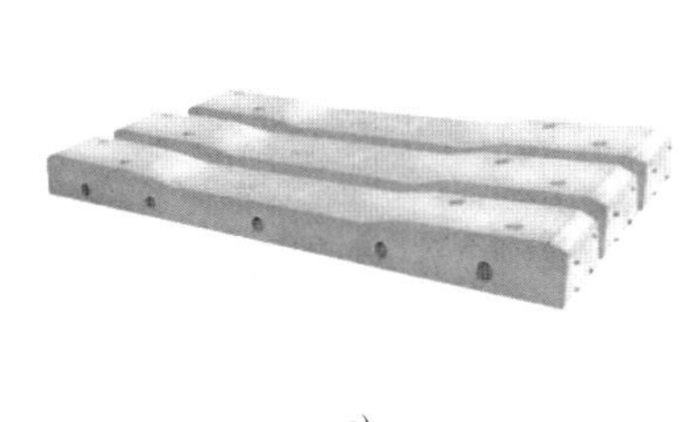

a)

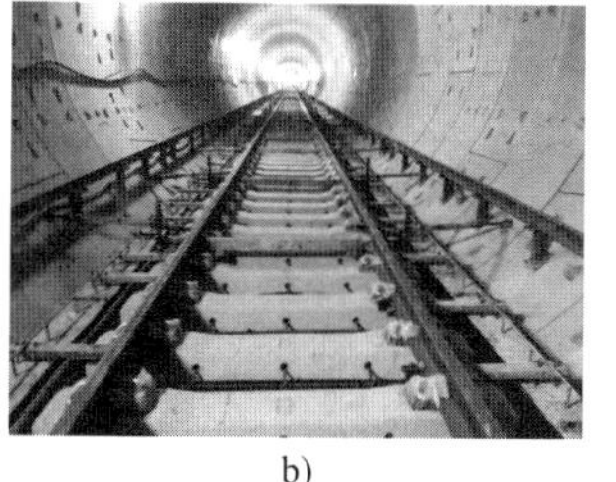

b)

c)

图3-14 长轨枕

长轨枕采用预应力钢筋混凝土制造,混凝土等级为C60,轨枕立面有5个预留孔,以便道床纵向钢筋通过,加强轨枕与道床的连接,轨枕全长为2100mm,内部布置双层钢筋网。长轨枕道床采用两侧排水,排水沟纵向坡度与线路纵向坡度一致。长轨枕整体道床整体性较好,横向通长的长轨枕大大提高了道床横向刚度,有利于保持轨距、抑制隧道仰拱变形。

③梯形轨枕(图3-15)。

梯形轨枕是指由预应力混凝土纵梁及联结杆件组成的梯子形状轨道构件,混凝土强度等级为C60。梯形轨枕由纵梁和横向连接杆构成,消除了枕中负弯矩,大大简化了轨道结构。此外,采用轨枕弹性支墩,使其浮于混凝土整体道床之上,实现了轻量级的质量-弹簧系统,从而提高了减振降噪的性能。梯形轨枕具有质量轻、减振降噪、耐久性好、维护方便等优点,但是也存在相邻两块梯形轨枕连接处薄弱、施工捣固困难、横向保持轨距能力差等缺点。

梯形轨枕在北京地铁4号线、昌平线、大兴线、房山线、6号线、8号线、9号线、10号线均有大量使用。

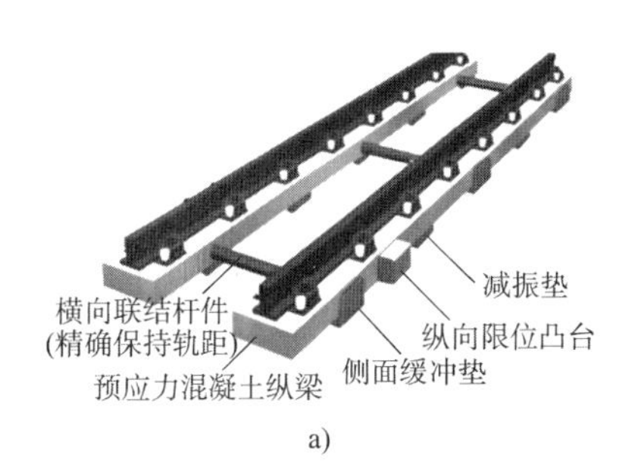

a)

b)

c)

图 3-15 梯形轨枕

3. 轨枕技术发展趋势

我国地铁、轻轨等城市轨道交通轨枕主要以混凝土轨枕为主,以木枕为辅。其中,整体道床主要使用混凝土短轨枕和预应力钢筋混凝土枕,碎石道床主要使用新型预应力钢筋混凝土枕,部分道岔使用木岔枕。

混凝土枕的大量铺设对轨道交通的发展有重要意义,同时,在使用中也发现一些需要改进的问题:一是需要增加混凝土轨枕类型;二是开发研究新材料轨枕,克服既有轨枕硬度大、弹性差、脆性大的不足。在今后一个阶段轨枕技术的发展将重点在以下几个方面。

(1)开发和丰富混凝土轨枕类型

目前,我国生产的混凝土轨枕中没能按不同运营条件、线路条件配置不同要求的轨枕,如没有小半径曲线和直线之分。因此,常常发生在钢轨接头处轨枕承受冲击力较大,小半径曲线地段轨枕承受水平力较大。从而,在特殊部位轨枕过早失效,增加了养护维修作业工作量。

(2)研究开发新材料轨枕

①复合式弹性轨枕。

我国有关科研部门利用再生橡胶粉、废塑料、废油漆混合塑化,变废为宝,研制出新材料轨枕。新材料轨枕相较于木枕强度高、弹性好、耐腐蚀、易加工,比混凝土枕自重轻,可适用于高速、重载线路。目前新材料轨枕已列入"国家鼓励发展的资源节约综合利用和环境保护 260 项技术",还需要进一步研究开发。

②纤维混凝土枕。

纤维混凝土枕是在混凝土中掺入一定量的纤维(按材质分为钢纤维、碳纤维、玻璃纤维、玄武岩纤维、竹纤维等,按形状分有平直型、波浪型、钩型等),以提高轨枕的抗冲击韧性和抗裂、抗拉、抗剪、抗弯、抗疲劳等性能。目前有关部门经研制、试铺已取得一定效果。

③聚氨酯泡沫合成轨枕。

聚氨酯泡沫合成轨枕是采用玻璃纤维增强聚氨酯树脂发泡成型的轨道用轨枕。该轨枕具有重量轻、弹性好、寿命长、耐腐蚀、良好的力学性能和绝缘性能、维护成本低、综合经济性好的特点。我国于 2004 年在广州地铁 4 号线首次引进聚氨酯泡沫合成轨枕,并于 2008 年开发出首批聚氨酯泡沫合成轨枕。具体详见行业标准《聚氨酯泡沫合成轨枕》(CJ/T 399—2012)。

自主学习

总结混凝土轨枕、木枕的优缺点。

三、联结零件

联结零件分为接头联结零件和中间联结零件(简称扣件)两类。

1. 接头联结零件

接头联结零件包括夹板、螺栓、螺母、弹簧垫圈等。它的主要作用是保持两根钢轨的连续性,使钢轨接头前后与完整的钢轨一样,并传递和承受钢轨的挠曲力、横向力,同时满足钢轨热胀冷缩的要求。接头联结零件如图3-16所示。

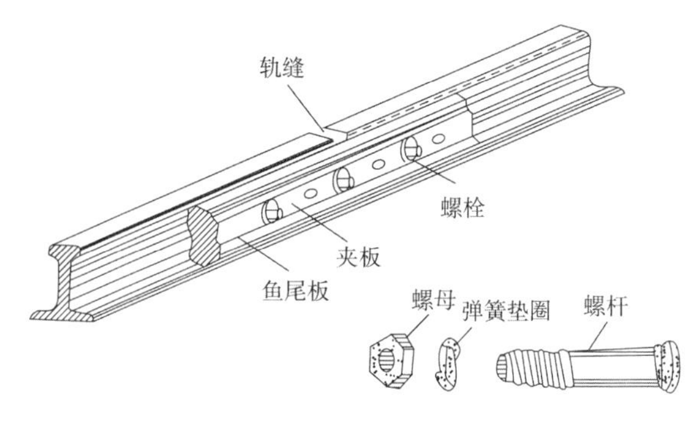

图3-16 接头联结零件

2. 扣件

扣件是指将钢轨固定在轨枕或其他轨下基础的连接部件。不仅要求其具有足够的强度、耐久性和一定的弹性,还能长期有效地保持钢轨与轨枕的可靠联结,阻止钢轨相对于轨枕而移动;还要构造简单,便于安装及拆卸。因此扣件不仅要具备足够的强度和扣压力,还应具有良好的弹性和一定的调整能力。

城市轨道交通所采用的各类轨道扣件大致可以归纳为五大系列:一是传统系列,二是DT系列,三是WJ系列,四是弹簧系列,五是减振系列。此外,还有单趾弹条扣件(广州地铁应用较多)和快速弹条扣件。

(1)传统系列扣件

传统系列扣件主要有木枕扣件(图3-17)和混凝土轨枕扣件(图3-18)。

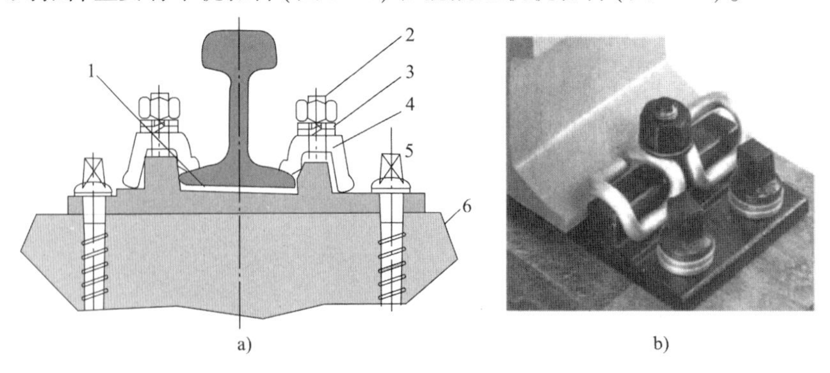

图3-17 木枕扣件

1-轨下胶垫;2-扣件螺栓;3-弹簧垫圈;4-K形扣件;5-螺旋道钉;6-轨枕

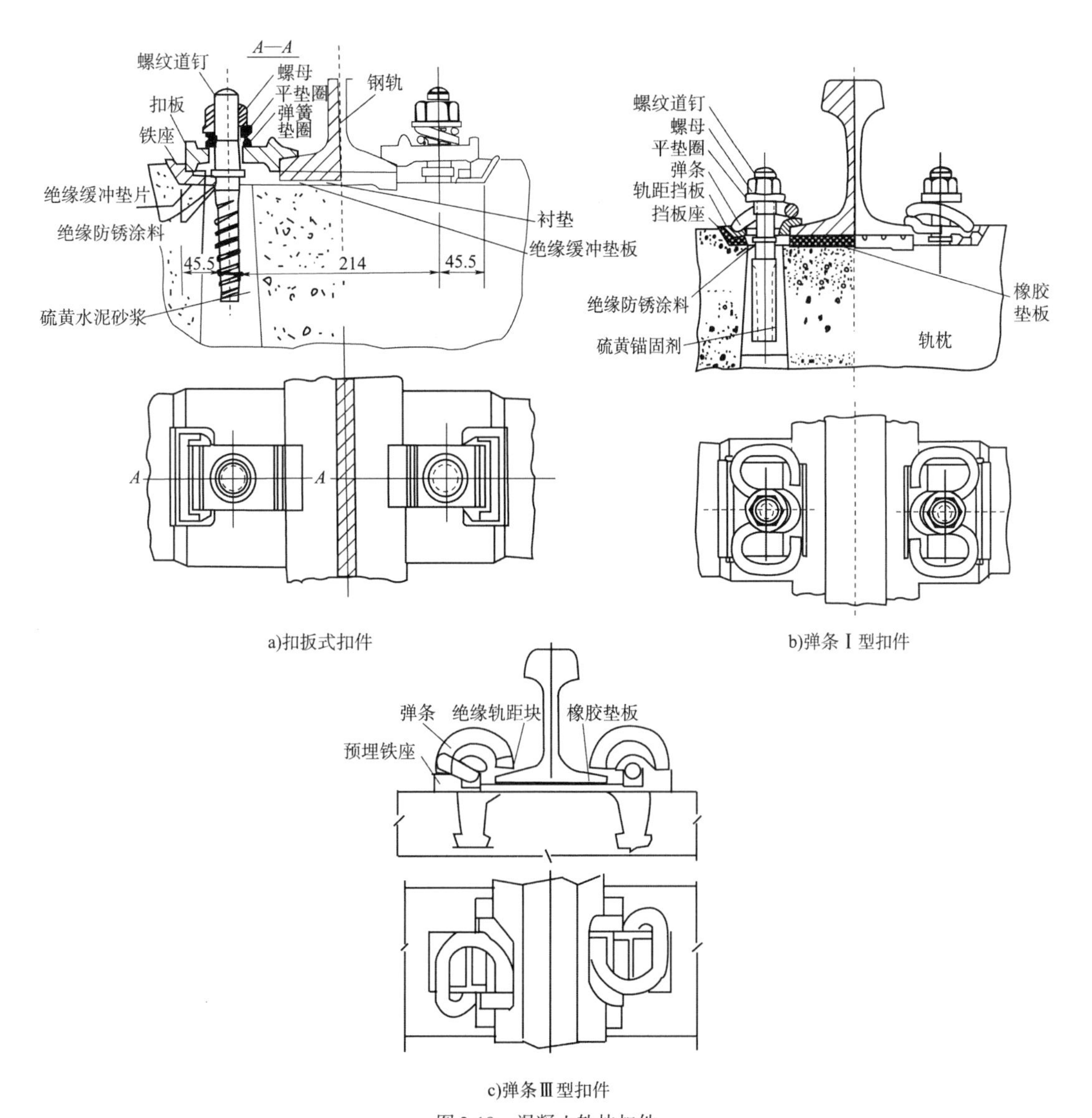

a)扣扳式扣件

b)弹条Ⅰ型扣件

c)弹条Ⅲ型扣件

图3-18 混凝土轨枕扣件

①木枕扣件一般应用在城市轨道交通碎石道床的地面线和车场线路等。

②混凝土轨枕扣件有扣板式扣件和弹条式扣件两种。扣板式扣件[图3-18a)]在混凝土轨枕线路上使用也较多,扣板具有扣压钢轨、调整轨距的作用,缺点就是扣压力不足,使用过程中容易松动;弹条式扣件分为弹条Ⅰ型扣件[图3-18b)]、弹条Ⅱ型扣件、弹条Ⅲ型扣件[图3-18c)]三种,用于地面线路正线。

(2)DT系列扣件

DT为地铁的意思。DT系列扣件是为地下线路整体道床专门设计的扣件,被大量使用。DT系列扣件有DTI至DTVII等型号,如图3-19所示。DT系列扣件在北京、上海、广州、深圳、南京、武汉等地的城市轨道交通建设中得到广泛应用。

常用的DT系列扣件有DTⅢ2型扣件、DTⅥ2型扣件和DTⅦ2型扣件等。其中,DTⅢ2型扣件主要用于上海地铁等;DTⅥ2型扣件主要用于北京地铁、南京地铁、天津地铁、呼和浩特地铁等;DTⅦ2 型扣件为小阻力扣件,主要用于北京地铁、南京地铁等高架线上。

DTⅢ2 型扣件(图 3-20)分为有螺栓、分开式、ω 形弹条式扣件,适用于隧道和 U 形槽结构地段的普通短轨枕混凝土整体道床。

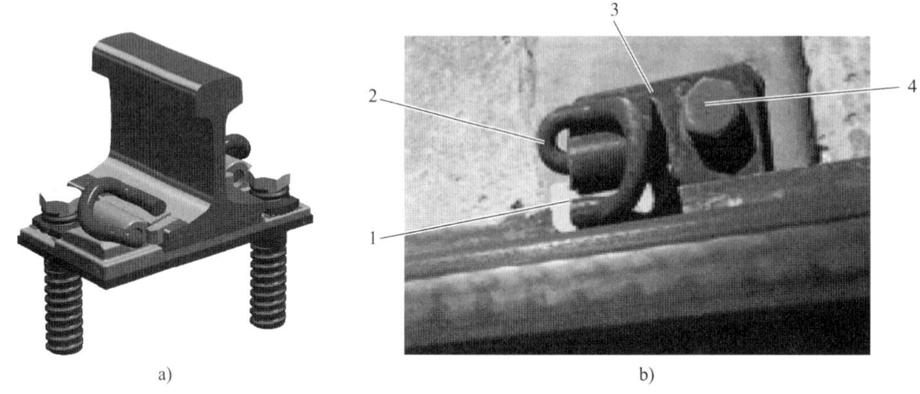

图 3-19 DTⅢ型扣件

1-轨距挡块;2-e 型弹条;3-铁垫板;4-锚固螺栓

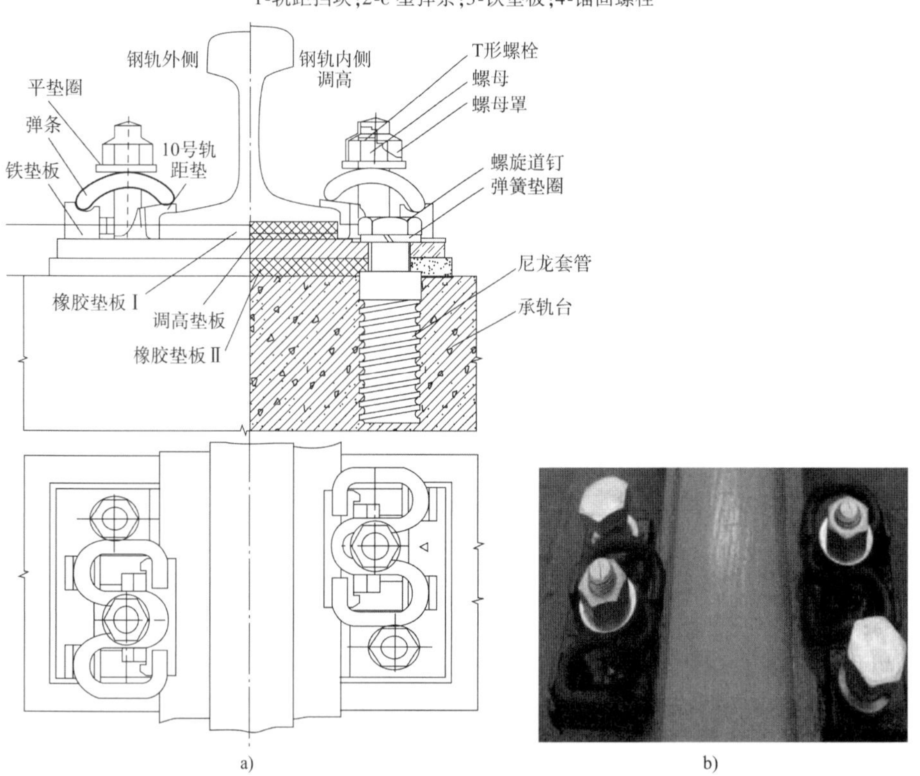

图 3-20 DTⅢ2 型扣件

DTⅥ2 型扣件(图 3-21)是专门针对地铁特点而研制的扣件,取消了 T 形螺栓,零部件少,造价较低,维修工作量很小,而且扣压力适宜,调距、调高量较大,弹性好,能满足调整钢轨轨距、水平的要求,能牢固锁定钢轨,其良好的弹性能够适应整体道床。DTⅥ2 型扣件采用了防止弹条滑退的结构,弹条安装与拆卸方便。在轨下和铁垫板下各设一层弹性垫板,达到了二次绝缘。该扣件具有简单、可靠、成熟、少维护等特点,方便订货和安装,从而实现维修管理工作量最小化。

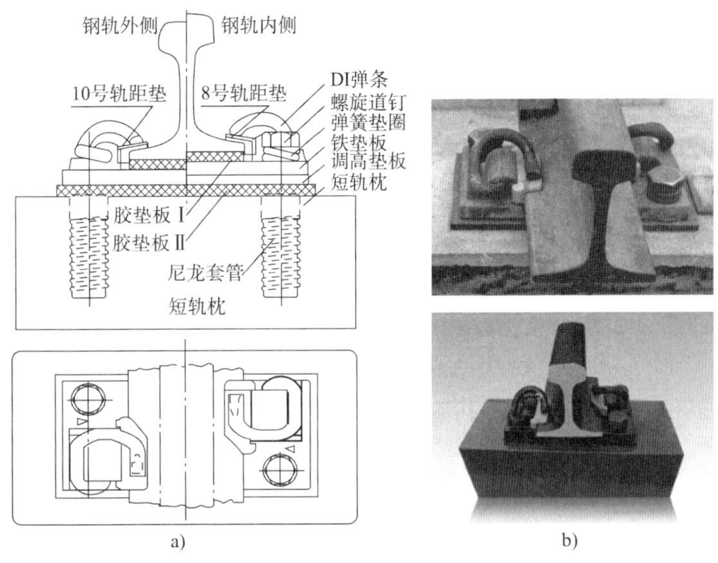

图 3-21 DTⅥ2 型扣件

DTⅦ2 型扣件(图 3-22)主要用于地铁高架线。该扣件为无挡肩、弹性分开式小阻力扣件,采取轨距垫、铁垫板调边使用的方法调整轨距,同时设轨距垫和扣件绝缘。轨下采用低摩阻系数的复合垫板,扣件采用桥上无砟轨道专用小阻力弹条,铁垫板用 T30 螺纹道钉与预埋尼龙套管的轨枕联结,用 T 形螺栓紧固弹条。该扣件的特点是扣压力适宜,调距、调高量大,弹性好,能牢固锁定钢轨并满足调整钢轨轨距、水平的要求。DTⅦ2 型扣件在北京地铁 14 号线高架、青岛地铁 11 号线等线路上有应用。

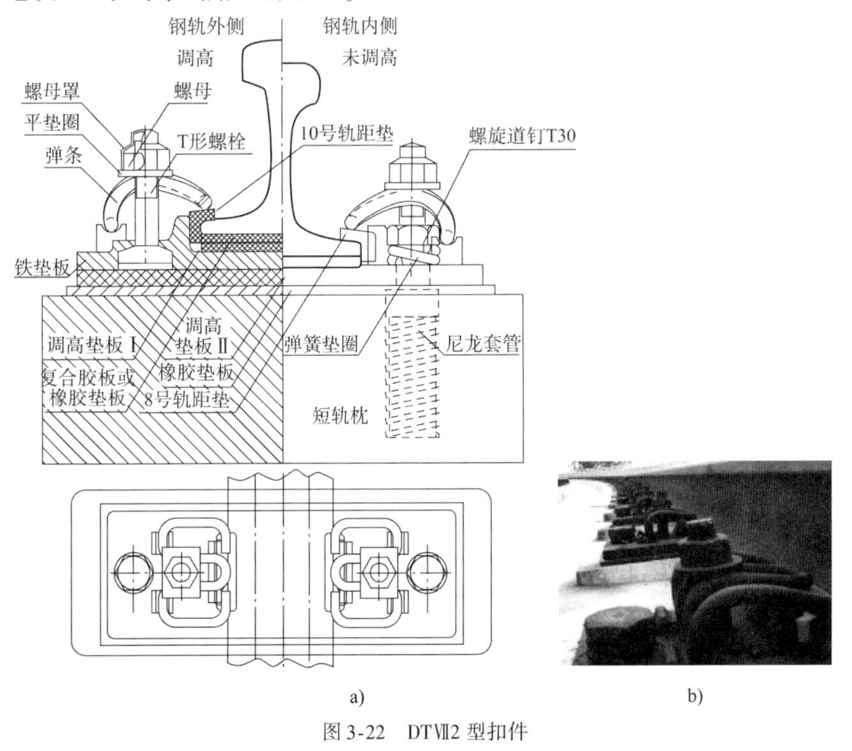

图 3-22 DTⅦ2 型扣件

(3)WJ 系列扣件

WJ 系列扣件是一种无挡肩扣件。该系列扣件有 WJ-1、WJ-2 至 WJ-5 等形式,是一种小阻力扣件,主要用于城市轨道交通高架线路。例如,WJ-2 型扣件使用于上海地铁及武汉地铁的高架线路,如图 3-23 所示。

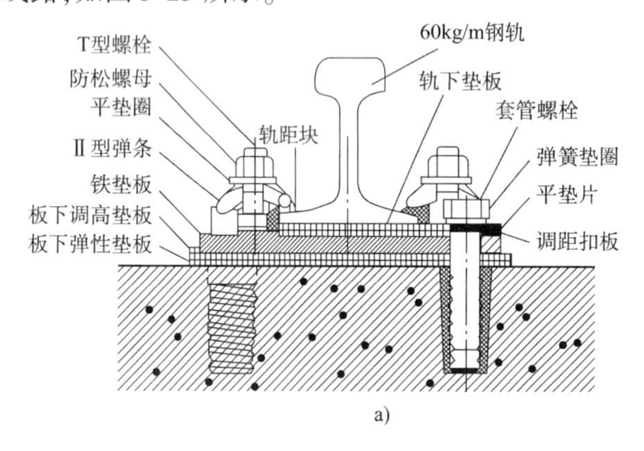

a)

b)

图 3-23 WJ-2 型扣件

WJ-2 型扣件适用于钢轨高低和左右位置调整量大并铺设焊接长钢轨的预应力混凝土梁上的无砟轨道结构,轨下采用不锈钢复合胶垫,铁垫板下采用橡胶垫板;适用于高架桥上整体道床一般减振地段。WJ-2 型扣件在北京地铁房山线、青岛地铁 13 号线、上海地铁、武汉地铁等高架线上有应用。

(4)弹簧系列扣件

弹簧系列扣件通常分为单趾弹簧扣件和双趾弹簧扣件两种,它主要用于城市轨道交通短轨枕整体道床地段。在北京、上海、广州等地的城市轨道交通线路中使用。

单趾弹簧扣件以单趾弹簧作为钢轨扣压件,取代传统的螺栓拧紧弹条的扣压方式,扣压力稳定;适用于铺设 60kg/m 钢轨轨道的直线及半径≥300m 的曲线地段。其结构图如图 3-24 所示。

双趾弹簧扣件适用于 60kg/m 钢轨无砟轨道结构,扣压力稳定,能保持轨距、水平,能提供足够的防爬阻力;具有良好的减振性能和电气绝缘性能;轨距、高低调整量适度,能满足施工及维修的要求;结构简单,养护维修工作量少。其结构图如图 3-25 所示。

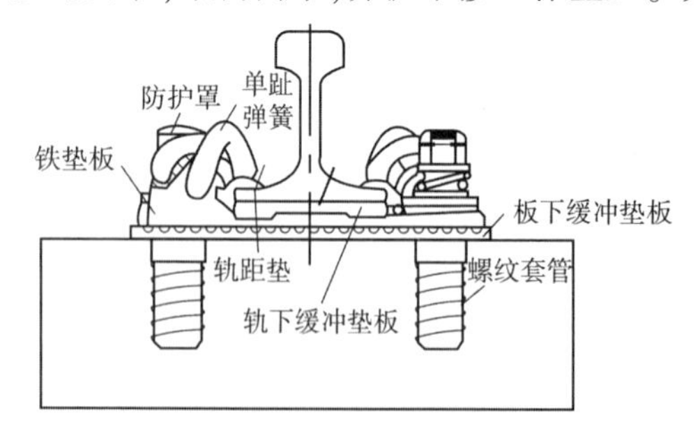

图 3-24 单趾弹簧扣件

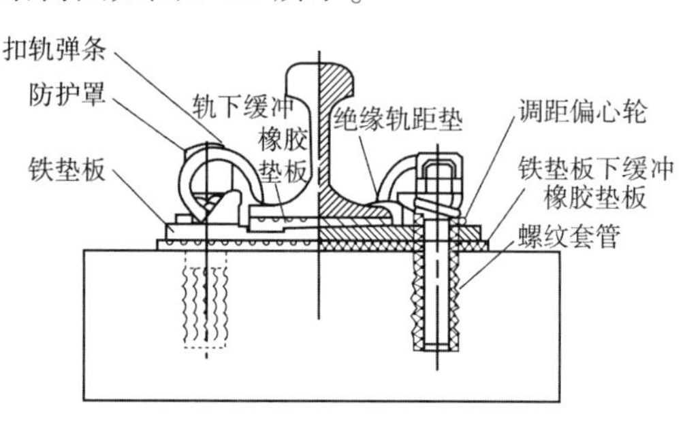

图 3-25 双趾弹簧扣件

(5)减振系列扣件

减振系列扣件是为减少地铁振动对周边建筑的影响而专门设计的扣件。减振系列扣件是一种高弹性扣件,能较充分地利用橡胶的剪切变形,弹性好,较一般扣件的振动减少 4~5dB,

减振效果良好。常见的减振系列扣件有剪切型减振器扣件、压缩型减振器扣件、LORD 扣件、先锋(vanguard)扣件等,如图 3-26 ~ 图 3-28 所示。其中,剪切型减振器扣件在北京地铁 4 号线、5 号线、10 号线,上海地铁、广州地铁等线路上均有使用。目前来看,应用效果不太理想,容易发生轮轨共振,产生钢轨异常波磨。

a)有螺栓型

b)无螺栓型

图 3-26 剪切型减振器扣件

图 3-27 压缩型减振器扣件

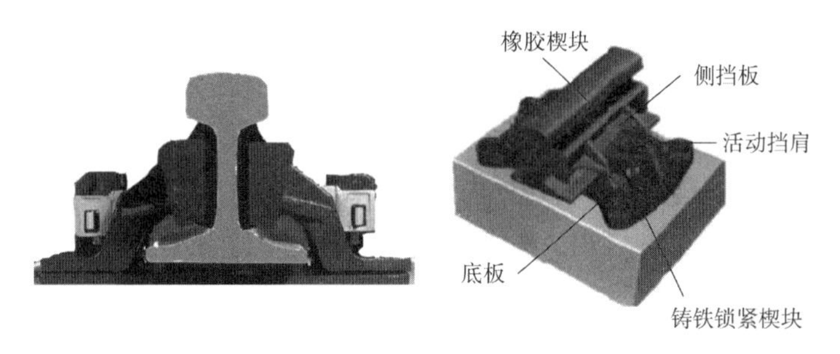

图 3-28 先锋扣件

先锋扣件与普通扣件规格、尺寸方面可以互换,方便施工,但是存在钢轨动态沉量大,易带来振动、噪声、钢轨磨耗以及动弯应力较大等问题。先锋扣件在北京地铁 5 号线、长沙地铁 2 号线、广州地铁 4 号线、上海地铁 3 号线和 4 号线改造地段等线路上有应用。

(6)ZX 系列扣件

ZX 意指“专线”,常用的 ZX 系列扣件类型为 ZX-2 型扣件和 ZX-3 型分开式扣件等。

ZX-2 型扣件是一种有螺栓、弹性分开式扣件,采用国铁Ⅱ型弹条,在青岛地铁 13 号线等线路上有应用。

ZX-3 型分开式扣件是一种无螺栓、弹性分开式扣件,采用国铁Ⅲ型弹条,如图 3-29 所示。该扣件具有扣压力大、零部件少、装卸方便、养护维修工作量小等特点。适合在大坡度及小半径曲线线路使用。该扣件经过室内试验并在国内部分城市轨道交通小半径曲线及大坡度地段铺设使用。

图 3-29 ZX-3 型分开式扣件

四、其他附属设备

1. 防脱护轨

防脱护轨是指为防止车轮脱轨或向一侧偏移，在轨道上钢轨内侧加铺的不承受车轮垂直荷载的钢轨。虽然承轨台结构为保持轨道结构的稳定提供了可靠的保证，但在局部地段(如在小半径曲线的缓和曲线范围及竖曲线与缓和曲线重叠地段)，因超高顺坡造成轨顶平面的扭曲，不利于轨道的平顺性保持。当列车通过时，势必加剧车辆某些车轮的减载或悬浮，同时将使轮轨间产生附加的横向水平力，为确保列车运行安全，应在高架轨道的特殊地段设置防脱护轨，如图3-30所示。

图3-30 防脱护轨

防脱护轨是新型护轨设备，轮缘槽较小，能消除列车车轮因减载、悬浮而脱轨的隐患，当一侧车轮轮缘将要爬上轨顶面时，同一轮对的另一侧车轮的轮背与护轨接触，使要爬轨的车轮恢复到正常位置，以防止列车脱轨。防脱护轨设置在基本轨内侧，用支架固定在基本轨轨底，安装拆卸方便。

防脱护轨能可靠地防止列车车轮在小半径曲线轨道上发生爬(跳、滑)轨脱线事故，能提高小半径曲线轨道整体结构抗横向变形的承载能力，增强其稳定性，可改善轮轨相互作用的横向动力学效应，以减少其线路养护维修工作量。通用性好，护轨不与轨下基础(含轨枕)发生直接连接紧固关系。

(1)高架线上设置防脱护轨的地段

①半径小于500m曲线的缓圆(圆缓)点，缓和曲线部分35m、圆曲线部分15m的范围内曲线下股钢轨内侧。

②双线高架桥跨越城市干道和铁路地段及其以外各20m范围内，在靠近高架桥中线侧的钢轨内侧；单线高架桥上述地段两股钢轨内侧。

③竖曲线与缓和曲线重叠处，重叠范围内两股钢轨内侧。

④可根据实际需要增加安装防脱护轨的地段。

(2)防脱护轨的结构

防脱护轨由护轨、护轨支架、扣板、弹性绝缘缓冲垫片和联结紧固部件(螺栓、螺母)等组成，其结构如图3-31所示。

2. 车挡

车挡是指防止列车驶出线路末端的安全阻挡装置。车挡设置在线路尽头线末端，用于阻止由于操作不当城市轨道交通车辆冲出尽头线或撞坏其他构筑物。车挡通常分为固定式车挡和缓冲滑动式车挡，如图3-32所示。

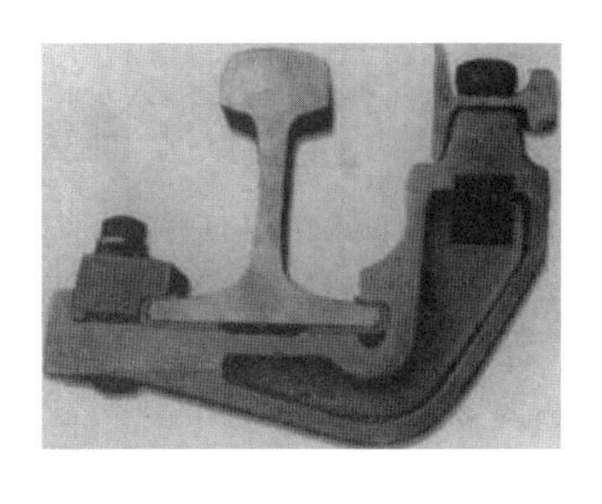

a)

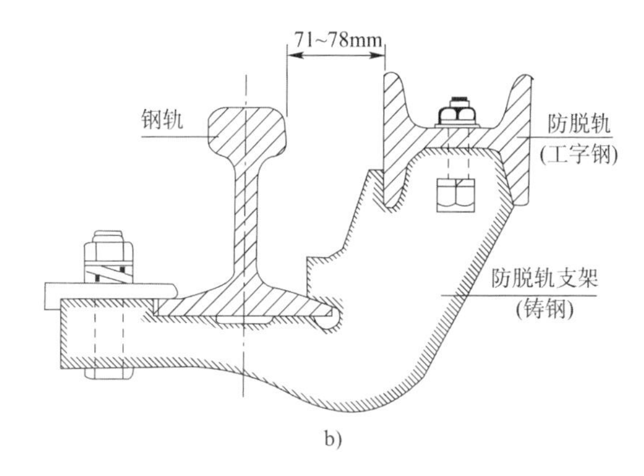

b)

图 3-31 防脱护轨结构图

a)固定式车挡

b)缓冲滑动式车挡

图 3-32 车挡

(1)地铁线路车挡的基本规定：

①地铁正线及配线、试车线、牵出线的终端应采用缓冲滑动式车挡。地面和地下线终端车挡应能承受列车以 15km/h 速度撞击的冲击荷载，高架线终端车挡应能承受列车以 25km/h 速度撞击的冲击荷载。特殊情况可根据车辆、信号等要求计算确定。

②地铁车场线终端应采用固定式车挡。

(2)轻轨线路在轨道尽端应设置车挡，并应符合下列规定：

①正线、配线及试车线的终端车挡的额定撞击速度不应小于 5km/h，并应满足车辆、信号等要求；

②车场线终端应采用固定式车挡，额定撞击速度不应小于 3km/h，并应满足车辆、信号等要求；

③高架线终端等重要位置的车挡应设置与车辆相匹配的防爬器设备。

五、道床

道床是指支承和固定轨枕，并将列车荷载传向路基面或桥梁、隧道等其他下部建筑结构的轨道组成部分，起承受及传递荷载、稳定轨道结构的作用，一般分为碎石道床和整体道床。

城市轨道交通对行车安全和自动化程度要求高，正线行车密度大，行车间隔时间短，维修养护只能利用夜间停运时间，维修时间短。基于以上特点，城市轨道交通工程中正线大多采用整体道床(地面线经济效益比选可采用碎石道床),配用弹性较好的扣件,采取相应的减振降噪措施。对于车辆段和停车场内的线路,设备和工艺未做要求地段,一般采用碎石道床。

1. 碎石道床

(1)碎石道床的优缺点

优点:结构简单,容易施工、方便更换,减震、降噪性能较好,造价低等。

缺点:其轨道建筑高度大,由此造成结构底板下降,隧道的净空加大,排水设施复杂,养护工作频繁,轨道几何形位不易保证,更换轨枕困难,在小半径曲线地段稳定性不足,易被污染,美观性欠佳等;道床作业时,粉尘较大,影响作业人员的健康。因此,城市轨道交通地下线通常不采用碎石道床,而采用整体道床。碎石道床如图3-33所示。

高架混凝土桥面上的轨道线路也不采用碎石道床,而采用新型的整体道床形式,以减少桥面荷载和维修工作量;同时可以避免列车运行时偶然导致石子飞落桥下,伤害行人。

(2)碎石道床的功能

①将列车荷载均匀传布于路基面上,起保护路基的作用。

②提供抵抗轨排纵横向位移的阻力,保持轨道的几何形位。

③提供良好的排水性能。

④提供一定的弹性。

⑤通过起道、拨道等手段,便于调整轨道的几何尺寸。

因此,碎石道床是由粒径、级配和强度均满足使用要求的散体道砟组成的道床。《地铁设计规范》(GB 50157—2013)规定,地铁线路应采用一级道砟,各项参数性能满足《铁路碎石道砟》(TB/T 2140—2008)中的相关规定。

2. 整体道床

整体道床是无砟轨道的一种结构形式,它不设传统的道砟层,而是在坚实的基础之上用混凝土或钢筋混凝土浇筑形成整体道床,也是城市轨道交通应用最多的道床结构,如图3-34所示。

图3-33　碎石道床

图3-34　整体道床

(1)整体道床的优缺点

优点:整体道床结构稳定性好,线路平顺性高,外观整洁,养护维修工作量小、工人劳动强度低;轨道结构高度低,可减少隧道净空;自重轻,可减少桥梁恒载。

缺点:整体道床的弹性较差,对城市轨道交通的减振降噪要求适应性较差,对下部基础的变形要求高,且投资较高,尤其当基础出现不均匀沉降时极难整治。

(2)整体道床的类型

整体道床分为以下五大类型:

①带枕浇筑式整体道床。其轨枕包括混凝土长枕、短枕和短木枕三种。

长枕浇筑式整体道床为我国城市轨道交通建设的初期所采用,主要应用于隧道内的线路,如图3-35所示。短枕浇筑式整体道床有短混凝土枕和短木枕两种,短枕基本上都为预制,大部分应用于停车库内检查坑道的线路,如图3-36所示,其中短混凝土枕也开始为隧道内和高架线路的正线所采用。北京地铁一、二期工程和天津地铁大量采用短枕浇筑式整体道床,武汉地铁2号线正线大部分采用钢筋混凝土短轨枕式整体道床。

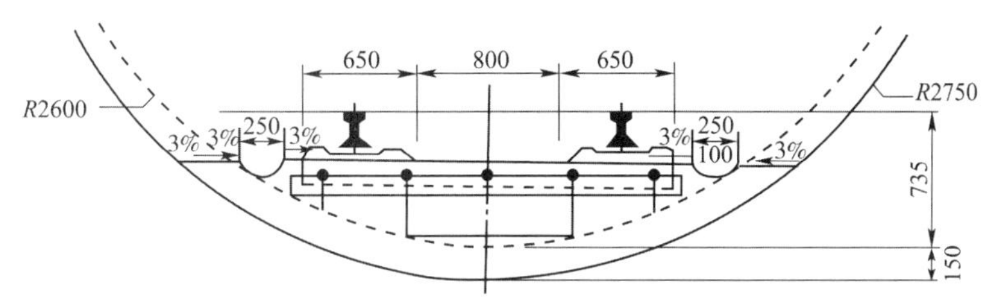

图3-35　长枕浇筑式整体道床(尺寸单位:mm)

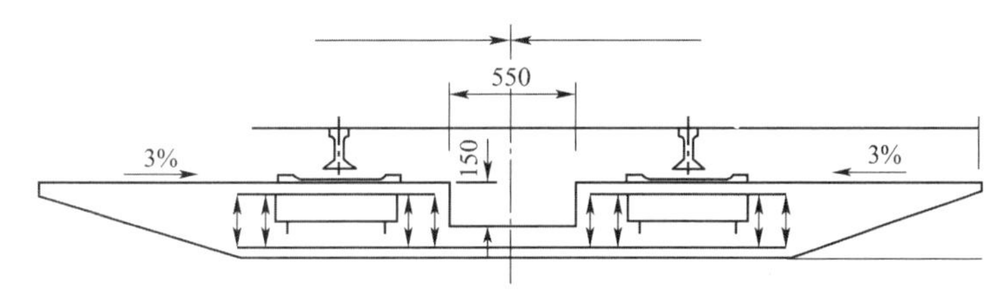

图3-36　短枕浇筑式整体道床(尺寸单位:mm)

②承轨台式整体道床。

承轨台式整体道床是比较新颖的一种轨下基础,尤其适用于高架线路,如图3-37所示。武汉轻轨1号线正线采用此道床。

③平过道式(地坪式)整体道床。

平过道式(地坪式)整体道床多为检修库内修建不需要检查坑的整体地坪式的线路,如图3-38所示。

图3-37　承轨台式整体道床

图3-38　平过道式整体道床

④坑道式及立柱式整体道床。

坑道式及立柱式整体道床是为了满足车辆检修库内检修工作的需要,轨下结构设计为坑道式及立柱式的检查坑,如图3-39、图3-40所示。

图3-39 坑道式整体道床

图3-40 立柱式整体道床

⑤弹性整体道床。

国内主要铺设的弹性整体道床是浮置板式整体道床、梯形轨枕道床、纵向轨枕道床等。

a. 浮置板式整体道床。

浮置板式整体道床是在浮置板下面及两侧设有橡胶垫,减振效果明显,如图3-41所示。浮置板较重,需要较大吊装机具,施工进度难以保证,更换底部橡胶垫困难,大修时需中断地铁正常运营,造价也高。浮置板式整体道床对隧道外减振降噪效果明显,但地铁车厢内振动和噪声较大,超过环境保护的标准。

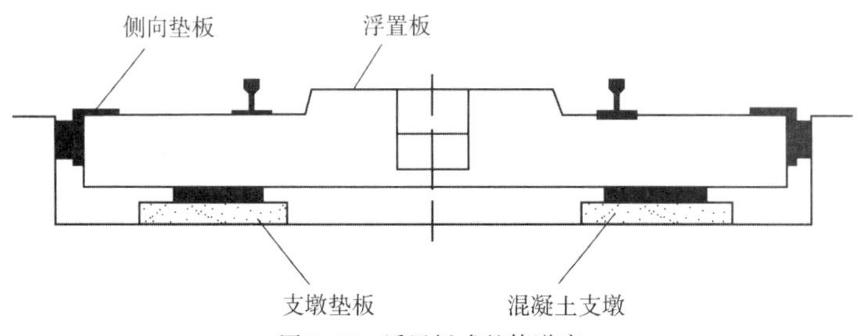

图3-41 浮置板式整体道床

钢弹簧浮置板道床在城市轨道交通中应用更为广泛,其具备优良的减振降噪性能,有效缓解城市轨道交通运营振动对其周边居民的影响。但现浇浮置板式整体道床在施工阶段,对施工条件和要求较高,如出现施工控制不良,后续的结构维护工作量大,道床更换困难。经过多年的运用研发,目前已实现预制浮置板工艺,通过普通板和调整板之间的组合搭配,实现现场的拼装运用,提升预制板本身的强度及质量,同时提升轨道初始平顺性,如图3-42所示。武汉轨道交通2号线在高要求减振地段采用钢弹簧浮置板道床,其示意图如图3-43所示。

b. 梯形轨枕道床。

梯形轨枕道床是一种双弹性框架结构轨道系统,由梯形轨枕(预应力混凝土预制纵梁、横向连接钢管、减振垫及缓冲垫)、钢轨、扣件及道床等组成,如图3-44所示。梯形轨枕道床具有安全、低振动、低噪声等特性,减振性能低于浮置板式整体道床,但梯形轨枕作为预制件,具有耐久性好、维修量少等多技术优势,其在城市轨道交通高架线路广泛使用。

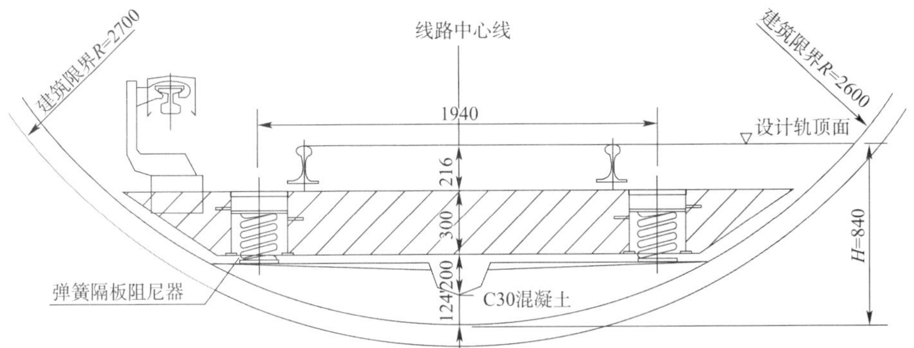

图 3-42 钢弹簧浮置板道床示意图(尺寸单位:mm)

a)钢弹簧浮置板道床施工

b)上海地铁18号线

图 3-43 钢弹簧浮置板道床

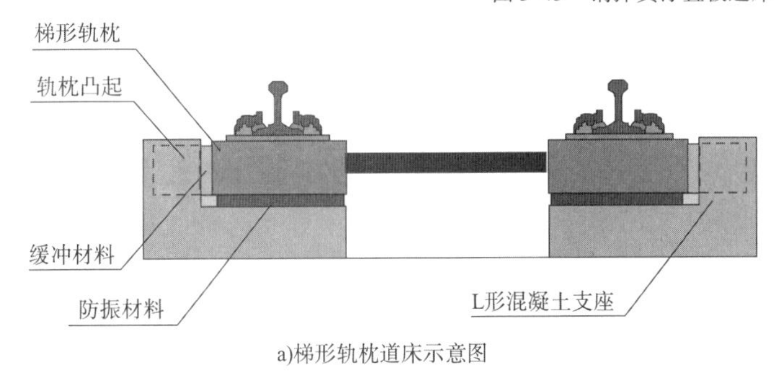

a)梯形轨枕道床示意图

b)高架线路

图 3-44 梯形轨枕道床

c. 纵向轨枕道床。

纵向轨枕道床是指通过减震垫实现减震的道床类型,轨道结构主要由钢轨、扣件、纵向轨枕、枕下弹性材料、高度调整垫层(或支座、支压板)组成,如图 3-45 所示。纵向轨枕道床具备结构稳定、维修量少的特点,其在城市轨道交通中有所应用。

3. 弹性过渡段

由于整体道床和碎石道床弹性不同,在两者的交界处需设置弹性过渡段。弹性过渡段可以是整体道床,也可以是碎石道床。北京地铁一、二期工程采用梯形短木枕拼装式整体道床作为过渡段,上海地铁采用厚度渐变的碎石道床作为过渡段。以上两种过渡段形式都能很好地抵消弹性突变,效果良好。由于地铁扣件弹性好,采用道床厚度渐变的办法比较适宜,铺设也简便。

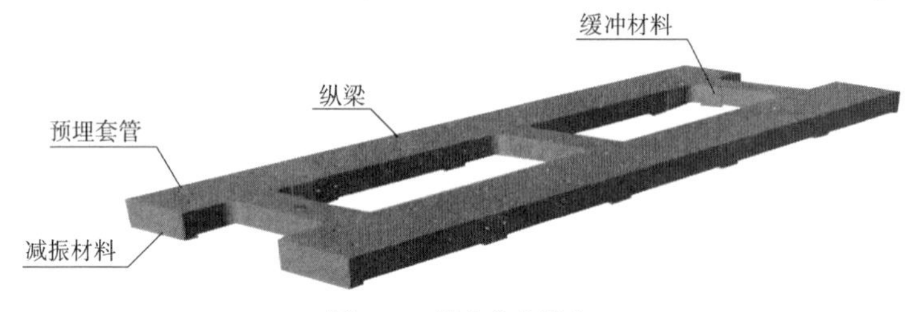

图3-45 纵向轨枕道床

单元3.3 道岔

车辆从一股轨道转入或越过另一股轨道的线路连接设备,统称为道岔,如图3-46所示。道岔具有数量多、构造复杂、使用寿命短、行车安全性低、养护维修投入大等特点。道岔的作用是引导车辆由一股道转向另一股道。道岔是轨道线路中的重要组成部分,也是线路的薄弱环节之一。

图3-46 道岔

一、道岔的分类

根据道岔的用途和构造形式的不同,道岔可分为连接设备、交叉设备、连接与交叉组合设备。连接设备主要有单式道岔和复式道岔,交叉设备主要有直角交叉和菱形交叉,连接与交叉组合设备主要有交叉渡线道岔和交分道岔。

根据用途和平面形状,道岔有如下几种标准类型。

1. 普通单开道岔

普通单开道岔又称单开道岔,是将一条城市轨道交通线路分为两条,其中以直线为主线,侧线向主线的左侧或右侧分支的道岔,如图3-47所示。

侧线向右侧岔出的,称为右向单开道岔(简称“右开道岔”),如图3-47a)所示。侧线向左侧岔出的,称为左向单开道岔(简称“左开道岔”),如图3-47b)所示。

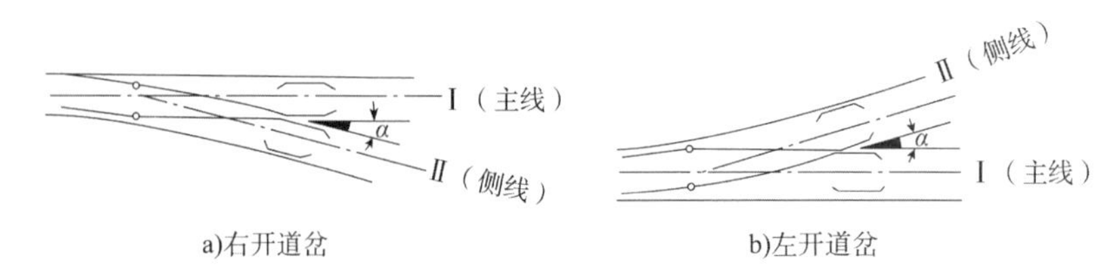

a)右开道岔　b)左开道岔

图3-47 普通单开道岔

2. 对称道岔

对称道岔是把直线轨道分为左右对称的两条轨道的道岔，如图 3-48 所示。

3. 三开道岔

三开道岔又称复式异侧对称道岔，是将一条线分为三条线，其中主线为直线，侧线为向左、右两侧对称分开的道岔，如图 3-49 所示。三开道岔是复式道岔中的一种常见形式。

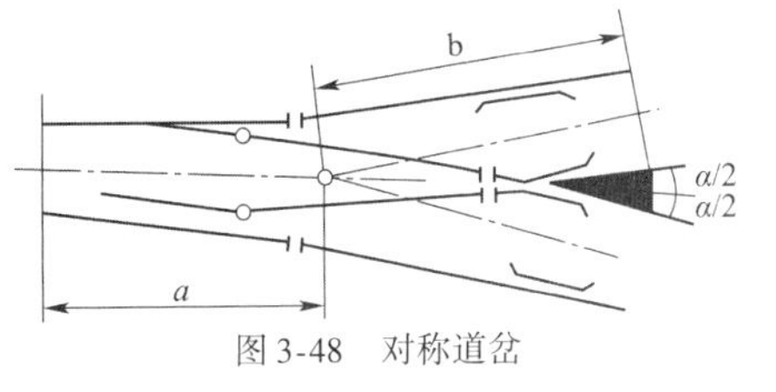

图 3-48　对称道岔

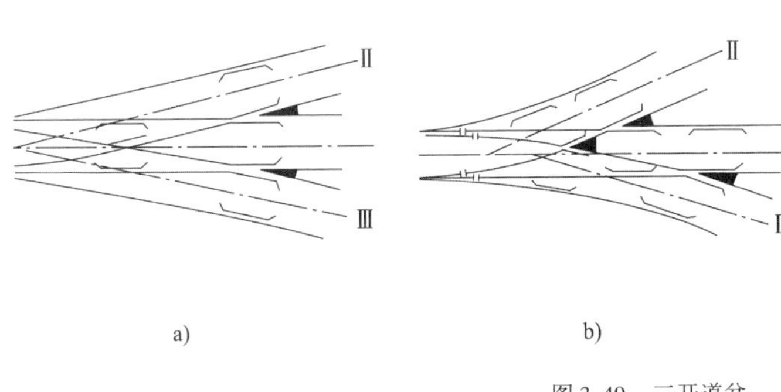

a)　b)　c)

图 3-49　三开道岔

4. 交分道岔

交分道岔是两条轨道在同一平面相交成菱形的交叉，如图 3-50 所示。

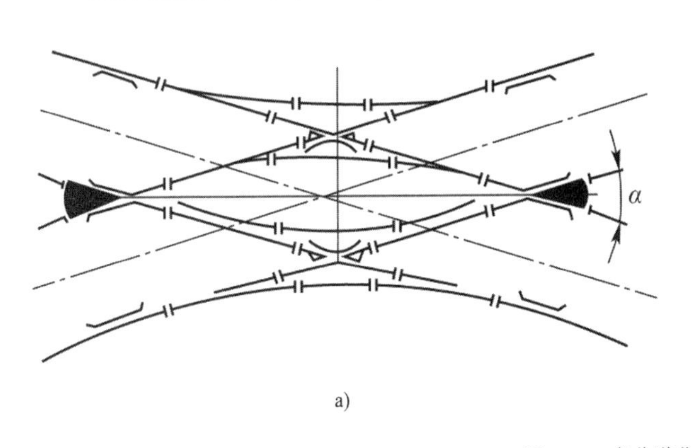

a)　b)

图 3-50　交分道岔

5. 交叉渡线

交叉渡线由 4 组类型和号数相同的单开道岔和一组菱形交叉，以及连接钢轨组成，用于平行股道之间的连接，仅在个别特殊场合下使用，如图 3-51 所示。

自主学习

查阅资料与调查，您所关注的城市的城市轨道交通线路中道岔的常见类型。

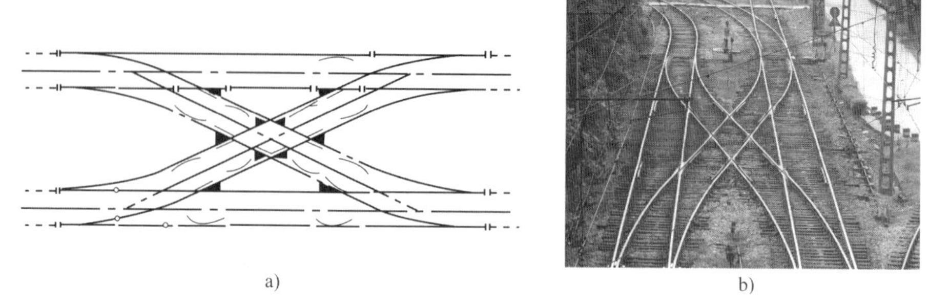

a)　　b)

图 3-51　交叉渡线

二、道岔组成

城市轨道交通中普遍采用普通单开道岔,同时它具有其他道岔的共有特点和要求,是学习其他类型道岔的基础。因此,掌握普通单开道岔的基本特征,对道岔在运营中的管理、铺设与养护维修具有十分重要指导意义。

普通单开道岔由转辙器、连接部分、辙叉及护轨组成,如图 3-52 所示。

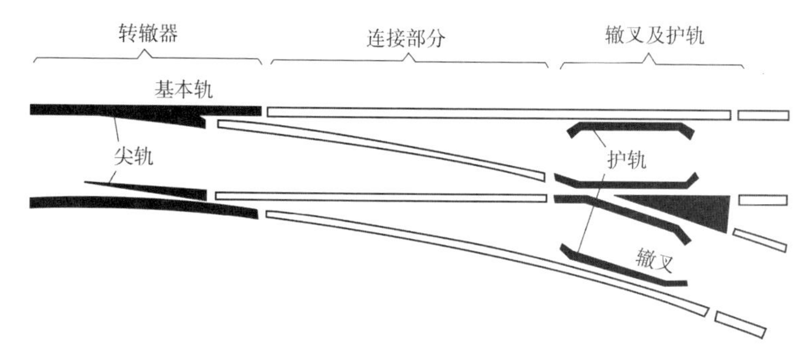

图 3-52　普通单开道岔的组成

尖轨尖端前基本轨端轨缝中心处称道岔始端(岔头),辙叉跟端轨缝中心处则称道岔终端(岔尾)。

列车通过道岔时,凡由道岔终端驶向道岔始端时,称为顺向通过道岔;由道岔始端驶向道岔终端时,称为逆向通过道岔。

1. 转辙器

转辙器是引导列车进入道岔不同方向的设备。其作用是通过将尖轨扳动到不同的位置,使列车沿直线或侧线行驶。转辙器由尖轨、基本轨、连接零件(有拉杆、连接杆、顶铁、滑床板、轨撑)、跟端结构、辙前垫板、辙后垫板及转辙机械等组成,如图 3-53 所示。

(1)基本轨

基本轨由 12.5m 或 25.0m 的标准钢轨制成,直线方向的为直基本轨,侧线方向的为曲基本轨。基本轨除承受车轮的垂直压力外,还与尖轨共同承受车轮的横向水平推力,并保持尖轨位置的稳定。

曲基本轨应在工厂事先按要求进行弯折,以保持转辙器轨距、方向的正确以及尖轨和基本轨的密贴。为提高尖轨的耐磨性,基本轨轨头顶面应进行淬火处理。

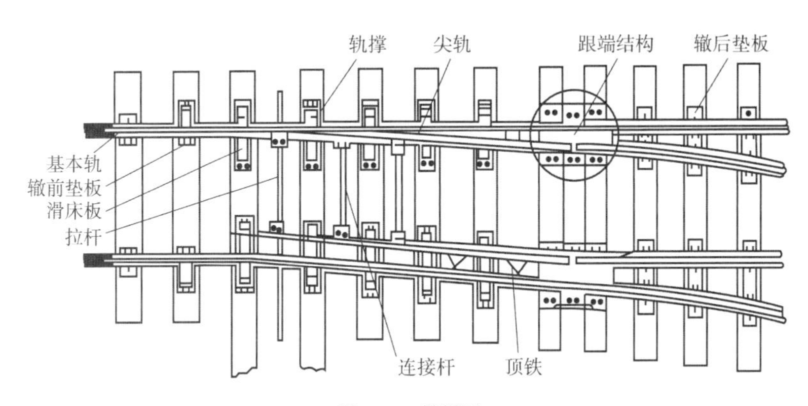

图3-53 转辙器

(2)尖轨

尖轨是转辙器中的重要组成部分,用与基本轨同类型的标准断面钢轨或特种断面钢轨刨制而成。尖轨的作用是依靠其被刨尖的一端与基本轨紧密贴靠,以引导车轮的运行方向,列车靠它引进直股或侧股线路。尖轨如图3-54所示。

图3-54 尖轨

2. 连接部分

连接部分是把转辙器和辙叉部分连接起来的设备,它包括两股直线钢轨和两股曲线钢轨。导曲线即两股曲线钢轨,地铁一般采用的导曲线为圆曲线形。一般情况下,导曲线是不设超高、轨底坡及缓和曲线。

3. 辙叉及护轨

辙叉及护轨包括辙叉、护轨、主轨(安装护轨的基本轨)及其他联结零件。辙叉与护轨共同配合发挥作用,如图3-55所示。

a)辙叉及护轨示意图

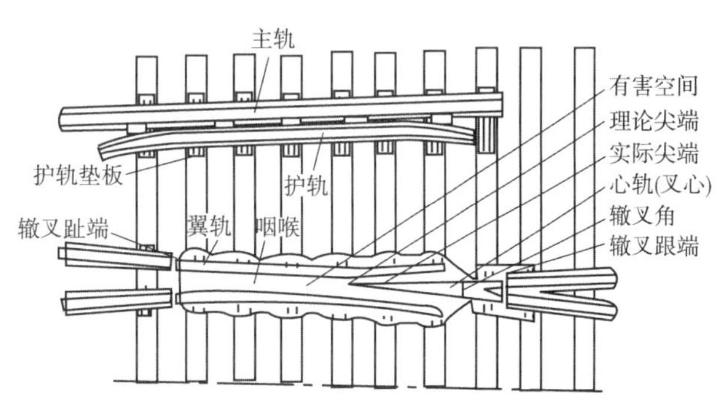

b)辙叉及护轨结构

图3-55 辙叉及护轨

(1)辙叉构造

辙叉是道岔中两股线路相交处的设备,由翼轨和心轨(叉心)组成。其作用是使列车能够

图3-56 高锰整铸辙叉

按确定的行驶方向,跨越线路正常地通过道岔。

辙叉分为钢轨组合式、高锰整铸式和可动心轨式三种。城市轨道交通普遍使用高锰整铸式辙叉,如图3-56所示。

(2)护轨

护轨与辙叉的配合有以下两方面的作用:一方面是控制车轮的运行方向,使之正常通过"有害空间"(指咽喉区到叉心实际尖端之间的空间)而不错入轮缘槽;另一方面是保护辙叉尖端不被轮缘冲击撞伤。

道岔的有害空间

道岔号数及其步量法

(3)辙叉号数

辙叉号数也称道岔号数,是表示辙叉角大小的一种方法。因为辙叉角是以度、分、秒表示的,运用不方便,所以在实际工作中都以辙叉号数 N 表示。

辙叉号数 N 与辙叉角 α 的关系,我国规定是以辙叉角的余切表示辙叉号数的。

辙叉角越大,道岔号数越小;辙叉角越小,道岔号数越大。我国常用的几种道岔号数与辙叉角的对应值,见表3-2。

道岔号数与辙叉角的对应值　　表3-2

道岔号数 N	7	9	12	18	30
辙叉角 α	8°07′48″	6°20′25″	4°45′49″	3°10′47″	1°54′33″

自主学习

查阅资料与调查,当前我国最先进的道岔类型及基本性能。

单元3.4 无缝线路

所谓无缝线路,是指钢轨连续焊接或胶结超过两个伸缩区长度的轨道。无缝线路是轨道结构的一项重要新技术,在世界范围内得到了高速的发展和普遍的应用,它既是轨道结构技术进步的主要标志,也是高速、重载轨道结构的最优选择。

正线无缝线路长度一般为1500~2000m,减少了钢轨接头和接头病害,从而降低列车及轨道维修费用,是新型的轨道结构形式。

一、无缝线路的类型

1.根据处理钢轨内部温度应力方式分类

根据处理钢轨内部温度应力方式的不同,无缝线路可分为温度应力式和放散温度应力式两种。

(1)温度应力式无缝线路

温度应力式是无缝线路的基本结构形式,由一根焊接长钢轨及其两端 2 ~4 根标准轨组成(图 3-57),并采用普通接头的形式。无缝线路锁定后,焊接长钢轨因受线路纵向阻力的抵抗,两端自由伸缩受到一定的限制,中间部分完全不能伸缩,因而在钢轨内部产生很大的温度力,其值随轨温变化而异。温度应力式无缝线路结构简单,铺设维修方便,得到广泛应用。城市轨道交通大多采用温度应力式无缝线路。

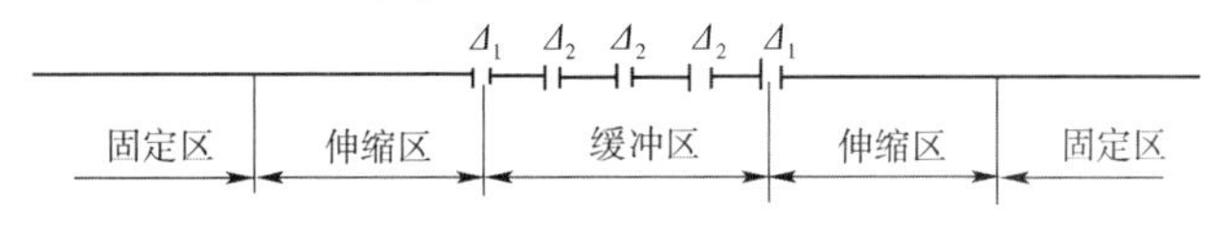

图 3-57　温度应力式无缝线路

(2)放散温度应力式无缝线路

根据应力放散方式的不同,无缝线路可分为自动放散式和定期放散式两种,适用于轨温差较大的地区。

自动放散温度应力式无缝线路是为了消除和减少钢轨的温度力,允许长轨条自由伸缩,在长轨条两端设置钢轨伸缩接头。在温差较大的大桥上、道岔两端为释放温度力,一般铺设自动放散式无缝线路,在长轨条两端设置伸缩调节器。定期放散温度应力式无缝线路在苏联和我国年温差较大的地区使用过,目前已经很少使用,在每年春、秋季节适当温度下,调节钢轨温度应力。

2. 根据铺设位置、设计要求分类

根据无缝线路铺设位置、设计要求的不同,可分为路基无缝线路(有砟或无砟轨道)、桥上无缝线路和岔区无缝线路等。

3. 根据轨条长度、是否跨越闭塞分区分类

根据无缝线路轨条长度、是否跨越闭塞分区,可分为普通无缝线路和跨区间无缝线路两种。

4. 根据长钢轨接头的连接形式分类

根据长钢轨接头的连接形式,可分为焊接无缝线路和冻结无缝线路两种。

二、无缝线路钢轨温度和锁定轨温

为降低长轨条内的温度力,需选择一个适宜的锁定轨温,长钢轨在锁定瞬间时处于自由伸展状态,从理论上讲,此时长钢轨内部的温度应力应为零,因此锁定轨温又称零应力轨温。在铺设无缝线路中,将长轨条始终端落槽就位时的平均轨温称为施工锁定轨温。施工锁定轨温不一定等于设计锁定轨温,但应在设计锁定轨温允许变化范围之内。锁定轨温是决定钢轨温度力水平的基准,因此根据强度、稳定条件确定锁定轨温是无缝线路设计的主要内容。

自主学习

了解您所在城市的城市轨道交通线路中轨温、锁定轨温、气温的变化情况。

单元3.5 地铁线路常见结构

一、地下线路结构

地下线路铺设于隧道内,轨下基础为带枕浇筑式的整体道床。地下线路常见的形式如图3-58所示。地下线路一般选在城市中心繁华区,对城市环境影响最小。地下线埋置深度应根据地质情况和地下构筑物情况确定。在城市中,一般以浅埋为好。

a)

b)

图3-58 地下线路

1.地下线路结构组成

地下线路铺设于隧道内,隧道有圆形隧道和矩形隧道两种类型。通常,车站前后为矩形隧道,区间为圆形隧道。

隧道内铺设线路,其道床可以为碎石道床,也可以为整体道床。国外地铁始终保留着这两种形式,我国地铁采取整体道床。

当隧道管片安装结束后,在隧道的底部浇筑混凝土垫层,在其表面布置纵横钢筋并绑扎及焊接。在地面铺轨基地,利用工具轨组装轨排,通过小型门式起重机装运至隧道内,安装轨排并进行轨道几何状态的调整,然后浇筑整体道床和侧沟。

近年来,地下线路的施工技术又有了新的提高,不采用由普通线路向无缝线路过渡的二步法施工方法,而是采用先进的焊接设备,在隧道内将无缝线路一次焊接成型。圆形隧道内的线路断面,如图3-59所示。矩形隧道内的线路断面,如图3-60所示。

地下线路一般由钢轨、轨枕(长枕、短枕或支撑块)、扣件、整体道床、混凝土垫层、侧沟、隧道管片等部分组成。

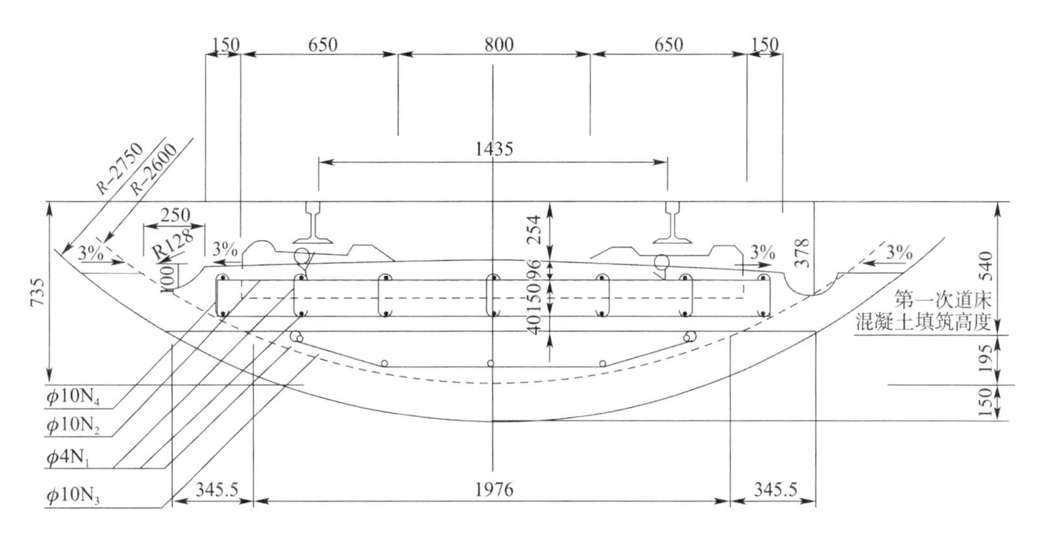

图 3-59　圆形隧道内的线路断面(尺寸单位:mm)

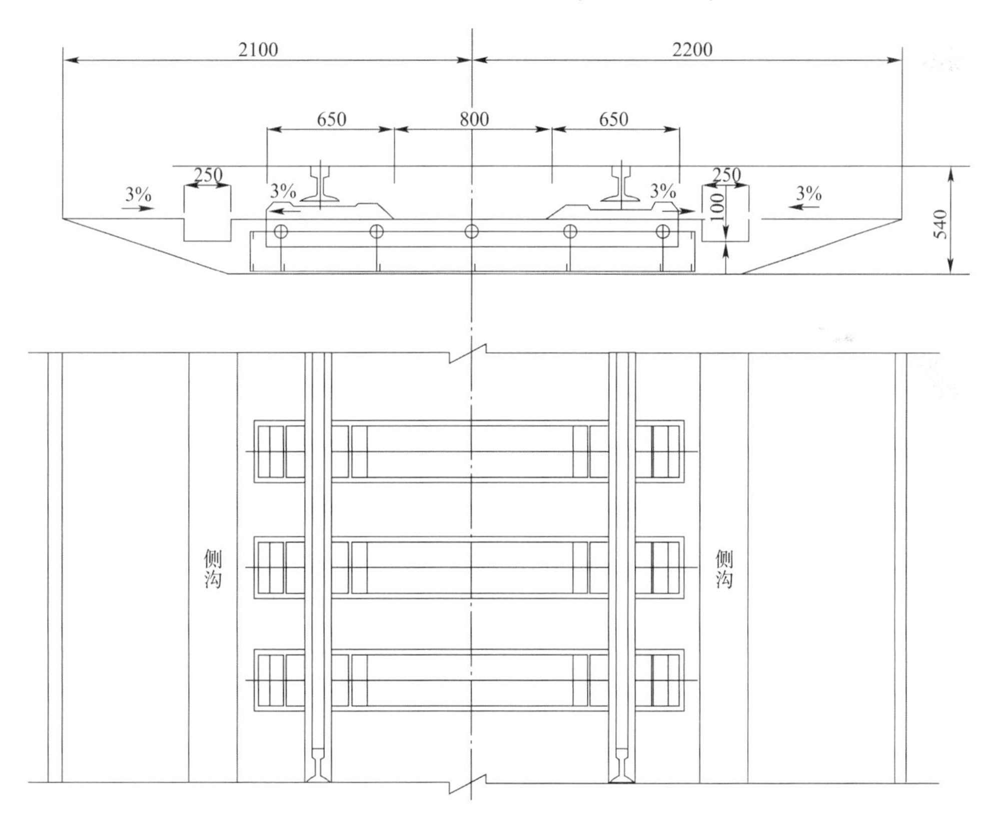

图 3-60　矩形隧道内的线路断面(尺寸单位:mm)

2. 地下线路的特点

将松散的碎石道床改变为钢筋混凝土结构,使之整体化。地下线路的优点是坚固稳定,外观整洁,维修工作量小,从而降低维修成本;缺点是道床弹性差,并且建设期的造价昂贵,当整体道床一旦发生沉降开裂或其他病害,整治非常困难。

二、高架线路结构

高架线路铺设于高架桥面,轨下基础为支撑块式的整体道床,如图3-61、图3-62所示。高架线路是介于地面和地下的一种线路,既保持专用道的形式,又占地少,对城市交通干扰较小,是城市轨道交通中一种重要的线路敷设方式。高架区段中的高架桥是永久性的城市建筑,结构寿命要求按100年考虑。

a)

b)

图3-61 高架线路

图3-62 高架整体道床

1. 高架线路结构组成

高架线路铺设于高架桥面,其组成部分包括钢轨、扣件、钢筋混凝土支撑块、整体道床、桥梁边侧挡墙和侧沟。

2. 高架线路的特点

高架线路的钢轨与地面线路和地下线路完全相同,也采用了60kg/m的钢轨。轨下基础采取了整体道床结构,但为减少桥梁上部的自重,没有采取带枕浇筑的形式,而是设为支撑块式的结构。在线路扣件的设计上,比地下线路有了新的改变,不设置轨距垫来调整轨距和线路方向,通过横向拨移轨下铁垫板而实现拨道和改道,设计立意新颖。尽管操作不十分方便,但此种方案对线路结构几何尺寸的调整有利。

知识拓展

三种具体的高架线路轨道结构

1. 跨座式单轨线路结构

跨座式单轨为单轨交通的一种形式,车辆采用橡胶车轮跨行于梁轨合一的轨道梁上,如图3-63所示。跨座式单轨交通线路必须为全封闭、双线右侧行车的线路;跨座式单轨交通主体工程结构及因损坏或大修时对系统、运营产生重大影响的其他工程结构的设计使用年限应为100年。

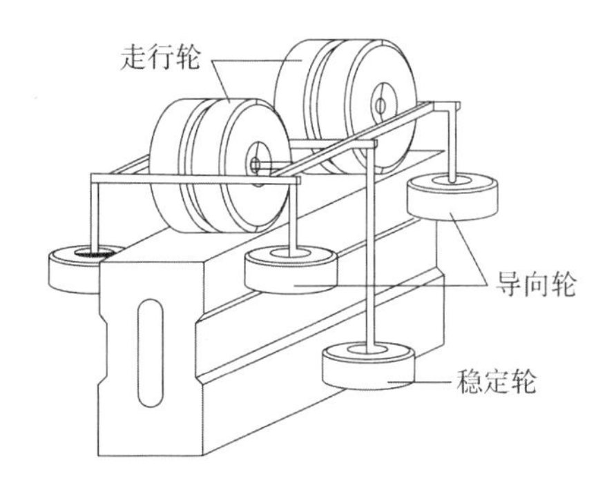

图3-63 跨座式单轨结构

轨道梁、车辆、道岔是跨座式单轨交通的三大核心技术。其中，轨道梁是承载列车荷载和车辆运行导向的结构，同时是供电、信号、通信等缆线的载体；跨座式单轨交通的轨道梁应优先采用预应力混凝土结构，常称PC梁，在一些特殊区段也有采用钢梁或几种材料组成的复合梁体。

(1)轨道梁结构应具有足够的竖向、横向和抗扭刚度，并保证结构的整体性和稳定性。

(2)一般地段轨道梁桥宜采用等跨简支结构，并宜采用预制架设的设计、施工方法。

(3)受轨道梁截面宽度尺寸的限制，轨道梁长宜采用20～30m。如需要采用30m以上跨径时，宜采用钢轨道梁或组合桥式结构。

(4)轨道梁预应力混凝土强度等级不宜低于C60、钢筋混凝土强度等级不宜低于C40。

2.悬挂式单轨线路结构

悬挂式单轨是车体悬挂于轨道梁下方的一种单轨交通形式。一般而言，车辆采用橡胶轮胎，列车走行装置位于梁轨合一的轨道梁内，如图3-64所示。

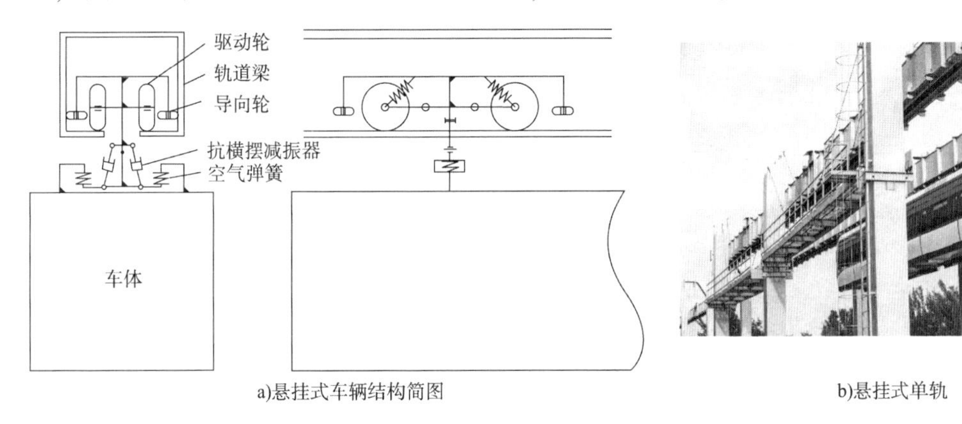

a)悬挂式车辆结构简图　　b)悬挂式单轨

图3-64 悬挂式单轨

轨道梁采用下部开口的钢箱梁结构，列车走行系统位于轨道梁内部，一般地段宜采用等跨简支结构，并宜采用工厂制造、现场架设的施工方法。

跨径一般采用20～30m，最大不宜超过50m；当采用更大跨径时，宜对轨道梁结合桥型进行组合设计。

3.磁浮轨道线路结构

以长沙中低速磁浮轨道线路结构为例，自上而下主要由感应板、F型钢轨、H型钢轨、扣件系统、联结件及紧固件、伸缩接头、承轨台等部分组成(图3-65)。

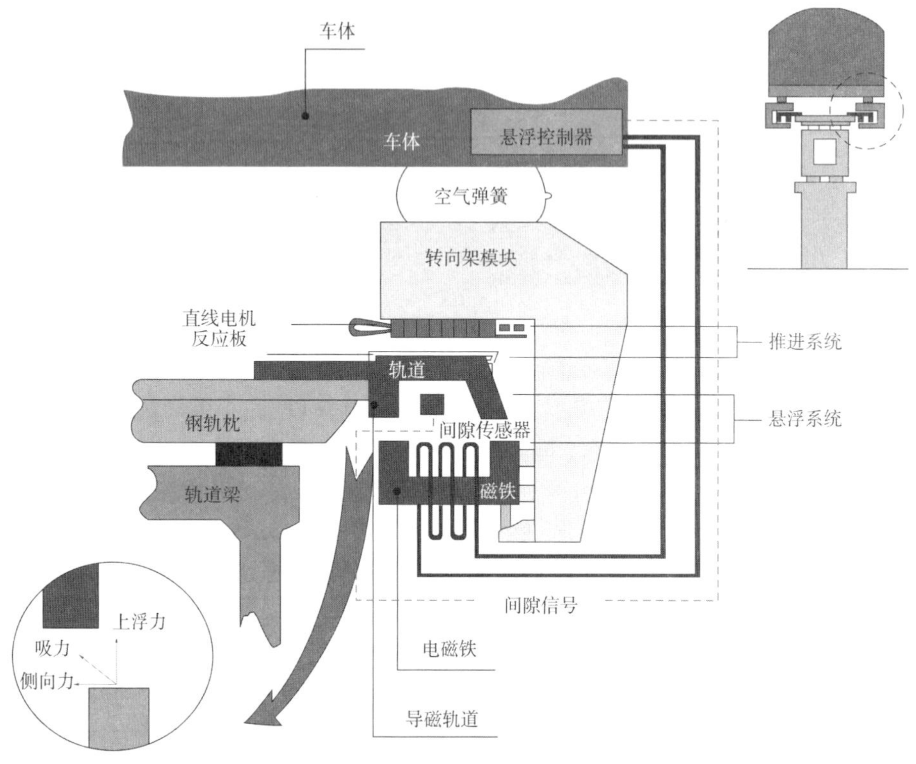

图3-65 中低速磁浮线路结构

基础结构(轨道梁、立柱等)以上的、承载列车的结构部分,主要以中低速磁浮轨排为单元整体铺装而成,铺设有缝线路。中低速磁浮轨排除了具备承受和传递列车重力、导向力、驱动力与制动力的功能外,还应具备配合车上安装的电磁铁、直线感应电机和传感器构成电磁及控制回路,实现悬浮、导向、驱动和制动等功能,如图3-66所示。承轨台为轨道与轨道梁的接口,轨道结构的纵横向力通过承轨台传递到下部基础。

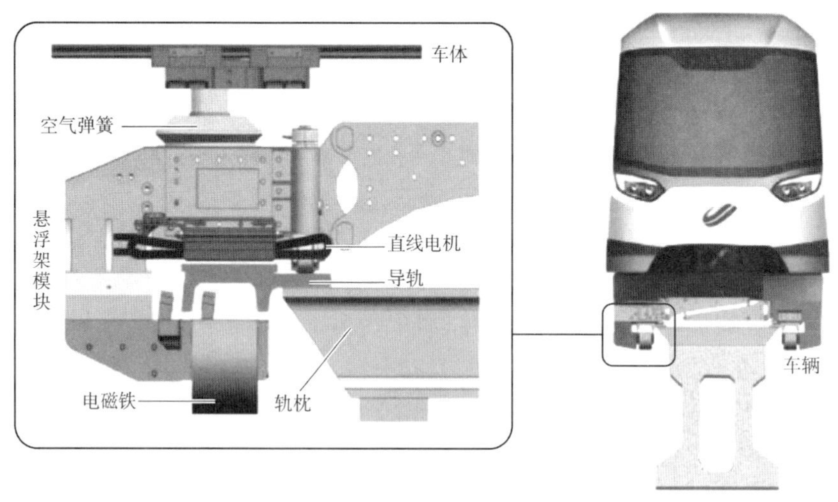

图3-66 中低速磁浮轨排

前沿技术

长沙磁浮快线

长沙磁浮快线是我国第一条中低速磁浮商业运营线，也是目前世界上5条运营线中最长的一条。线路全长18.55km，以设计最高运行速度140km/h运营。它的建成和运营标志着我国自主知识产权的中低速磁浮系统已实现工程化应用，如图3-67所示。其主要创新点包括：

图3-67　长沙磁浮快线

(1)攻克了中低速磁浮列车大系统集成技术，搭建了中低速磁浮列车系统一体化技术平台，打破了国外技术垄断，填补了我国中低速磁浮车辆工程化和产业化运用领域的空白。

(2)创新了高精度要求的中低速磁浮设计、建造技术，保证车、轨、梁、接触轨四者位置关系的高精度匹配。

(3)创新运用动力仿真计算等手段，确立了桥梁、低置结构刚度、自振频率、工后沉降控制标准，各种跨度桥梁轨道接头标准，轨道铺设精度及接触轨安装精度控制技术，确保列车满足悬浮间隙在+2mm范围内波动，乘客乘坐平稳、舒适。

(4)运用模糊控制算法减振器技术解决了磁浮车辆经过道岔区振动较大的难题；在线路大桥桥梁地段，采用Ⅲ型轨道接头技术，使得F形轨缝控制在20mm范围内，确保悬浮控制运行条件下列车安全运行。

(5)首次通过在列车底部加装模拟车轮的涡流传感器，并创新多普勒雷达、加速度计融合算法，形成了独特的中低速磁浮测速、定位方案。

(6)搭建了集投资、设计、建设、运营于一体的中低速磁浮交通系统产业链，完善了中低速磁浮交通系统设计、建设、验收和运营的成套技术标准体系，为我国城市轨道交通系统创立了一种新的系统制式。

(7)利用中低速磁浮系统技术最小转弯半径可达50m、列车爬坡能力可达7%、噪声小、无辐射等方面的优势，长沙磁浮快线灵活选线，沿城市道路、高速公路绿化带敷设线路，大幅减少工程拆迁量，有效地节约了不可再生的土地资源。

(8)推动了我国中低速磁浮交通系统总体设计能力、设备制造能力和施工安装能力的形成，并带动了机械制造、电子电气、信息技术、材料加工等相关产业发展，为加快战略性新兴产业及经济社会发展作出了重大的贡献。

三、地面线路结构

1. 地面线路结构组成

地面线路的上部结构保留了铁路线路的特点,轨下基础也基本保留了传统的碎石道床,如图3-68所示。地面线路是造价最低的一种方式,一般敷设在有条件的城市道路或郊区野外。为保证车辆快速运行,一般为专用道形式,与城市道路相交时,一般应设置为立交。穿越市中心的城市轨道交通线路一般很少设置地面线(市区用地紧张,道路交叉口多,干扰大)。连接中心城与卫星城间或城市边缘地带,应尽可能设置地面线,以降低造价。

a)

b)

图3-68 地面线路

地面线路结构如图3-69所示。地面线路的结构分为上部结构和下部结构。通常把路基面以上的部分称为上部结构,路基面以下的部分称为下部结构。

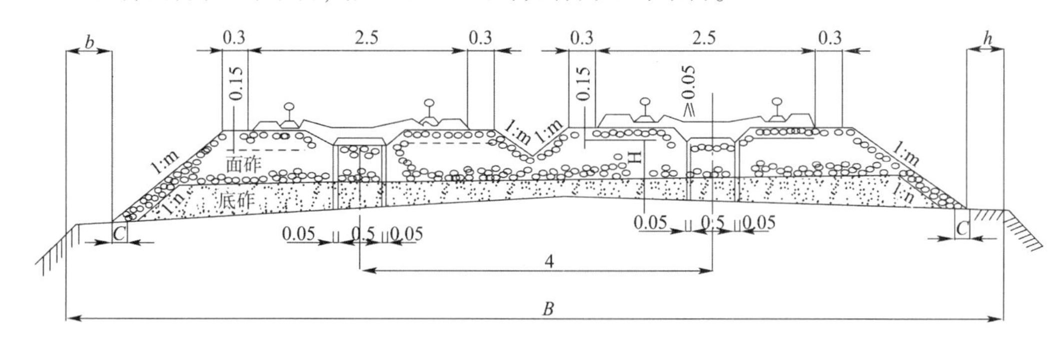

图3-69 地面线路结构(尺寸单位:m)

地面线路轨道的上部结构由钢轨、接头联结零件、轨枕、扣件、道床所组成;地面线路轨道的下部结构由路基和侧沟所组成,如图3-70所示。

2. 地面线路的特点

钢轨引导车辆行驶,将承受的荷载通过轨枕传布于道床及路基。地面线路碎石道床的优点是弹性好、成本低,并且容易矫正轨道的平面和纵断面。但反过来由于碎石道床的不稳定性,在列车碾压和冲击下,几何尺寸较易变形,必须进行经常性的养护和维修。

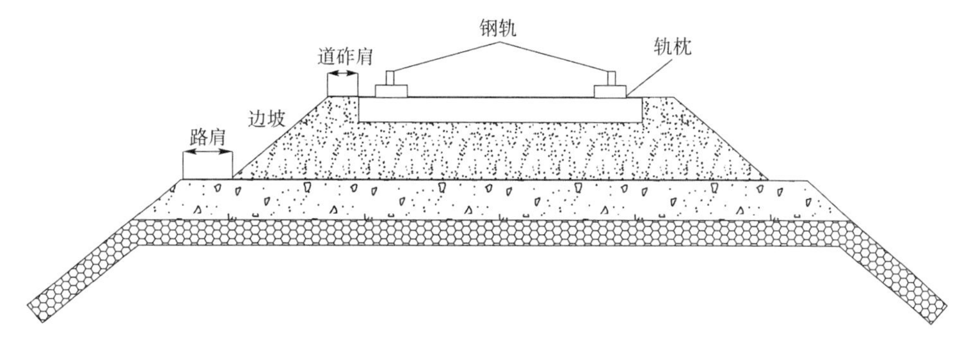

图3-70 轨道的组成

单元3.6 城市轨道交通线路其他相关设施

一、线路及信号标志

1. 标志种类

城市轨道交通线路上设置下列线路及信号标志:公里标、百米标、坡度标、曲线要素标、圆曲线和曲线始终点标、竖曲线始终点标、道岔编号标、站名称、桥号标、水位标、水准基点标、停车位置标、进站预告标(分别设于距站界100m、200m,300m位置)、限速标、警冲标、联锁分界标等。其中,各种标志应采用反光材料制作。

地面线的标志埋设于线路路肩以外,隧道的标志安装于隧道的侧墙,高架桥面的标志安装于桥面的整体道床,但不管哪种标志的安装,都必须严格执行限界的规定,并要安装牢固。

线路标志及信号标志的式样,应符合标准图的规定,并经常保持完整、位置正确、标志鲜明。

2. 线路标志、信号标志设置的位置

线路标志、信号标志一般都设在距钢轨头部外侧不少于2m处;不超过钢轨顶面的标志,可设在距钢轨头部外侧不少于1.35m处。

线路标志、信号标志应安装在行车方向右侧,司机易见的位置。

(1)百米标,设在一条线路自起点计算每一整公里、百米处,如图3-71所示。图中前两位数字表示公里数,最后一位表示百米数,例如图中“115”表示里程为K11+500。

(2)曲线标,设在曲线中点处,其面向线路的侧面,标明曲线起终点里程(里程数字字头朝向计算公里方向)、半径大小、曲线和缓和曲线长度,以及曲线超高和加宽值,如图3-72所示。

图3-71 公里标和百米标

曲线半径 1500
曲线长 115[98]
缓曲线长 030 030
超高 35
起点里程 K13+687[21]
终点里程 K13+803[19]

图3-72　福州地铁曲线标

(3)圆曲线和缓和曲线始终点标,设在直缓、缓圆、圆缓、缓直各点处,标明所向方向为直线、圆曲线或缓和曲线,如图3-73所示。

(4)坡度标,设在线路坡度的变坡点处,两侧各标明其所向方向的上、下坡度值及其长度。面向线路的侧面标明变坡点里程,其变坡点里程数字字头应朝向计算公里方向,如图3-74所示。

(5)警冲标是指指示列车停车位置,以防止停留在线的列车与相邻线上运行的列车发生侧面冲突,而在两线路之间设置的一种警示标志。警冲标设在会合线路两线间距为4m的起点处中间,有曲线时按限界加宽办法加宽;当两线间距不足4m时,应设在两线最大间距的起点处中间。警冲标如图3-75所示。

直|缓　缓|直

圆|缓

图3-73　福州地铁曲线主点标

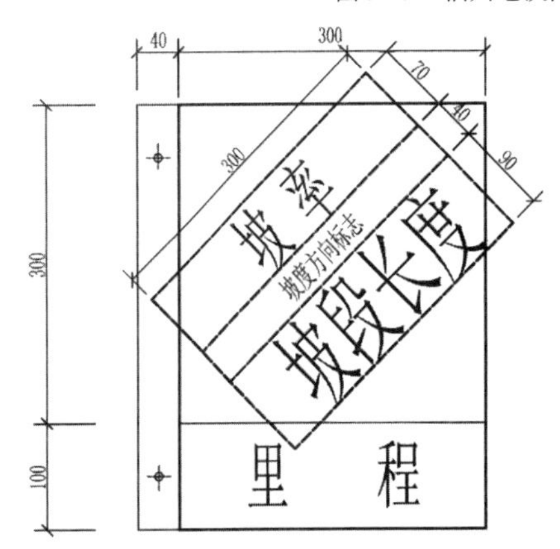

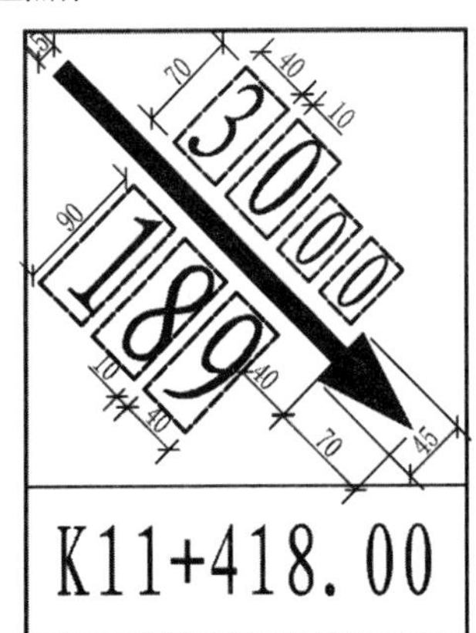

图3-74　福州地铁坡度标

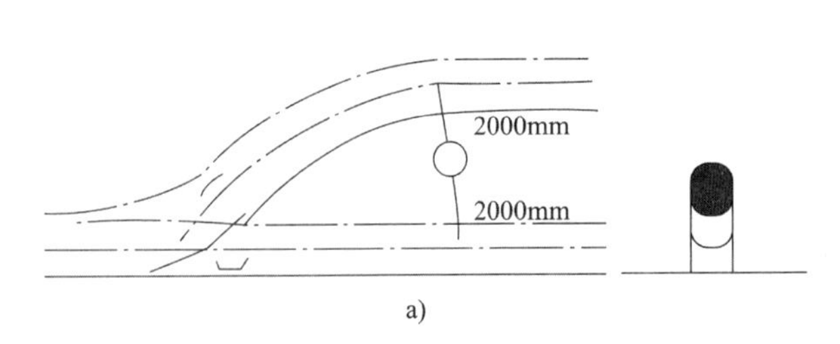

a)

b)

图3-75　警冲标

二、电缆设施

基地不铺设供电电缆的普通线路，轨端安装跳线（图3-76），使钢轨连接作为信号电路。

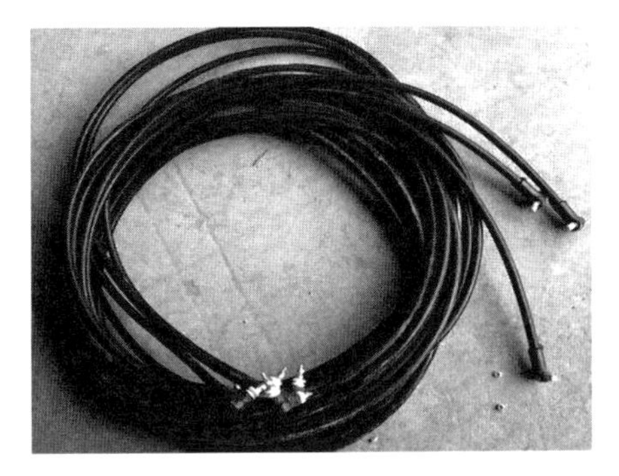

图3-76 轨端跳线

城市轨道交通列车基本采取电力驱动。供电电缆的方式有两种，即第三轨式和接触网式，如图3-77所示。

凡铺设供电电缆的线路，轨端用电缆进行焊接，既作为信号电缆线，又作为供电回路的回流线，如图3-78所示。沿线信号电缆，有的设置在轨旁，有的设置在道心。

a)第三轨供电

b)接触网供电

图3-77 供电电缆的方式

三、隔声屏设施

近年来，在城市轨道交通中已使用多种新型减振轨道结构形式和多种减振降噪措施，但普遍存在施工工序繁杂、工期长、成本高、性价比低等不足，制约着城市轨道交通在减振降噪方面的发展。我国城市轨道交通的减振降噪方案设计中，采用了大量的国外轨道的减振降噪技术和产品。

图3-78 回流线实物

由于在轨道减震降噪方面的研究和工程实践起步较晚，所采用的减振降噪技术方案都比较单一，所以新材料、新工艺、新结构的研发和性能试验就显得尤为重要与急迫。因此，必须对各种减振降噪技术进行梳理、总结、归纳，从而掌握具有更好的减振技术，拥有更经济的工程造价和更优良的城市轨道交通装备，将这些轨道结构应用于建设中，这些都是值得更进一步研究的。

声屏障是控制滚动噪声最有效的措施,该措施节约土地,降噪效果明显,在声屏障上可附吸音材料以提高降噪效果。声屏障是采用吸声材料和隔声材料制造出特殊结构,设置在噪声源与接受点之间,阻止噪声直接传播到接受点的降噪设施。声波在空气中传播,碰到声屏障时将产生反射、透射和衍射等现象。声屏障的作用是阻止直达声传播,隔离透射声,并使衍射声有足够的衰减。屏障后面将形成"声影区",在"声影区"内噪声有明显的下降,最终达到降低噪声的目的。一般3~6m高的声屏障,其声影区内降噪效果在5~12dB之间。声屏障的设计已较为充分地考虑了城市轨道交通的风载、车辆的撞击安全和全天候的露天防腐蚀问题。它外形美观大方,制作精致,运输、安装方便,造价低,使用寿命长,特别适用于高架高速道路和城市轨道交通防噪声使用,是现代化城市最理想的隔声降噪设施,如图3-79所示。

a)

b)

图3-79 隔声屏障

1.金属声屏障

传统金属声屏障是采用穿孔金属面板、吸声材料和密封性背板组合成的声屏障模块,安装于列车轨道与保护区域之间,利用声屏障吸声材料的吸声性能吸收部分城市轨道交通直达声能量,并阻挡城市轨道交通噪声的直接传播,从而显著降低城市轨道交通噪声对保护区域的影响,如图3-80所示。

2.木混复合声屏障

木混复合声屏障是一种能有效阻止噪声传递,降低噪声对周围环境影响的吸隔声屏障。它采用优质的木材加工成碎屑并经特殊工艺处理后,在生产线上与混凝土复合制成优质的具有各种吸声性能与装饰效果的吸声面板,在工厂预制成声屏障组件,然后运到项目现场安装而成。

3.透明声屏障

为了满足列车和沿线区域建筑的视线采光或者景观要求,可通过在轨道沿线设置透明声屏障来降低城市轨道交通噪声的影响。透明声屏障通常采用透光率较高、隔声性能好且耐候性出色的PMMA板或钢化玻璃等透明材料,来阻隔噪声的直射声,或者增大噪声的传播路径,使其在传播的过程中,发生较大的绕射声衰减,以达到保护敏感区域声环境质量的目的。实践中,它往往与金属声屏障组成吸声隔声复合型声屏障使用,如图3-81所示。

图3-80　金属声屏障

图3-81　透明声屏障

在声屏障的轨道侧涂上吸音材料可提高声屏障的降噪效果，并消除声音反射。对于整体道床轨道结构，吸音屏的效果最为明显。在安装吸音屏时，如果轨道距离吸音屏较远，只能降噪2～3dB；如果较近，则由于噪声在吸音屏与车体之间来回反射，降低了降噪效果。在吸音屏上涂吸音材料可降低噪声的多次反射。这种吸音屏特别适合于高架桥，因为这些地段一般为无砟轨道，且吸音屏的重量受到限制。

有些地段对降噪有较高的要求，特别是线路旁有高层建筑，一般的声屏障难以发挥效果，则可采用全封闭声屏障，如图3-76所示。为了降低车站站台的噪声，改善乘客的乘车环境，在站台下侧壁粘贴吸声屏体，在道间安装1mm高的矮声屏障，并在两侧粘贴吸声体，可降低站台噪声2～3dB。

深路堑对降噪的效果类似于与路堑高度相同的声屏障。如在路堑顶部安装声屏障，则效果更好。

对于车站降噪措施，可在站台下面、天花板上和车站围墙上涂吸音材料。站台下的吸音材料可用喷射混凝土，车站围墙和天花板可用吸音板。

能力提升

1. 内容

(1)认真查阅资料，阐述您所在城市或邻近城市的城市轨道交通采用的轨道结构形式，分别从钢轨、轨枕、扣件、道床、道岔等方面进行说明。

(2)认真查阅资料，举例说明我国主要城市轨道交通线路常见结构类型。

2. 要求

(1)以小组为单位进行活动，各组人员不超过6人，推选组长1人。组长负责整体活动计划，协调、督促成员完成任务。

(2)每组制作汇报PPT，由任课教师任选1名成员在课堂上讲解。

知识巩固

一、填空题

1. 就城市轨道交通线路空间结构形式而言，主要分为__________线路、__________线路和__________线路三大类型。

2. 地面线路的结构分为__________和__________。

3. 线路标志、信号标志设在距钢轨头部外侧不少于__________处(警冲标除外)。

4. 供电电缆分为__________和__________。

5. 轨道是城市轨道交通线路的重要组成部分,一般由__________、__________、__________、__________、联结零件和轨道加强设备等组成。

二、简答题

1. 简述钢轨的类型、轨距。
2. 简述地面线路的特点。
3. 简述地下线路的特点。
4. 简述高架线路的特点。
5. 简述城市轨道交通常见轨道结构的类型及特点。
6. 简述线路标志安装的位置。
7. 简述声屏障的作用。

模块4 城市轨道交通车站

背景导入

城市轨道交通车站代表了当地区域的特色主题、文化底蕴，是城市的一张靓丽名片。

小铁在大学期间经常乘坐地铁外出，他感觉地铁车站表面看起来很简单，但一直困惑学校旁边的地铁车站都修了三年了，采用什么施工方法，怎么还没有竣工，造成交通经常拥堵。平时他也发现有些城市轨道交通车站修在地下、地上、高架，同时他发现站台与轨道的关系有些不一样，他问老师“为什么”。令他最高兴的就是每个地铁车站看起来很漂亮、很舒适。可是，他发现不同的城市、不同的车站，装饰主题不同。

知识目标

1. 掌握城市轨道交通车站的组成，了解各组成部分的特点。
2. 掌握城市轨道交通的类型，熟悉每种类型的特点。
3. 了解城市轨道交通车站的文化。
4. 熟悉城市轨道交通车站的施工方法。

能力目标

1. 能清楚描述城市轨道交通车站的组成、类型及特点。
2. 能清楚描述部分主要城市轨道交通车站蕴含的中国传统文化。
3. 会分析城市轨道交通车站施工方法的优缺点。
4. 会通过正规出版物和权威机构官方网站查阅相关资料，熟练使用办公软件。

素质目标

建立建筑美学意识，具有良好的传统文化价值认同和多元化的审美视角，增强文化自信、民族自豪感。

建议学时

8 学时。

单元 4.1 城市轨道交通车站组成及规模

车站是指供列车停靠、乘客购票、候车和乘降并设有相应设施的场所，是城市轨道交通线网中非常重要的建筑物。它应保证乘客方便、安全、迅速地进出站，并有良好的通风、照明、卫生和防灾等设施。车站应容纳主要的技术设备和运营管理系统，从而保证城市轨道交通安全运行。

车站也是城市建筑整体的有机部分，一条线上各车站在结构和建筑艺术上，应既有共性，又有各自的特点。

城市轨道交通运营的社会效益、经济效益高低，在很大程度上取决于车站位置的选择与设计以及设备的配置是否合理。设计城市轨道交通车站时，首先是确定车站在现有城市轨道交通线网中的确切位置，这涉及城市规划和线路总体方案设计；车站位置确定后，根据客流量及其站位特点确定车站规模、平面布置、合理的站内客流流线、地面客流吸引、交通方式间的换乘便捷等进行综合考虑。

车站一般包括车站主体、出入口及通道、通风道及风亭（地下）和其他附属建筑物，如图 4-1所示。

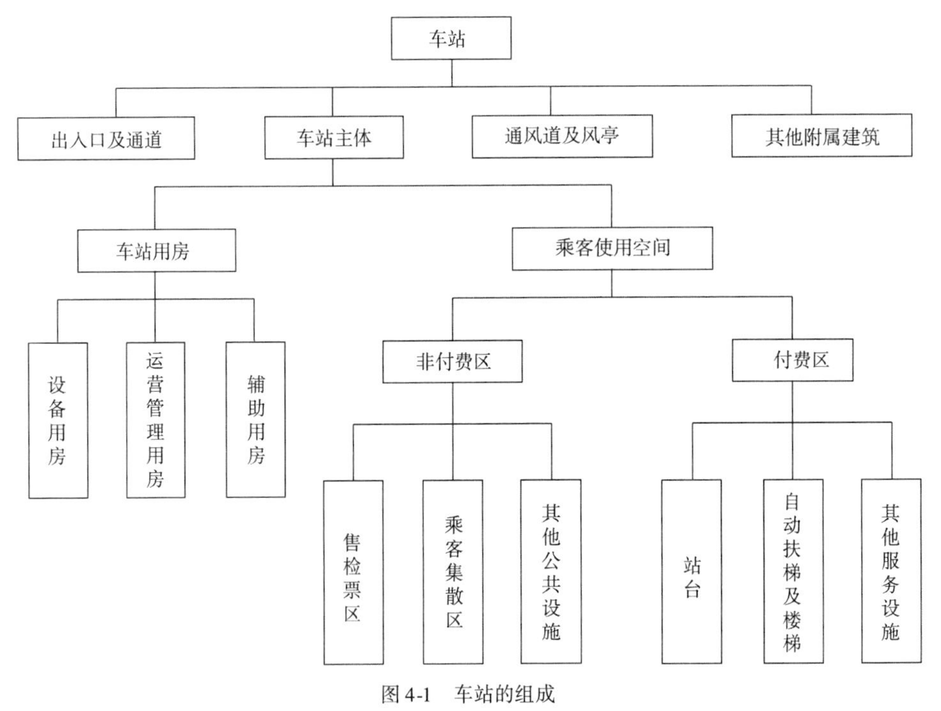

图 4-1 车站的组成

一、车站主体

车站主体根据功能的不同，可分为乘客使用空间和车站用房两大部分。

1. 乘客使用空间

乘客使用空间可分为非付费区和付费区。车辆非付费区和付费区平面布置如图 4-2 所示。

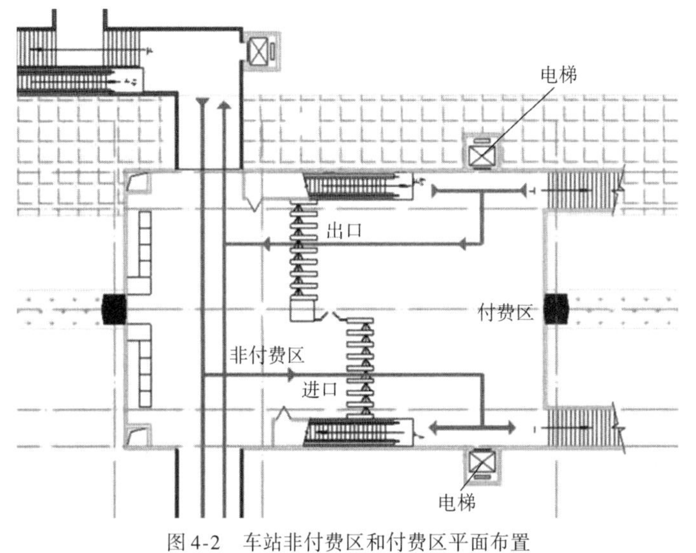

图 4-2 车站非付费区和付费区平面布置

付费区与非付费区的划分

非付费区是指不需要检票,乘客可以进出的车站公共区域。它一般有较宽敞的空间,供设售检票、银行、公用电话、小卖部等设施(图 4-3)。非付费区的最小面积一般可以参照能容纳高峰小时 5min 内可能聚集的客流量的水平来推算。

a)站厅非付费区

b)站厅自动售票机

c)自动检票机

图 4-3 车站非付费区及相关设施

付费区是指经检票后乘客方能进入的车站公共区域,包括部分站厅、站台、楼梯和自动扶梯等,它是为停车和乘客乘降提供服务的设施,如图4-4所示。

图4-4 车站付费区

乘客使用空间是车站设计的重点,它对车站类型、总平面布局、车站平面、结构横断面形式、功能、面积利用率、客流路线组织等设计有较大的影响,设计时要注意客流流线的合理性,以保证乘客方便、快捷地出入车站。

(1)站厅

站厅是指在车站出入口和站台之间,供乘客购票、检票或换乘的场所。它的作用是将从车站出入口进入的乘客安全、迅速、方便地引导到站台上乘车,或将下车的乘客同样引导至车站出入口,离开车站。对乘客来说,站厅是上、下车的过渡空间。乘客一般要在站厅内办理上、下车手续,因此,站厅内需要设置售票、检票、问询等为乘客服务的各种设施。同时,站厅层内设有城市轨道交通运营设备、管理用房和升降设备,起到组织和分配客流的作用。

站厅的位置与车站埋深、客流集散情况、所处环境条件等因素有关。站厅的布置与车站类型、站台形式及布置关系密切。站厅设计得合理与否,将会直接影响到车站使用效果及站内的管理和秩序。

车站站厅的布置有以下4种方式(图4-5):

①站厅位于车站一端。这种布置方式常用于终点站,且车站一端靠近城市主要道路的地面车站,如图4-5a)所示。

②站厅位于车站两侧。这种布置方式常用于侧式车站,一般用于客流量不大的车站,如图4-5b) 所示。

③站厅位于车站两端的上层或下层。这种布置方式常用于地下岛式车站及侧式车站站台的上层,高架车站站台的下层。客流量较大者多采用,如图4-5c)所示。

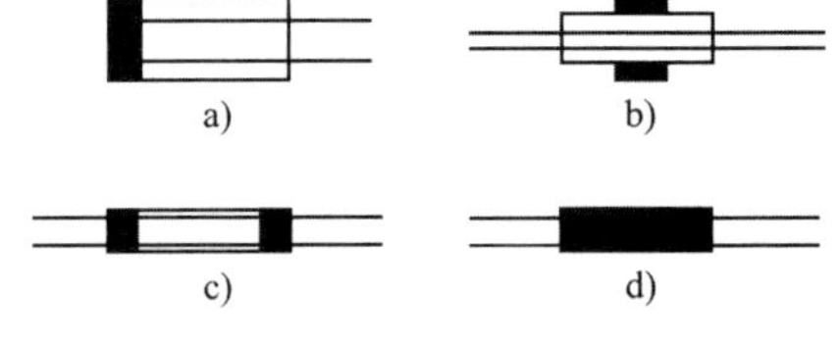

图4-5 车站站厅布置示意图

④站厅位于车站上层。这种布置方式常用于地下岛式车站及侧式车站。常运用于客流量很大的车站,如图4-5d)所示。

站厅设计时,按照车站运营和合理组织客流的需要,一般将站厅划分为付费区和非付费区两大区域。

(2)站台

站台是指车站内供乘客候车和乘降的平台。

①站台形式。

站台形式有岛式站台、侧式站台和岛、侧混合式站台三类。

岛式站台是指设置在上下行线路之间,可在其两侧停靠列车的站台,如图4-6所示。侧式站台是指设置在上下行线路两侧,只能在其一侧停靠列车的站台,如图4-7所示。岛、侧混合式站台是岛式站台和侧式站台的组合,如图4-8所示。

站台

②站台长度。

站台长度分为站台总长度和站台有效长度两种。

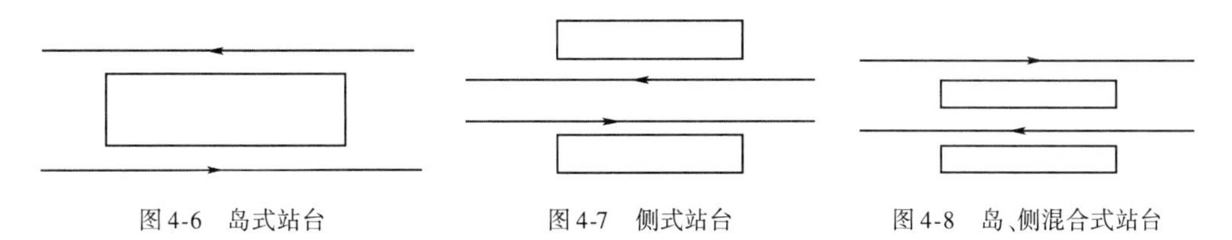

图4-6　岛式站台　　图4-7　侧式站台　　图4-8　岛、侧混合式站台

站台总长度是指包含了站台有效长度和所设置的设备、管理用房及迂回风道(指采用闭式系统时)等总的长度,即车站规模长度。

站台有效长度即站台计算长度,是指供乘客上、下列车乘降平台的使用长度。其量值为列车最大编组数的有效长度与停车误差之和。

站台有效使用长度:无站台门的车站站台计算长度为首末两节车辆驾驶室门外侧之间的长度加停车误差;有站台门的车站站台计算长度为站台门的长度。

停车误差:允许列车停车的理论位置与实际位置的偏差。当无站台门时应取1~2m,当采用站台门时应取±0.3m之内。

③站台宽度。

站台宽度根据车站远期预测高峰小时客流量、列车运行间隔时间、结构横断面形式、站台形式、楼梯及自动扶梯位置等因素计算确定。

岛式站台宽度(最小8m)包含了沿站台纵向布置的楼梯(自动扶梯)的宽度、结构立柱(或墙)的宽度和侧站台宽度(最小2.5m)。

侧式站台宽度,可分为两种情况:

a.沿站台纵向布设楼梯(自动扶梯)时,则站台总宽度由楼梯(自动扶梯)的宽度、设备和管理用房所占的宽度(移出站台外侧则不计宽度)、结构立柱(墙)的宽度和侧站台宽度等组成(最小2.5m)。

b.通道垂直于站台长度方向布置时,楼梯(自动扶梯)均布置在通道内,则站台总宽度包含设备和管理用房所占的宽度、结构立柱(墙)的宽度和侧站台宽度等组成(最小3.5m)。

④站台高度。

站台高度是指沿线路走行轨顶面至站台地面的高度,与车型有关。站台实际高度是指线路走行轨下面底板面至站台地面的高度。站台与车厢底板面同高,称为高站台;站台比车厢地板面低1~2个台阶,称为低站台。

2. 车站用房

车站用房包括运营管理用房、设备用房和辅助用房三部分。

(1)运营管理用房是车站运营管理人员使用的办公用房,主要包括站长室、行车值班室、业务室、广播室、会议室和公安保卫室等。

(2)设备用房是为保证列车正常运行、保证车站内良好环境条件和在灾害情况下乘客安全所需要的设备用房,主要包括通风与空调用房、变电所、综合控制室、防灾中心、通信机械室、信号机械室、自动售检票室、冷冻站、配电室、公共区用房等。

(3)辅助用房是为保证车站内部工作人员正常工作和生活所设置的用房,主要包括卫生间、更衣室、休息室、茶水间等。

车站用房应根据运营管理需要设置,在不同车站只配置必要房间,尽可能减少用房面积,以降低车站投资。

想一想

您所在城市或邻近城市的城市轨道交通车站的站台形式有哪些?

二、出入口及通道

出入口及通道是供乘客进、出车站的建筑设施。

车站出入口的数量应根据吸引与疏散客流的要求设置;车站出入口布置应与主客流的方向相一致,且宜与过街天桥、过街地道、地下街、邻近公共建筑物相结合或连通,宜统一规划,可同步或分期实施,并应采取地铁夜间停运时的隔断措施。

1. 地面出入口位置选择

地面出入口是乘客由地面进入车站或由车站上到地面的通道。选择的位置应满足城市规划及交通的要求,应选择人流集中的地点,出入口尽量与城市过街地道相结合,与地下商场、公共建筑楼群相连通,并且标志醒目;出入口可以是单独的建筑(图4-9),也可以与其他公共建筑物合并使用出入口,以方便乘客和过街行人。

2. 出入口及通道布置方式

出入口及通道布置方式有“T”形、“L”形和“一”形,如图4-10所示。

图4-9 单独城市轨道交通车站出入口

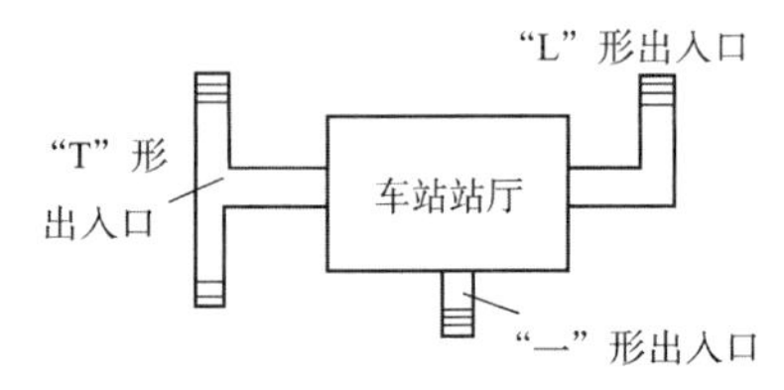

图4-10 出入口布置方式示意图

地下车站出入口、消防专用出入口和无障碍电梯的地面高程,应高出室外地面300~450mm,并应满足当地防淹要求;当无法满足时,应设防淹闸槽,槽高可根据当地最高积水位确定。

地下出入口及通道应力求短、直,通道的弯折不宜超过3处,弯折角度不宜小于90°。地下出入口通道长度不宜超过100m;当超过时应采取能满足消防疏散要求的措施。

3. 出入口及通道数量与宽度

出入口及通道数量视客运量与地面条件而定,但应满足出入口通过能力总和大于该站远期高峰流量的要求。每个公共区直通地面的出入口数量不得少于两个。每个出入口宽度应按远期或客流控制期分向设计客流量乘以1.1～1.25不均匀系数计算确定。一般情况下每一座车站出入口不宜少于4个,分期修建和规模小的车站不得少于2个。站厅与站台的联络通道一般不少于2个(岛式站台每端各1个,侧式站台每侧各1个)。

一般情况下,单个通道或出入口宽度不小于2.0m,通道净空高度在2.4m左右。

三、通风道及风亭

城市轨道交通车站由于四周封闭,客流量大,机电设备多,站内湿度较大,空气较污浊,为了及时排除车站内的污浊空气,给乘客创造一个舒适的环境,须在城市轨道交通车站内设置环控系统,即通风与空调系统。

早期国内外修建的城市轨道交通工程,大多采用自然通风方式,即利用地面风、列车活塞风、站内外温差等来与地面空气进行交换,但这种通风方式效率比较有限,通风效果不好。随着社会的发展和科学技术的进步,在近期国内外修建的城市轨道交通车站中,逐步采用了以机械通风为主的通风方式,普遍采用了环控设备,车站内温度、湿度得到了控制,地下环境得到了很大的改善。但环控设备的增加,势必会导致增大车站规模。为了控制车站规模,缩短车站的总长度,节约投资,部分环控设备可设在通风道内。

车站通风道的数量取决于当地条件、车站规模、温湿度标准等因素,按环控要求计算确定。城市轨道交通车站一般设2个通风道,如车站附设地下商场等公用设施,应根据具体情况增设通风道。

车站通风道的平面形式及断面尺寸应根据环控要求、车站所在地的环境条件、道路及建筑物设置情况等因素综合考虑决定。站内通风管道位置一般设在车站吊顶内或站台层站台板下的空间内。车站附属用房设局部通风。

地面风亭是通风道在地面口处的建筑物,作用是新鲜空气采集及排风。地面风亭一般均设有顶盖及围护墙体,墙上设一道门,供运送设备使用。风亭上部设通风口,风口外面设金属百叶窗(图4-11)。

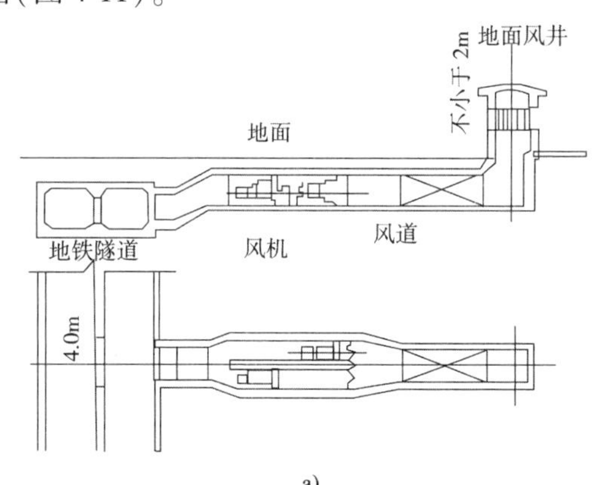

a)

b)

图4-11 通风道及风亭布置示意图

地面风亭的大小主要根据通风量及风口数量决定。地面风亭位置应选在空气良好无污染的地方,可设计成独建式或合建式,并尽量与周围环境相协调。城市道路旁边的地面风亭,一般应设在建筑红线以内。地面风亭与周围建筑物的距离应符合防火间距的规定,其间距不应小于6m。进风口和排风口之间应保持一定距离。采用侧面开设风口时,进风、排风、活塞风口部之间的水平净距不应小于5m,且进风与排风、进风与活塞风口部应错开方向布置或排风、活塞风口部高于进风口部5m;当风亭口部方向无法错开且高度相同时,进风与排风、进风与活塞风亭口部之间的水平净距不应小于10m;活塞风亭口部之间、活塞风亭与排风亭口部之间水平净距不应小于5m;风亭口底部边缘距地面的高度应满足防淹要求;当风亭设于路边时,其高度不应小于2m;当风亭设于绿地内时,其高度不应小于1m。当采用顶面开设风口的风亭时,应符合下列规定:进风与排风、进风与活塞风亭口部之间的水平净距不应小于10m;活塞风亭口部之间、活塞风亭与排风亭口部之间水平净距不应小于5m;风亭四周应有宽度不小于3m的绿篱,风口最低高度应满足防淹要求,且不应小于1m。

四、楼梯、自动扶梯、电梯、站台门

1. 楼梯、自动扶梯

乘客使用的楼梯采用26°34′倾角比较适宜。其宽度单向通行时不小于1.8m,双向通行时不小于2.4m。当宽度大于3.6m时,应考虑设置中间扶手。

2. 电梯

用于车站内的电梯有“无机房曳引电梯和有机房液压电梯”两种。考虑到液压电梯其机房占用一定的车站面积,故往往优先采用无机房曳引电梯。

3. 站台门

站台门应相对于站台计算长度中心线对称纵向布置,滑动门设置应与列车门一一对应。滑动门的开启净宽度不应小于车辆门宽度与停车误差之和。高站台门高度不应低于2m,低站台门高度不应低于1.2m。站台门应设置安全标志和使用标志。

对于呈坡度的站台,站台门应同坡度垂直于站台面设置。安装站台门的地面在站台全长上的平整度误差不应大于15mm。

设置站台门的车站,站台端部应设向站台侧开启宽度为1.10m的端门。沿站台长度方向设置的向站台侧开启的应急门,每一侧数量宜采用远期列车编组数,应急门开启时应能满足人员疏散通行要求。

若夏季当地最热月平均温度超过25℃,且高峰时间内每小时行车对数和列车编组节数的乘积大于180时,可采用空调系统;在夏季当地最热月的平均温度超过25℃,全年平均温度超过15℃,且高峰时间内每小时的行车对数和每列车车辆数的乘积不小于120时,应采用空调系统。

单元4.2 城市轨道交通车站的类型

城市轨道交通车站按其所处位置、埋深、运营性质、结构横断面形式、站台形式和换乘方式、客流量的不同可进行不同分类。

一、按车站与地面的相对位置分类

按车站与地面的相对位置划分,城市轨道交通车站可以分为地下车站、地面车站和高架车站,如图4-12所示。

1. 地下车站

地下车站是指轨道设在地面下的车站。受地面建筑群影响,线路设置于地下,其车站也设置在地下,主要是为了节省地面空间,其特点包括:空间封闭、狭长、结构类同,站内噪声大,站内温度高,发生火灾、水灾等自然灾害后救援困难;机械通风、人工照明;施工比较复杂;节约城市用地;有良好的防护功能。因此,地下车站在防火、防灾及环控方面还有更特殊的要求。

2. 高架车站

高架车站是指轨道设在高架结构上的车站。为了节省车站周边的地面资源,高架车站位于高架桥上,一般采用双层设计,即站台层在上方、站厅层在下方,或者站厅设于地面、站台设于高架上。

3. 地面车站

地面车站是指轨道设在地面上的车站。地面车站位于地面,其出入口、站厅、站台都设在地面上。地面车站造价较低,但会对城市轨道交通线路经过的区域造成分割,一般建在用地面积不受限制的区域,所以一般在城乡接合部采用此类型车站。其特点包括:车站简易,工程量小,布置灵活;乘客进出车站方便;可自然通风和天然采光,节约费用和能源;安全疏散比较容易;造价较低。其最大的优点是造价低。

a)地下车站

b)高架车站

c)地面车站

图4-12 车站与地面相对位置

二、按车站运营性质分类

按车站运营性质划分,城市轨道交通车站可以分为中间站、折返站、换乘站、枢纽站、联运站、终点站,如图4-13所示。

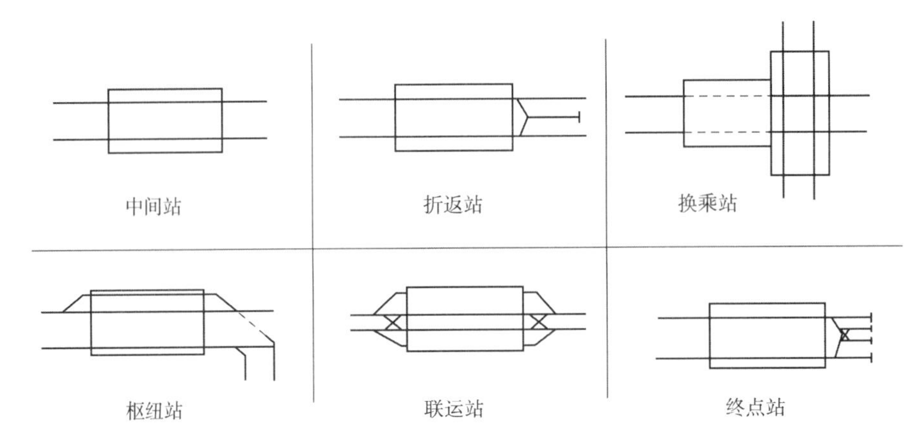

图4-13 车站分类示意图

(1)中间站

中间站,即一般站,是城市轨道交通线路中最常见的一种基本站型,仅供乘客上、下车之用,功能单一。

(2)折返站(即区域站)

折返站,即区域站,是设在两种不同行车密度交界处的车站,设有折返线和设备,为了能使列车在车站内折返或停车,折返站兼有中间站的功能,如图4-14所示。

图4-14 折返站(折返线)

(3)换乘站

换乘站是位于两条及两条以上线路交叉点上的车站。它除了具有中间站的功能外,更主要的是它还可以从一条线上的车站通过换乘设施转换到另一条线路上的车站。

(4)枢纽站

枢纽站是由此站分出另一条线路的车站,它可接、送两条线路上的乘客。

(5)联运站

联运站是指车站内设有两种不同性质的列车线路进行联运及客流换乘,它具有中间站及换乘站的双重功能。

(6)终点站

终点站是设在线路两端的车站,就列车上、下行而言,终点站也是起点站(或称始发站);终点站设有可供列车全部折返的折返线和设备,也可供列车临时停留检修。如线路远期延长后,则此终点站变为中间站或折返站。

三、按站台形式分类

按车站的站台形式划分,城市轨道交通车站可分为岛式车站、侧式车站和岛侧混合式车站三类,如图4-15所示。

a)岛式站台车站示意图

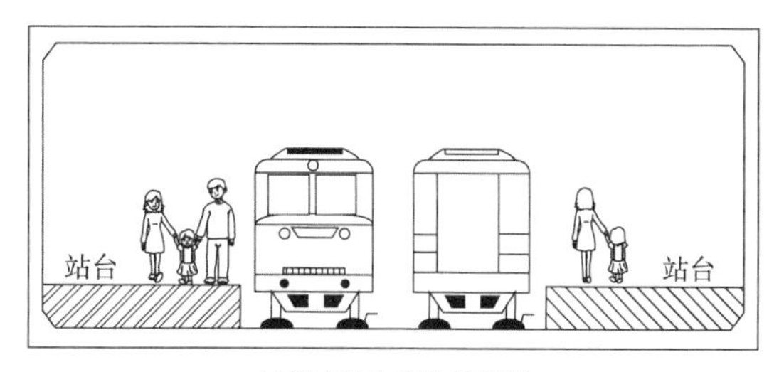

b)侧式站台车站示意图

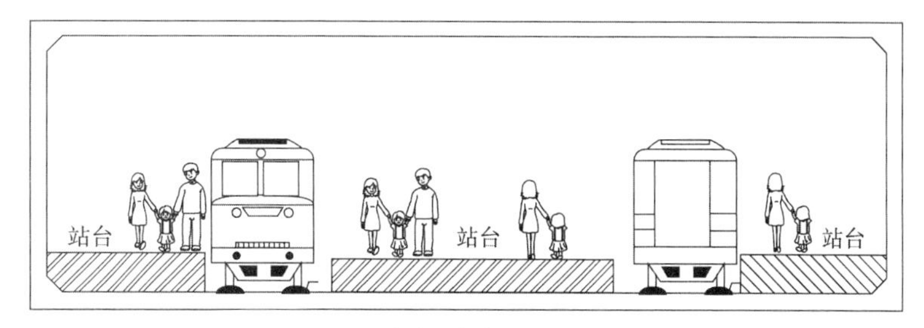

c)混合式站台车站示意图

图4-15　按车站的站台形式分类

1. 岛式车站

站台位于上、下行行车线路之间,具有岛式站台的车站称为岛式站台车站(简称岛式车站),如图4-16所示。岛式车站是常用的一种车站形式。岛式车站具有站台面积利用率高、能灵活调剂客流、乘客中途改变乘车方向方便、车站管理集中、站台空间宽阔等优点,因此,岛式站台一般常用于客流量较大的车站。但是由于站台面积受到限制,会造成改扩建困难,地铁1号线就有这个问题。

通道换乘

同站台换乘

站厅换乘

2. 侧式车站

站台位于上、下行行车线路的两侧,具有侧式站台的车站称为侧式站台车站(简称侧式车站),如图4-17所示。侧式车站也是常用的一种车站形式。侧式车站站台上、下行乘客可避免相互干扰,正线和站线间不设喇叭口,造价低,改建容易,但是站台面积利用率低,不可调剂客流,中途改变乘车方向须经地道或天桥,车站管理分散,站台空间不及岛式宽阔,因此,侧式站台多用于两个方向客流量较均匀(或流量不大)的车站及高架车站。

图4-16　岛式车站

图4-17　侧式车站

3. 岛侧混合式车站

将岛式站台及侧式站台同设在一个车站内,具有这种站台形式的车站称为岛、侧混合式站台车站(简称岛、侧混合式车站)。岛侧混合式车站主要用于两侧站台换乘或列车折返。岛侧混合式站台可布置成一岛一侧式或一岛两侧式。

自主学习

通过实地调研或信息收集,整理您所在城市或邻近城市的城市轨道交通车站类型并制作成表格。

四、按车站埋深与结构分类

1. 按埋深分类

地下车站按车站埋深,可以分为浅埋车站、中埋车站和深埋车站。

(1)浅埋车站

浅埋车站,轨顶至地表距离小于15m,一般采用明挖法或盖挖法施工。

(2)中埋车站

中埋车站,轨顶至地表距离为15~25m,采用暗挖法施工。

(3)深埋车站

深埋车站,轨顶至地表距离大于25m,采用暗挖法施工。

2. 按结构分类

根据高架车站轨道梁与站房之间的关系,高架车站可以分为桥建分离、桥建合一、桥建结合三种类型,如图4-18所示。

(1)桥建分离。桥建分离是指车站主体与轨道桥梁的结构完全分开,轨道桥梁从车站建筑体中穿过的车站结构形式。各自形成独立的结构受力体系。

(2)桥建合一。车站桥梁构件完全被车站建筑构件取代,框架结构直接承受列车动荷载作用。

(3)桥建结合。车站桥梁一般直接简支于车站建筑上,利用车站建筑的纵横梁和框架柱形成空间结构承受列车荷载。桥建结合式车站又包括桥式站房和建式站房两种。

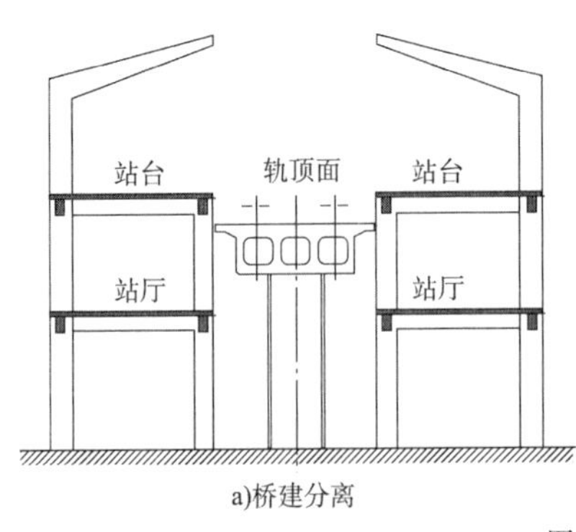

a)桥建分离

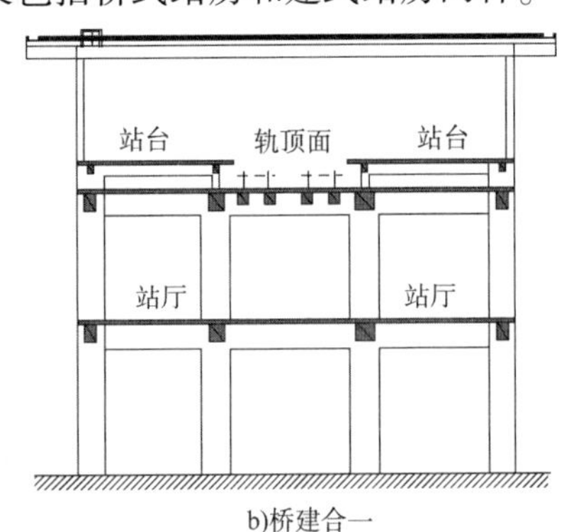

b)桥建合一

图 4-18

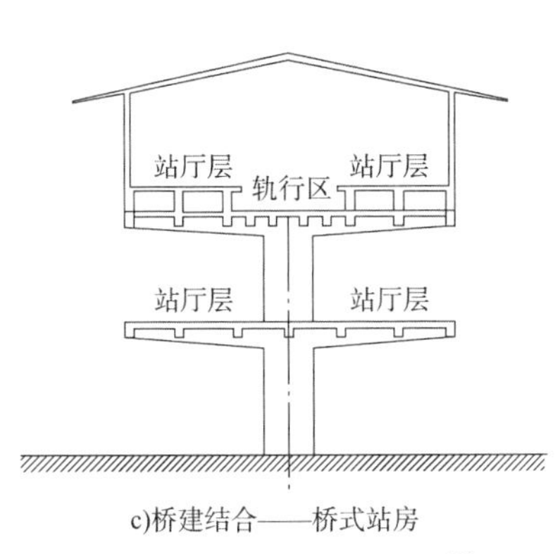

c)桥建结合——桥式站房

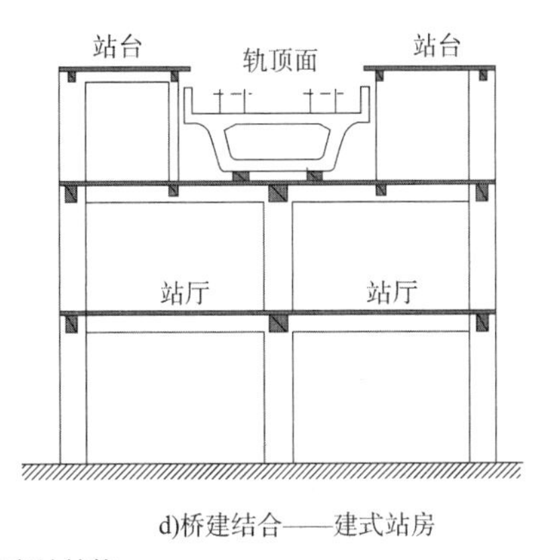

d)桥建结合——建式站房

图4-18 高架车站结构

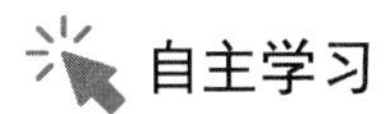

自主学习

桥建分开、桥建结合、桥建合一三种类型的优缺点。

五、按车站结构形式分类

高架车站的结构基本上是以框架结构为主。地下车站结构横断面形式主要根据车站埋深、工程水文地质条件、施工方法、建筑艺术效果等因素确定。在选定结构横断面形式时,应考虑到结构的合理性、经济性、施工技术和设备条件。

车站结构横断面形式,主要有矩形、拱形、圆形、马蹄形和椭圆形等。

1. 矩形断面车站

矩形断面车站是车站中常选用的形式,一般用于浅埋车站,如图4-19所示。车站可设计成单层、双层或多层;跨度可选用单跨、双跨、三跨及多跨的形式。

地下车站多为矩形断面。按层数划分,地下车站分为单层、二层和三层三种结构。其中,地下车站多数为两层,即站厅层和站台层。当地下车站接近地面或高架线路时,因埋深较浅,采用单层结构。有的车站因换乘需要,采用三层结构。按横向立柱数划分,地下车站分为无柱单跨、单柱双跨和双柱三跨三种结构。通常,站台较窄的地下车站采用无柱单跨或单柱双跨结构,其他地下车站采用双柱三跨结构。

2. 拱形断面车站

拱形断面车站多用于深埋车站,如图4-20所示。拱形断面有单拱和多跨连拱等形式。单拱断面由于中部起拱,高度较高,两侧拱脚处相对较低,中间无柱,因此建筑空间显得高大宽阔,如建筑处理得当,常会得到理想的建筑艺术效果。

3. 圆形断面车站

圆形断面车站用于深埋盾构法施工的车站,如图4-21所示。

4. 其他类型断面车站

其他类型断面车站有马蹄形、椭圆形等,如图4-22所示。

图4-19 矩形断面

图4-20 拱形断面(上海地铁15号线吴中路站)

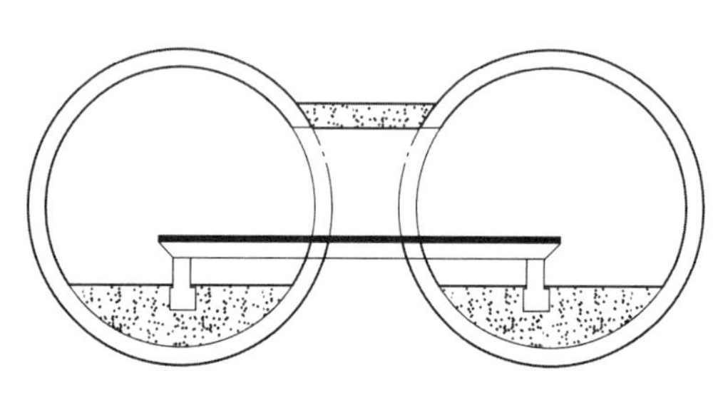

图4-21 圆形断面

图4-22 马蹄形、椭圆形断面(广州地铁2号线越秀公园站)

知识拓展

车站文化

城市轨道交通自诞生以来,就不仅仅是被当成交通工具,而是与国家的发展、城市的文化、民族的特色、区域文化紧密联系在一起。城市轨道交通车站成为文化的载体、民族精粹文化的展台。如何使乘坐城市轨道交通变得更加舒适,让乘客的心情更加愉快,如何让南来北往的人迅速地了解一个城市的特色,解读一个城市的文化精髓,品味这个城市里的人们拥有的精神风貌,是每位城市轨道交通建设者必须思考的问题。

城市轨道交通车站文化

1. 北京地铁

北京为我国最早开通地铁的城市,其车站空间设计以地域性、民族性和国际性为基准,形成了北京、中国、世界3个层次的艺术展示,串联起北京不同区域的"文化珍珠"。站内装饰既有对皇城历史记忆的追述,又有老北京民俗风貌的再现,还有对国际化大都市气度的演绎,彰显了北京文化盛宴的力量。

(1)西直门站

在北京地铁2号线西直门站《燕山长城图》画面表现了北京地区群山峻岭中长城的雄姿、城墙的蜿蜒、烽火楼的坚固、长城内外的繁荣,显示出中华民族的气概;《大江东去图》画面突出描绘了长江三峡地区江流、山峰、峡谷、城市、乡村、大坝等场景，体现了“大浪滔滔向东流”的气势，如图4-23所示。

a)《燕山长城图》

b)《大江东去图》

图4-23 北京地铁2号线西直门站壁画

(2)雍和宫站

雍和宫站是北京地铁中唯一一座在站台纵向立了3排大柱子的车站。站台采用复合式，两侧站台中间有一个错层的台阶，雍和宫站的立柱全部采用正红色，护栏全部采用汉白玉雕花制成，雕花护栏在错层之间一字排开；雍和宫以及周边地区是具有文化底蕴的游览胜地，向世界展示了东方文明古国之美。北京地铁雍和宫站如图4-24所示。

a)

b)

c)

图4-24 北京地铁雍和宫站

(3)建国门站

北京地铁建国门站内，袁运甫先生的《中国天文史》壁画展示了女娲补天、后羿射日等故事，以古代神话和天文故事为主题，展示古人对天文地理方面的探索，它与建国门旁的北京古观象台上下呼应,融为一体;而《四大发明》壁画则通过司南、罗盘等展示造纸术、指南针、火药和印刷术,如图4-25所示。

a)《中国天文史》

b)《四大发明》

图4-25 北京地铁建国门站内壁画

2. 南京地铁

于2007年亮相的珠江路·糖果车站是南京地铁第一个主题站点,该站点因其工作人员曾为车站中一位患病的孩子提供糖果而命名。在珠江路·糖果车站之后,南京地铁又先后推出了新街口·和谐车站、南京南·博爱车站、鼓楼·清风车站、南京·美德车站、软件大道·创业车站、岗子村·国防教育车站和绿博园·环保车站等7个主题车站,形成南京地铁主题车站系列。

在主题车站之外,围绕"驰载人文,身心直达"的"人文地铁"建设理念,南京地铁借助车站艺术墙及其他装饰,打造了5条艺术站台主题线路。南京地铁1号线艺术站台以"金陵文韵"为主题,主要介绍南京的历史文化,展示南京的名胜古迹,具体包括南京地铁车站的艺术墙"金陵揽胜"、玄武门站的艺术墙"水月玄武"、鼓楼站的"六朝古都"、珠江路站的"民国叙事"、三山街站的"灯彩秦淮"、中华门站的"明城遗韵"、花神庙站的"喜上'梅'梢"、南京南站的"金陵十二景"、河定桥站的"东山再起"、百家湖站的"佳湖美景"、小龙湾站的"蛟龙腾云"以及竹山路站的艺术墙"五彩竹林"。南京地铁2号线的艺术站台则以"传统节日"为主题,在2号线元通站、兴隆大街站、集庆门大街站等11个站点的艺术墙上,可以分别看到对春节、元宵节、清明节、端午节、七夕、中秋节等传统节日习俗的展示。南京地铁3号线艺术站台为"红楼梦"系列,主要选取了文学名著《红楼梦》中的一些经典片段与故事加以展示,如元春省亲、黛玉葬花、刘姥姥进大观园等,借以纪念该书作者——这位出生于南京的伟大作家曹雪芹。南京地铁4号线艺术站台为"宁人伟业"主题,主要介绍在南京出生或对南京有重大贡献的历史人物及其功绩,包括孙权建都、郑和造船等故事,以及竹林七贤、曹雪芹、祖冲之、陶行知等人物。南京地铁10号线上的6幅艺术墙组成了"炫彩金陵"艺术站台主题,侧重展示新时期南京的发展与建设成就,具体包括中胜站的艺术墙"云彩地锦"、元通站的"璀珠新城"、奥体中心站的"十运之光"和"始于足下"、江心洲站的"月色夏雨"、浦口万汇城站的"锦绣前程"以及南京工业大学站的"彩云追梦"。下面我们简单介绍鼓楼站、珠江路站及南京站3个主题站点文化。

(1)鼓楼站

鼓楼站艺术墙的主题为"六朝古都",6枚铸铜朱红金印镶嵌在石墙中,上面分别用甲骨文、小篆等6种字体写了"东吴、东晋、宋、齐、梁、陈"曾以南京作为古都的朝代名称,印章汲取了中国古代龙虎肖形印之精华,表现了古都的特色,如图4-26所示。

(2)珠江路站

珠江路站的主题为"民国叙事"的艺术墙。它以老照片式的手法,再现了民国时期的俚俗繁华和悠悠往事,使乘客从中真切地感受到古都的魅力,如图4-27所示。

图4-26　南京地铁1号线鼓楼站文化墙——“六朝古都”

图4-27　南京地铁1号线珠江路站文化墙——“民国叙事”

(3)南京站

南站地铁1号线南京站北站厅里“藏”着一面具有金陵地标的文化墙,在这幅主题为“金陵揽胜”的青瓷花钢板雕刻作品中,能看到总统府、中华门、中山陵等地标建筑错落其中,展示了古城南京的山川美景与人文内涵,如图4-28所示。

图4-28　南京地铁1号线南京站文化墙——“金陵揽胜”

3. 西安地铁

西安是一座历史文化悠久的十三朝古都,在源远流长的历史长河中,有着重要的地位。西安还是一个开放、创新、包容的现代化都市。在西安地铁站内部空间的装修风格上,运用传统文化与现代技术相结合的装饰手法,既体现了西安作为传统文化名城的历史风韵,又展现了西安的更新与科技文明的进步,更全面地展现了西安地域色彩。

(1)汉城南路站

汉城南路站文化墙“交相辉映”以古城西安蕴含丰富的历史文化,创意以汉代开辟的丝绸之路为主线,将目光聚焦在东方的汉文化与西方的古罗马文化。画面融合历史建筑、壮丽山河、自然生态以及历史贸易往来的成果,以“历史”为本,以“情”为魂,展现了汉代开放的思想和宽广包容的胸怀,彰显了西安在丝绸之路文化交流史上的重要地位,同时寄寓新西安开放繁荣发展,如图4-29所示。

图4-29 西安地铁5号线汉城南路站文化墙——“交相辉映”

(2)五路口站

五路口站文化墙“革命薪火”站点附近的西安市革命公园是为纪念北伐战争前夕,陕西国民军坚守西安的军民而建。画面从1926年西安围城的历史事实出发,以军民齐心、坚守家园为创作主题,采用分组式构图,通过6个情节线索贯穿画面,展现人们为了争取和平的努力,寄托了不忘历史、希冀未来的情感,如图4-30所示。

图4-30 西安地铁1号线五路口站文化墙——“革命薪火”

(3)含元殿站

含元殿站文化墙“威仪天下”画面以大唐建筑的杰出代表含元殿为背景,即将出城的仪仗队伍场面庞大、气韵生动、阵容威严,以宏大的场景展现唐代国力强盛,如图4-31所示。

图4-31 西安地铁4号线含元殿站文化墙——“威仪天下”

单元 4.3 城市轨道交通车站施工方法

城市轨道交通车站大多位于城市中心区,因此城市轨道交通车站施工方法选择除主要受工程地质、水文地质、地形地貌、沿线环境的要求限制外,还受施工技术的成熟性、地面沉降的控制,建构物(管线)拆迁改移及保护,对城市交通、居民生活、商业经营活动的影响,对环境的污染以及施工单位的技术水平、施工进度、经济条件等因素限制。

城市轨道交通地下车站施工方法有很多种,我国常用的主要有明挖法、盖挖法、暗挖法等三种。车站施工方法的分类如图 4-32 所示。

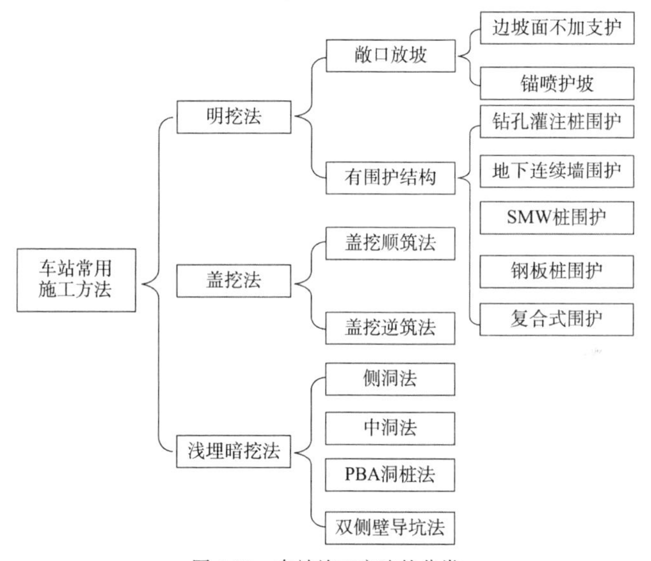

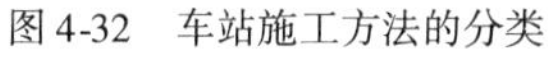
图 4-32 车站施工方法的分类

明挖法

一、明挖法

明挖法是指在地面挖开的基坑中修筑地下结构的施工方法。它是传统的地面框架结构施工方法,即在地面先做基坑围护桩,然后从上向下进行基坑土方开挖,同时加支撑防止基坑变形,开挖到底后自下而上施作框架结构。由于明挖法施工技术简单、快速、经济,因此城市轨道交通车站施工都把明挖法作为首选方案。明挖法施工一般均采用明挖顺筑法,如图 4-33 所示。

图 4-33 明挖法施工

明挖顺筑法施工顺序如下:

钻孔桩(地下连续墙等)围护结构施工→基坑

井点降水(坑土体加固)→第一层土方开挖→设置第一层钢支撑→第 n 层土方开挖→设置第 n 层钢支撑→底板开挖→垫层施作→底板防水层和混凝土施作→最下层支撑拆除→施作侧墙防水层→浇注侧墙混凝土→拆除钢支撑→顶板混凝土浇筑→顶板防水层施工→土方回填、恢复原地貌,如图 4-34 所示。

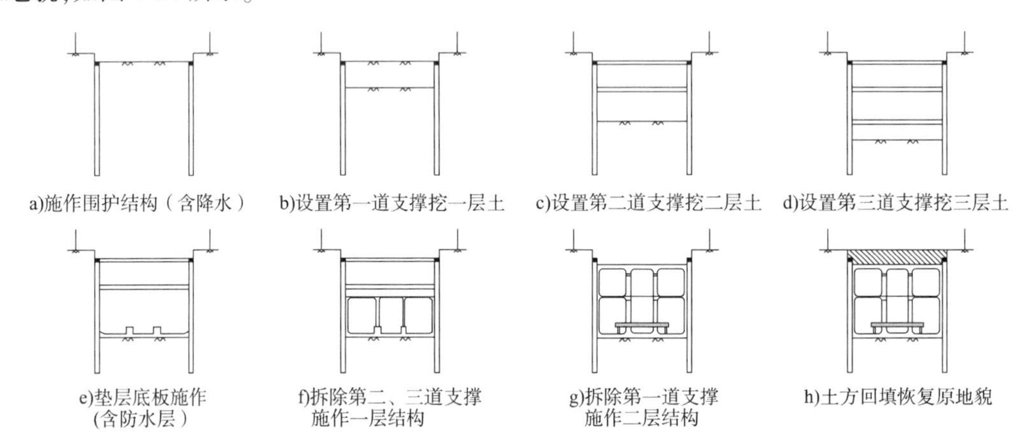

图 4-34　明挖顺筑法施工顺序

二、盖挖法

盖挖法是指在盖板及支护体系保护下,进行土方开挖、结构施工的一种地下工程施工方法。盖挖法可分为顺作法和逆作法。它是由地面向下开挖至一定深度后,将顶盖封闭,恢复原地貌,其余的下部工程在封闭的顶盖下进行施工。在城市繁忙地带修建城市轨道交通车站时,往往要占用道路,影响交通。盖挖法是利用围护结构和支撑体系,在一些交通繁忙路段利用结构顶板或临时设施维持路面通行,在其下进行车站施工,如图 4-35 所示。

图 4-35　盖挖法施工

1. 盖挖顺作法

盖挖顺作法是指完成围护结构及盖板后,分层开挖土方、架设支撑,再自下而上施作地下结构的方法。盖挖顺作法主要依赖于坚固的挡土结构,根据现场条件、地下水位高低、开挖深度及周围构筑物的临近程度可选择钢筋混凝土钻孔灌注桩或地下连续墙,对于饱和的软弱地层应以刚度大、止水性好的地下连续墙为首选方案。顶盖一般是利用临时性设施(钢结构)作辅助措施维护道路通行,在夜间将道路封锁,掀开盖板进行基坑土方开挖或结构施工。盖挖顺作法具体施工步骤如图 4-36 所示。

2. 盖挖逆作法

盖挖逆作法是指完成围护结构及盖板后,利用各层结构板和结构梁作为基坑水平支撑,自上而下分层开挖土方、由上至下逐层施作地下结构的方法。施工过程中不需要设置临时支撑,而是借助结构顶板、中板自身水平刚度和抗压强度实现对基坑围护桩(墙)的支护作用。一般都是对交通短暂封锁,将结构顶板施工结束,恢复道路交通,利用竖井作为出入口进行盖挖逆作法结构施工。盖挖逆作法具体施工步骤如图 4-37 所示。

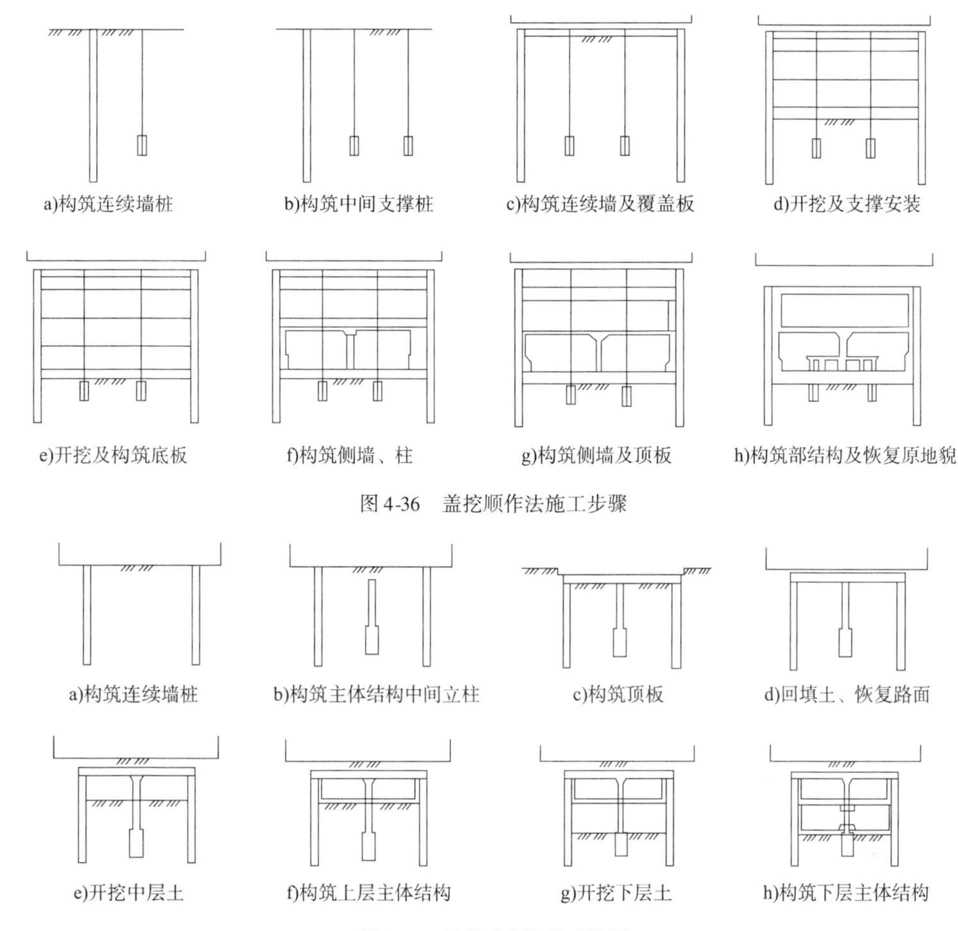

图 4-36　盖挖顺作法施工步骤

图 4-37　盖挖逆作法施工步骤

三、浅埋暗挖法

浅埋暗挖法是针对埋深较浅、松散不稳定的地层和软弱破碎岩层,在开挖中以多种辅助措施加固围岩及周围土体,开挖后及时支护,封闭成环,与围岩及周围土体共同作用形成联合支护体系,有效地控制围岩及周围土体过大变形的一种综合施工方法。在城市中心区,由于地面交通不允许长期中断,地面建筑物众多,地面施工场地狭小,受城市立交桥下众多桥桩的影响,或者管线错综复杂,不易改移,因此在地质条件允许的情况下,可考虑采用暗挖法进行城市轨道交通车站的施作,对地层的适应性较广,适用于结构埋置较浅、地面建筑物密集、交通运输繁忙、地下管线密布及对地面沉降要求严格的城镇地区地下构筑物施工。

在城镇软弱围岩地层中,在浅埋条件下修建地下工程,以改造地质条件为前提,以控制地表沉降为重点,以格栅(或其他钢结构)和锚喷作为初期支护手段,按照“十八字”原则(即管超前、严注浆、短开挖、强支护、快封闭、勤量测)进行隧道的设计和施工。

采用浅埋暗挖法修建城市轨道交通车站,其基本作业程序包括地层预支护和预加固、土方开挖、初期支护及二次初砌、监控量测指导施工组织设计等,这些与区间隧道的施工大体类似,但是车站的结构断面形式比区间隧道复杂,断面尺寸比区间隧道大,埋深更浅,地表沉降控制相对更严。城市轨道交通车站暗挖工法主要有侧洞法、中洞法、PBA[桩(pile)-梁(beam)-拱(arch)]洞桩法、双侧壁导坑等工法。

四、几种主要工法的比较

几种主要工法的比较见表4-1。

几种主要工法比较　　表4-1

序号	施工工法	适用条件	优点	缺点
1	明挖法	适合多种不同类别的地质条件,周边环境具备明挖施工条件	工艺简单、技术成熟、施工作业面多、速度快、工程造价低、施工安全、质量易保证,便于大型机械化施工	长时间中断地面交通,对周围环境影响大
2	盖挖法	在路面交通不能长期中断的道路下修建城市轨道交通车站时,可采用盖挖法要综合考虑基坑稳定、环保、永久结构形式等因素	占用场地时间短,对地面干扰小,围护结构变形小。基坑底部土体稳定,隆起小,施工空间大,施工安全,低噪声,设备简单,对交通影响小	施工工序复杂,交叉作业,施工条件差,水平施工缝处理较困难,费用高
3	浅埋暗挖法	在城市中心地区,由于地面交通不允许中断,地面建筑物众多,或者管线错综复杂,不易改移,不宜采用明挖和盖挖法施工的城市轨道交通车站	避免大量拆改移工作,该工法工艺简单、灵活,无须大型设备,在变截面地段尤为适宜,施工对道路交通基本无干扰,对保护暗挖结构附近的地下构筑物(如桥桩、管线等)和周边建筑物的安全十分有利	施工风险大、机械化程度低,不允许带水作业,开挖面具有一定的自立性和稳定性

能力提升

1. 内容

(1)认真查阅资料,依据相关规范、标准深刻分析您所在城市或邻近城市的城市轨道交通车站、出入口设置。

(2)认真查阅资料,阐述您所在城市或邻近城市的城市轨道交通车站文化与当地特色文化的结合情况。

(3)认真查阅资料,阐述您所在城市或邻近城市的城市轨道交通车站的施工方法及分析适用性。

2. 要求

(1)以小组为单位进行活动,各组人员不超过6人,推选组长1人。组长负责整体活动计划,协调、督促成员完成任务。

(2)每组制作汇报PPT,由任课教师任选1名成员在课堂上讲解。

知识巩固

一、填空题

1. 车站一般包括__________、出入口及__________、通风道及__________和其他附属建筑物。

2. 站台形式有__________、__________和岛、侧混合式站台三类。

3. 城市轨道交通按车站运营性质分类可以分为__________、__________、__________、枢纽站、联运站、终点站。

4. 城市轨道交通车站的施工方法有明挖法、__________和__________。

二、简答题

1. 城市轨道交通车站由哪几部分组成?

2. 城市轨道交通车站的功能是什么?

3. 为什么要建设换乘车站?

4. 换乘车站有哪几种换乘形式?

5. 岛式车站、侧式车站各有哪些优缺点?

模块5 路基与桥隧建筑物

背景导入

城市轨道交通车辆行走在路基、桥梁、隧道上,在城市中心更多的是在隧道中行走。

小铁经常听老师和同学说市区在修地铁,可是他一直很困惑,因为看不到工人们开挖地铁线路,他想到底是采用什么方法施工的,这么隐蔽。另外,他看到有些城市轨道交通是走高架线、地面线的,为什么不都走地下线,有时候不同地段高架线采用桥梁的类型不一样,这些都是困扰小铁的问题。

知识目标

1. 掌握路基的组成,熟悉各部分的特点。
2. 掌握城市轨道交通桥梁的类型,熟悉常见城市轨道交通桥梁。
3. 掌握城市轨道交通隧道的施工方法。
4. 熟悉城市轨道交通盾构施工法。

能力目标

1. 能清楚描述路基的组成、类型及边坡防护。
2. 能清楚描述城市轨道交通桥梁的类型。
3. 能清楚描述城市轨道交通区间隧道的常用施工方法。

素质目标

1. 增强安全意识,培养爱岗敬业、遵纪守法、团队协作、吃苦耐劳的劳动精神。
2. 增强民族自信、科技自信,激发科技报国的家国情怀和使命担当。

建议学时

6 学时。

路基和桥隧建筑物都是轨道结构的基础，它们直接承受轨道的重量以及列车荷载。路基和桥隧建筑物的状态与线路质量的关系极为密切，所以，路基面应当平顺，其高程用路肩高程表示。路基面应有足够的强度，符合规定的铺设、附属构筑物设置和线路养护维修的需要。

单元5.1 路基

路基是为满足轨道铺设和运营条件而修建的土工构筑物，如图5-1所示。它是轨道结构的基础，承受着轨道及列车的静荷载和动荷载，并将荷载向地基深处传递扩散。在纵断面上，路基必须保证轨顶需要的高程；在平面上，路基与桥梁、隧道连接组成完整贯通的轨道线路；在轨道工程的发展过程中，路基为轨道结构的不断更新、改善和轨道定型化提供了必要的条件。为了保证线路的质量和列车的安全运行，路基必须具有足够的稳定性、坚固性和耐久性。

图5-1 路基

路基主要由路基本体、路基防护和加固建筑物、路基排水设施三部分组成。其中，路基本体是直接铺设轨道结构并承受列车荷载的部分，它是路基工程中的主体建筑物；路基防护和加固建筑物属于路基的附属建筑物，如挡土墙、护坡等；路基排水设施主要是指排除地面水的排水沟、侧沟、天沟，以及排除地下水的排水槽、渗水暗沟、渗水隧洞等。

一、路基本体

路基本体主要是指在其上面铺设轨道的土体部分。随着地面的起伏，城市轨道交通线路的路基地段有的需要开挖，有的需要填筑，有的需要部分开挖、部分填筑。

1. 基本形式

路基横断面是指垂直于线路中心线截取的断面。路基横断面依其所处的地形条件不同，通常分为路堤、路堑、半路堤半路堑、不填不挖路基四大类，其中地铁和轻轨的路基以路堤为主。

(1)路堤

当铺设轨道的路基面高于天然地面时，路基以填筑方式构成，这种路基称为路堤，如图5-2所示。

(2)路堑

当铺设轨道的路基面低于天然地面时,路基以开挖方式构成,这种路基称为路堑,如图 5-3 所示。

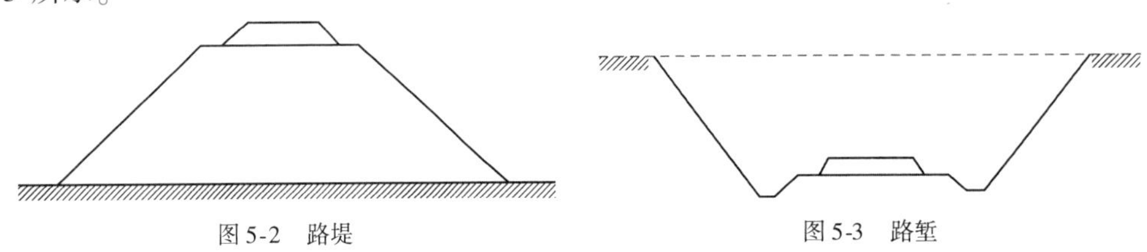

图 5-2　路堤　　　图 5-3　路堑

(3)半路堤半路堑

当天然地面横向倾斜时,路基一部分以填筑方式构成,另一部分以开挖方式构成,称为半路堤半路堑路基,如图 5-4 所示。

(4)不填不挖路基

当路基顶面和天然地面平齐,路基无填挖土方时,这种路基形式称为不填不挖路基,如图 5-5 所示。

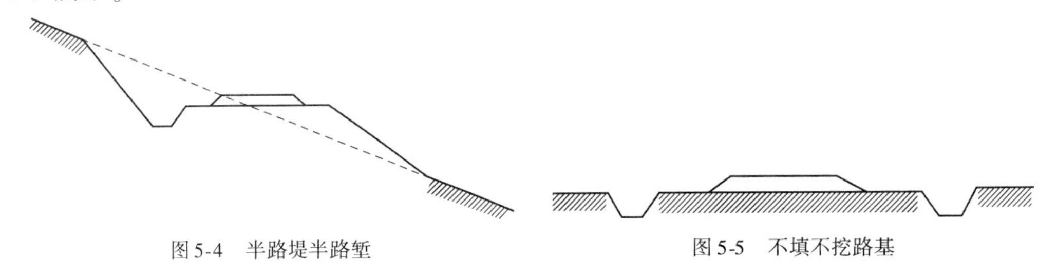

图 5-4　半路堤半路堑　　　图 5-5　不填不挖路基

2. 构造组成

路基本体是路基工程中的主体建筑物,通常由路基面、基床、路拱、边坡与护道、基底等部分组成,如图 5-6 所示。

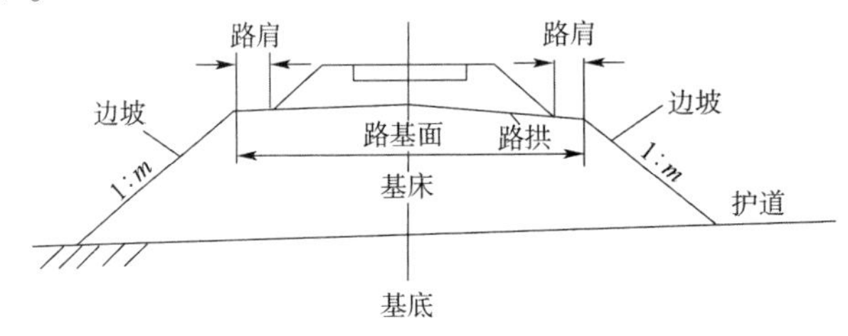

图 5-6　路基本体组成

(1)路基面

路基面是指直接在其上面铺设轨道的部分及路肩,也称为路基顶面。路基面宽度通常为两路肩边缘之间的距离,路基面宽度应根据线路数目、线间距、轨道结构尺寸、曲线加宽、路肩宽度、是否有接触网立柱等计算确定,在路堑中为堑体开挖后形成的构造面。

(2)路基基床

路基基床是指路基上部受轨道、列车动力作用,并受水文、气候变化影响较大,需做处理的土层。路基基床应分为基床表层和基床底层,表层厚度不应小于 0.5m,底层厚度不应小于 1.5m, 基床厚度应以路肩施工高程为计算起点,如图 5-7 所示。

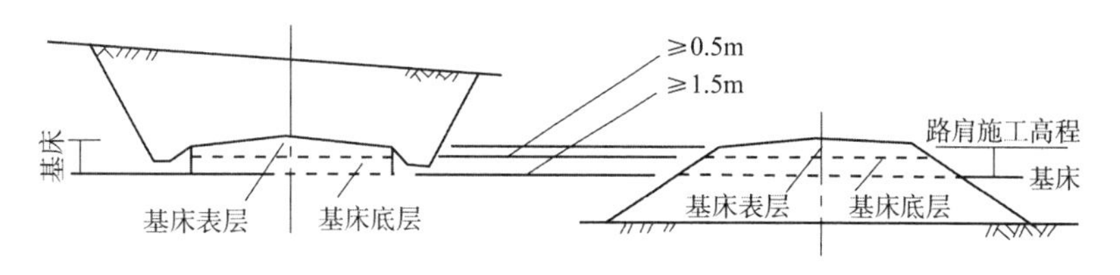

图 5-7 路基基床

(3)路拱

当基床填料采用不宜渗水的材料时,路基面应设置为中间高、两边低的排水坡形式,称为路拱。路基面形状应设计为三角形路拱,应由路基中心线向两侧设 4% 的人字排水坡。当曲线加宽时,路基面仍应保持三角形。

(4)路肩

路肩是指路基面两侧未被道床覆盖的部分(图 5-6)。

路肩的作用是增强路基的稳定性,保护路基受力的中心部分,防止道砟滚落至路基面外,保持路基面的横向排水,供养护维修人员行走、避车、放置养护机具,供防洪抢险临时堆放砂石料,供埋设各种标志、通信信号、电力给水设备等。因此,路肩必须在考虑了施工误差、高路堤的沉落与自然剥蚀等因素以后,保持必要的宽度。《地铁设计规范》(GB 50157—2013)规定:当路肩埋有设备时,路堤及路堑的路肩宽度均不得小于 0.6m,无埋设设备时不得小于 0.4m。受地下水影响容易引起基床翻浆冒泥等病害,因此路基路肩高程应高出线路通过地段的最高地下水位和最高地面积水水位,应另加上毛细水强烈上升高度和有害冻胀深度或蒸发强烈影响深度,再加 0.5m。

若采取降低地下水位、设毛细水隔断层等措施,路肩高程可不受上述限制。

(5)边坡与护道

路基两侧的斜坡称为路基边坡,路基边坡分为路堤边坡和路堑边坡。边坡与护道如图 5-8 所示。边坡常修筑成单坡形、折线形或阶梯形,每一坡段坡面的斜率以边坡上下两点间的高差与水平距离之比表示。当高差为 1 单位长时,水平距离折算为 m 单位长,则斜率为$1:m$。在路基工程中,以 $1:m$ 方式表示的斜率称为坡度。路堤边坡坡度应根据填料或土质的物理力学性质、边坡高度、轨道、列车荷载和地基工程地质条件确定,地面线路一般为低路堤。当路堤高度小于等于 8m 时,路堤边坡坡度不应大于 1:1.5。边坡与地面的交点,在路堤中称为坡脚,在路堑中称为堑顶。

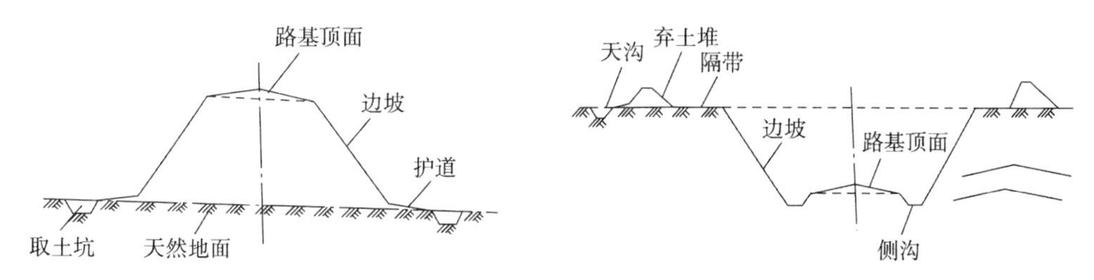

图 5-8 边坡与护道

路堑边坡高度不宜超过 20m。当路堑设计高度超过 20m 时,应采用隧道或明洞,对强风化、岩体破碎的石质路堑、特殊岩土和土质路堑的边坡高度,应严格控制,并应采取防护措施。

路堤坡脚外应设宽度不小于1.0m的护道。

(6)基底

堤身所覆盖的地面线以下的天然地层称为路堤基底;路堑路基面以下的天然地层称为路堑基底。基底的稳固对路基本体以及轨道的稳定性都至关重要。因此,在软弱基底上修筑路堤时,必须对基底进行处理,以免危及行车安全与正常运营。

二、路基防护和加固建筑物

路基防护和加固建筑物是指为使路基本体及路基周围土体稳定而修建的建筑物,主要包括路基边坡的防护、挡土墙、抗滑(锚固)桩等。路基防护和加固建筑物工程的好坏,直接关系着路基和边坡的稳定,影响到行车安全。因此,做好路基防护和加固建筑物工程显得十分重要。

受各种因素作用易产生损坏的路基边坡坡面,应根据边坡的土质、岩石性质、水文地质条件、边坡坡度与高度以及周围景观等,选用适宜的防护措施。

1. 坡面防护

地面线路地处城市外围、郊区,大多地形平坦,线路路基一般为高度2~5m的土质低路堤,坡面防护可选用铁路路基常用的一般防护措施。常见的防护措施包括以下几种。

图5-9 植物防护

(1)植物防护

植物防护是指直接在路基边坡上种植草、树或铺种草皮来防护边坡的方法。边坡上的植被能固结土壤,调节土的湿度,防止裂隙产生和风化剥落,减缓地表水的冲刷。植物防护适用于边坡不陡于1:1,边坡土壤和当地气候适宜植物生长的地区。植物防护如图5-9所示。

(2)抹面、捶面防护

对于不宜采用植物防护的边坡,如炭质岩或浅变质的泥岩等易风化的岩质边坡,可采用抹面、喷浆、勾缝、灌浆、喷射混凝土等方法,既防止坡面水流的洗蚀,又防止风化剥落。

抹面是将二合土(石灰、炉渣)、三合土(黏土、石灰、炉渣)和水泥砂浆均匀地摊在路基边坡上,经压实、提浆、抹面后形成的一种防护层。抹面适用于各种易风化但尚未严重风化的岩石边坡,其边坡不限,但要求无地下水且坡面干燥。

捶面是将四合土(水泥、石灰、黏土、炉渣)、三合土分层铺在立于坡面上的模板内进行锤实,再经提浆、抹光后形成的坡面防护层。捶面通常采用等截面厚,一般厚度为10~15cm,当边坡高时可采用上薄下厚的变截面形式。锤面适用于比较干燥的易受冲刷的土质边坡和易风化剥落的岩石边坡,其坡度不陡于1:0.5。

(3)喷浆防护

对于坚硬易风化,但尚未严重风化的岩石边坡,为防止进一步风化,可在坡面上喷射一层水泥砂浆,形成保护层;当坡面岩石已经严重风化破碎时,可采用锚杆铁丝网喷浆或喷射混凝土。喷浆可用于高而陡的边坡,喷浆厚度不小于3cm,喷混凝土厚度不小于5cm,喷射厚度要均匀。喷射混凝土护坡如图5-10所示。

(4)干砌片石、浆砌片石防护

对于边坡缓于1:1.25的土质或土夹石边坡,可采用干砌片石护坡,护坡一般采用单层栽砌,厚度约0.3m。对于边坡缓于1:1的各类岩石和土质边坡,可采用浆砌片石护坡,护坡采用M5浆砌片石,其厚度视边坡坡度及高度而定,一般为0.3~0.5m。浆砌片石护坡如图5-11所示。

图5-10 喷射混凝土护坡

图5-11 浆砌片石护坡

图5-12 骨架护坡

(5)骨架护坡防护

在易受冲刷的土质边坡和风化较严重的岩石边坡上,当坡面缓于1:0.5且边坡潮湿、坡面冲刷较严重,单纯使用草皮护坡或捶面护坡易冲毁脱落时,可采用M5浆砌片石骨架护坡,骨架内可采用草皮或捶面护坡。浆砌片石骨架的常用结构形式有方格形、人字形、拱形等。骨架护坡如图5-12所示。

(6)护墙防护

对于各类土质边坡及易风化剥落的岩石边坡,为防治较严重的坡面变形,或堑顶上有局部探头危石需做支顶时,可修筑浆砌片石护墙。护墙适用不陡于1:0.3的堑坡防护。

2. 加固建筑物

常用的加固建筑物为挡土墙。挡土墙是支撑天然斜坡或人工边坡保持土体稳定的建筑物。挡土墙如图5-13所示。

三、路基排水设备

城市轨道交通全线应有完善的排水系统,并宜利用市政排水设施。排水设备应布置合理,当与桥梁、隧道、车站等设施衔接时,应保证排水畅通。

图5-13 挡土墙

地面线路路基排水必须使降水能顺利排走,同时阻止路基范围外的地表水流入路基,确保路基干燥稳固。路基范围内的地面水和地下水,往往会给路基的稳定性带来很大的危害。路基排水,主要是排除路基本体及其附近的地面水和地下水。

路基排水纵坡不应小于2‰,单面排水坡段长度不宜大于400m。

1. 地面排水设施

应尽快通过排水沟汇集排离路基范围内的地面水,且排水沟应设在离路基本体尽可能近一些的位置,应选择最短的水流通道,在地质较稳定、地形较平缓的地带设置。排水沟断面形状常采用梯形或矩形。

(1)排水沟

排水沟用以排除路堤范围内的地面水,如图5-14 所示。当地面较平坦时,设于路堤两侧;当地面较陡时,应设于迎水一侧。排水沟的横断面应按流量及用地情况确定,并确保边坡稳定,排水沟一般采用底宽为0.4m 或0.6m,深度为0.6m。排水沟断面形式一般采用梯形,两侧边坡根据土质及边坡高度确定,黏性土一般采用1:1 ~1:1.5。

(2)侧沟

在路堑地段,侧沟用于排除路基面和路堑边坡坡面的地面水,设于路基面两侧或一侧。侧沟如图5-15 所示。

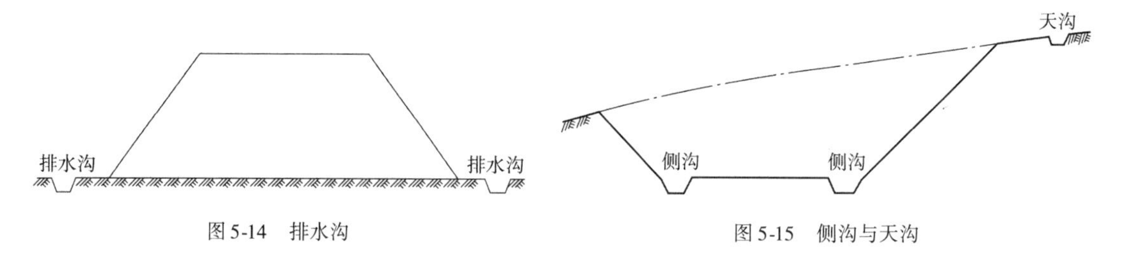

图5-14 排水沟

图5-15 侧沟与天沟

(3)天沟

天沟设于路堑堑顶边缘以外,可设置一道或几道,用于截排堑顶上方流向路堑的地表水。天沟内侧边缘至堑顶距离不宜小于5m;当天沟采取加固防渗时,不应小于2m。天沟如图5-15 所示。

(4)截水沟

截水沟设在台阶形路堑边坡的平台上,用于截排边坡平台以上坡面的地表水。截水沟如

图5-16所示。

2. 地下排水设施

地下水的存在会增加路基土体的含水率,在列车荷载和其他外力作用下,容易产生路基病害或严重变形;地下水浸湿基床土,将引起翻浆冒泥、冻胀、路肩隆起等基床病害;地下水在边坡中的活动,可引起表土滑动、溜坍等边坡变形。

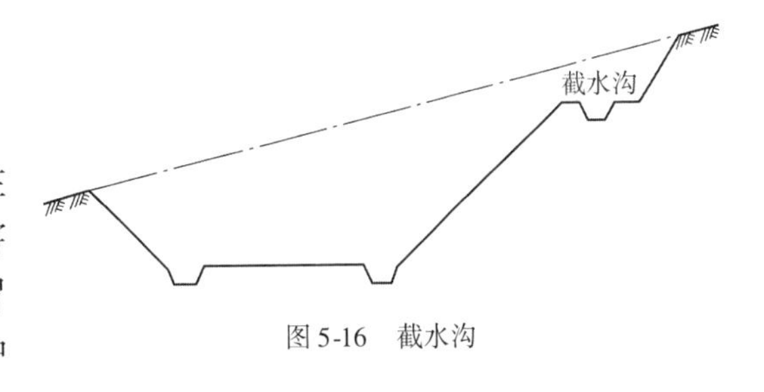

图5-16 截水沟

(1)明沟

明沟是兼排地面水及地下水的排水设施。侧壁有渗水孔,沟底一般应挖至不透水层。明沟的深度一般不超过1.2~1.5m,通常采用梯形断面,沟壁边坡用浆砌片石铺砌。浆砌片石明沟断面如图5-17a)所示。

(2)排水槽

排水槽是一种兼排地面水和地下水的设施,侧壁有渗水孔,侧壁外最好填一层反滤层。排水槽通常采用矩形断面,底宽0.6~1.0m,浆砌片石砌筑。浆砌片石排水槽断面如图5-17b)所示。

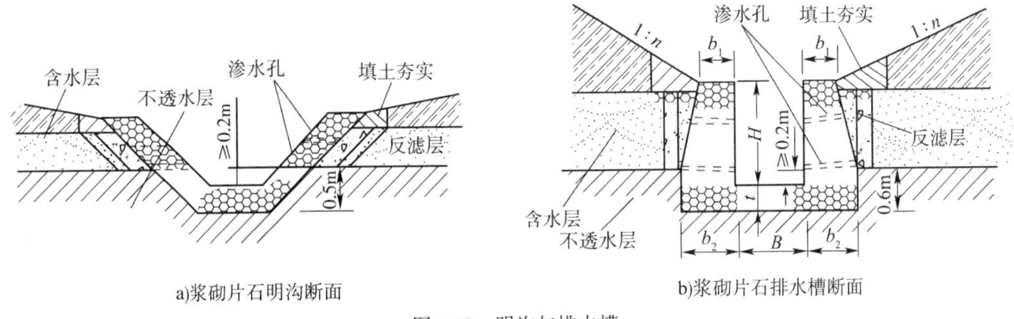

a)浆砌片石明沟断面

b)浆砌片石排水槽断面

图5-17 明沟与排水槽

(3)边坡渗沟

边坡渗沟用于疏干潮湿的边坡和引排边坡局部出露的上层滞水或泉水,适用于边坡不陡于1:1的土质路堑边坡。边坡渗沟如图5-18所示。

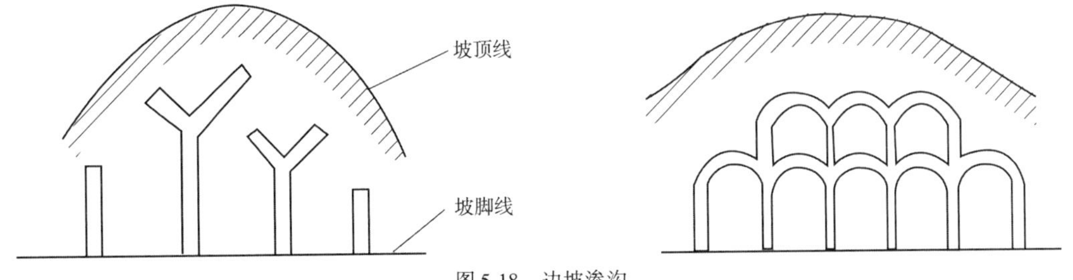

图5-18 边坡渗沟

(4)支撑渗沟

支撑渗沟主要起支撑作用,兼起排除地下水和疏干土壤中水的作用。

(5)截水渗沟和引水渗沟

截水渗沟用于拦截地下水。引水渗沟用于引排山坡、洼地或路基内的地下水。渗沟断面一般采用矩形。

(6)渗水隧洞

通过设置反滤层,将地下水过滤后渗入隧道,最后排出。渗水隧洞断面示意图如图5-19所示。

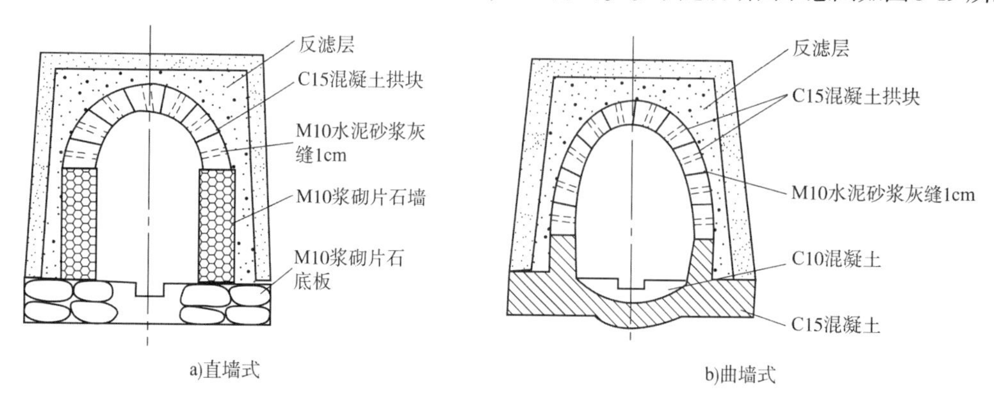

图5-19 渗水隧洞断面示意图

谈一谈

结合您所在城市或邻近城市,简述轨道交通线路中路基的基本情况。

单元5.2 桥梁

城市轨道交通桥梁指的是为城市轨道交通线路跨越天然、人工障碍物等而修建的构筑物。

城市轨道交通区间桥梁应按100年的使用年限设计,同时桥梁可以作为城市景观的一部分,与城市的其他建筑相协调。高架桥上应考虑管线设置或通过要求,并设有紧急进出通道,防止列车倾覆的安全措施;应设有防水、排水措施,在必要地段设置声屏障。高架线路的区间桥跨结构宜采用工厂预制的钢筋混凝土或预应力混凝土梁,当梁的跨度大于30m时,可采用后张预应力混凝土梁或钢梁。高架车站可采用钢筋混凝土框架结构,站内行车轨道部分的桥跨结构应与站台部分的梁板分开,同一条线路各高架车站的结构应力求统一。城市轨道交通高架桥一般比较长且平,宽度较窄,单线为5m,双线为9.5m,其对于基础沉降、桥墩刚度及桥梁工艺造型要求较高。

一、桥梁的组成

桥梁主要由上部结构、下部结构、支座、附属设施四部分组成,如图5-20所示。

上部结构,也叫桥跨结构,直接承担"作用"(使用荷载),并传递到下部结构。

下部结构,包括桥墩、桥台以及墩台基础。其中,桥墩,将上部结构的荷载传递到基础中;桥台,承担并传递上部结构荷载,抵御路堤土压力;基础,承受墩台传递的荷载并将桥梁结构的反力传递到地基。

支座，传递荷载，并保证桥梁的温差变位要求。

附属设施包括桥面系、桥头锥形护坡、护岸、导流结构物等。

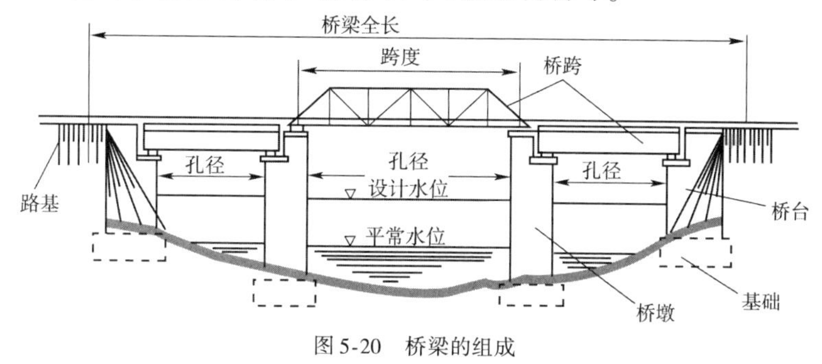

图 5-20　桥梁的组成

二、桥梁的分类

桥梁的种类很多、形式多样，一般可按桥梁的建造材料、桥梁长度、桥梁受力体系以及桥梁所跨越障碍物等加以区分。

1. 按照建造材料进行分类

按建造材料分类，桥梁可分为钢桥、钢筋混凝土桥、石桥等。

钢梁的重量轻、强度大、安装较方便，适合于建造跨度较大的桥梁。钢筋混凝土梁具有造价低、节省钢材、坚固耐用、养护工作量和噪声小等优点，因而得到了广泛的采用；在跨度为 20m 以下的桥梁中，世界各国大量采用钢筋混凝土结构的桥梁。石拱桥具有造价低、经久耐用、养护费用低，可就地取材，节省大量的钢材和水泥等优点，但它的适用范围比钢筋混凝土桥小得多。

2. 按照桥梁的长度进行分类

按照桥梁的长度分类，桥梁可分为小桥、中桥、大桥和特大桥。

(1)小桥指长度在 20m 及以下的桥梁。

(2)中桥指长度在 20～100m 的桥梁。

(3)大桥指长度在 100～500m 的桥梁。

(4)特大桥指长度在 500m 以上的桥梁。

3. 按照桥梁所跨越障碍物进行分类

按其所跨越障碍物的不同，桥梁主要可分为跨河桥、立交桥和高架桥等。

(1)跨河桥的作用在于跨越江河、湖泊等天然障碍。这类桥梁的孔径大小和桥下净空高度，不仅要考虑泄洪排水的需要，还要满足桥下通航的要求。跨河桥如图 5-21 所示。

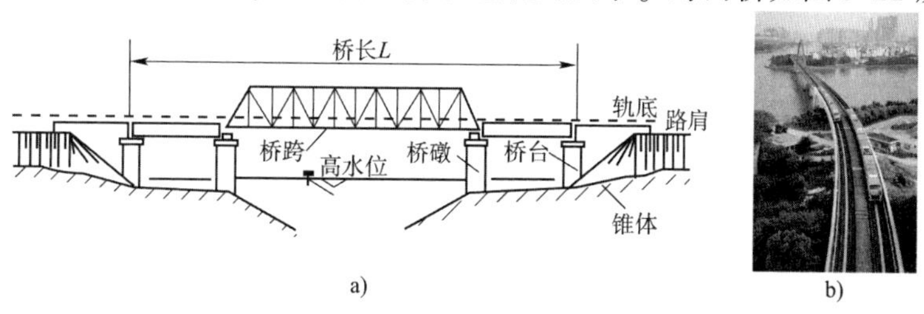

a)　b)

图 5-21　跨河桥

(2)立交桥的作用在于跨越公路、铁路等有关道路,使各种交通相互独立,互不干扰,如图 5-22 所示。

(3)高架桥的作用在于跨越山谷、洼地以代替高路堤,或者跨越不可拆的建筑物以及在城市内实现立体交通。城市轨道交通中的高架线路正是使用高架桥作为轨道铺设载体的,这种桥梁既降低了城市轨道交通的造价,也较大程度地节约了有限的城市用地。地铁高架桥如图 5-23 所示。

图 5-22 立交桥

图 5-23 城市轨道交通高架桥

4.按照受力体系分类

按受力体系,桥梁主要分为梁桥、拱桥、刚架桥、悬索桥、斜拉桥等。

(1)梁桥,主梁受弯,在竖向荷载作用下无水平反力的结构,如图 5-24a)所示。

(2)拱桥,拱受压,在竖向荷载作用下,两拱脚产生水平反力的结构,如图 5-24b)所示。

(3)刚架桥,构件受弯压,在竖向荷载作用下,柱脚处同时产生竖向和水平反力。

(4)悬索桥,缆索受拉,通过对桥塔的压力和锚碇结构的拉力传至基础和地基,如图 5-24c) 所示。

(5)斜拉桥,悬索与梁式结构的组合,如图 5-24d)所示。

a)梁桥

b)拱桥

图 5-24

c)悬索桥

d)斜拉桥

图 5-24 各式桥梁

三、常见的城市轨道交通桥梁

城市轨道交通桥梁的造型应与城市景观相协调。站间高架桥的高跨比既要考虑到经济因素,又要考虑到美观要求;高架车站的造型要有地区特色,简明大方而不追求豪华;站间桥梁要注意防排水、伸缩缝、栏杆、灯柱、防撞墙等配套设施的功能完善和外观鲜明;桥梁在必要地段要设置声屏障以减轻车辆运行的噪声扰民;桥上应设置养护、维修人员及疏散乘客的安全通道。

1. 梁的形状

城市轨道交通线路的桥梁结构主要为梁式桥,其形状主要有槽形梁、脊梁和板梁等。

(1)槽形梁结构

槽形梁一般是预应力混凝土结构,属于下承式桥梁,基本结构包括车道板、主梁和端横梁三大部分,如图 5-25 所示;各部分的横截面组成,如图 5-26 所示。

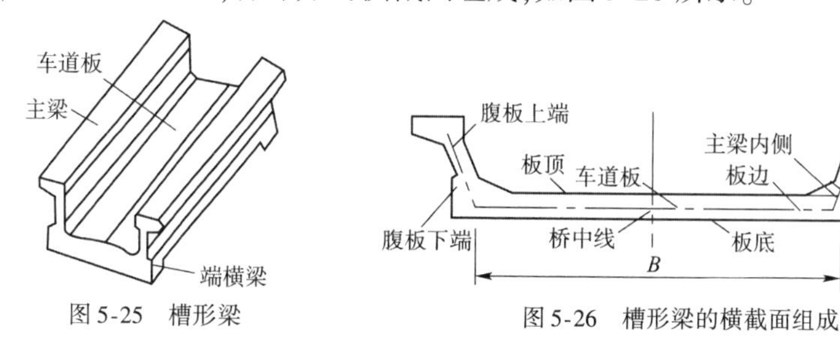

图 5-25 槽形梁

图 5-26 槽形梁的横截面组成

槽形梁的优点:建筑高度低,两侧的主梁还可提供音屏作用,而且预拱度很小,收缩、徐变影响不大。缺点:存在工程数量大,现场浇筑和张拉预应力工作量大,施工复杂、进度慢等。槽形梁的装配方案有纵向分块和横向分块两种。

(2)脊梁结构

脊梁结构分上承式和下承式两种,如图 5-27 所示。上承式是在单箱梁的上部带大悬臂挑臂结构;下承式是在脊梁的下底板位置带大悬臂挑臂结构。城市轨道交通大多采用后者。下承式脊梁翼板结构的横断面是由脊梁、大挑臂翼板和挡板(边梁)三部分组成。这种结构主要靠脊梁来承受纵向弯矩,挑臂板作为行车道板,同时将列车荷载传到脊梁上,挡板主要是防止噪声和作为防护车辆倾覆的保护体,也可以作为结构的一部分,起边梁作用,改善挑臂的受力。

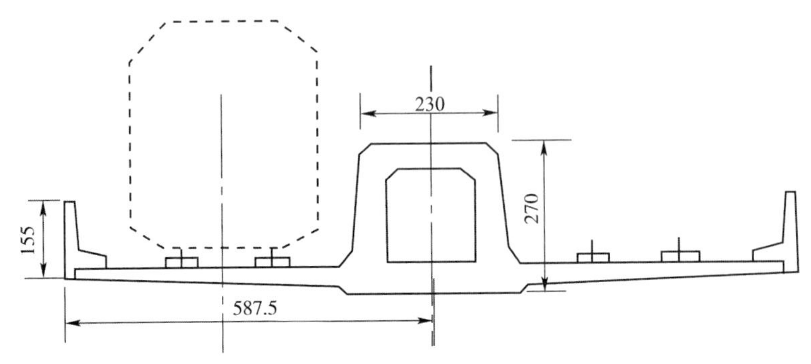

图5-27 脊梁结构(尺寸单位:cm)

下承式脊梁结构具有如下优点:建筑高度低,有利于城市高架结构的线形布置和施工;通常采用预制构件拼装的方法,施工速度快、方便;结构上部能够满足人员检修、乘客疏散、电杆位置的设置等需要;脊梁式结构自身就是一个防噪体系,减少左右相向行驶车辆的相互干扰,同时减少车辆噪声对周围环境的影响;外形美观,融入周围自然景色,美化了环境。

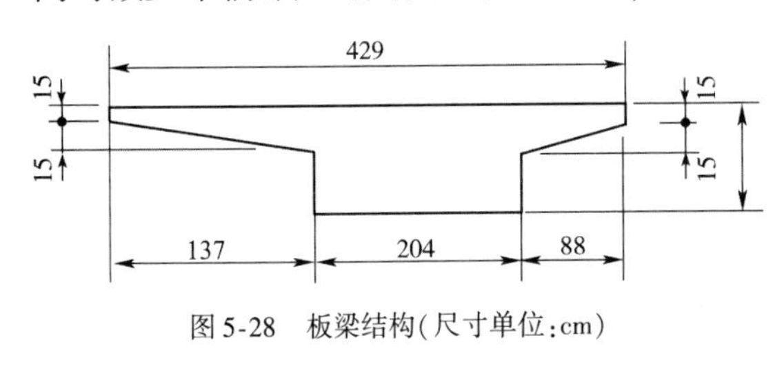

图5-28 板梁结构(尺寸单位:cm)

(3)板梁结构

板梁结构为上承式桥梁,其截面形状(图5-28)应在满足结构强度、刚度的要求下尽量压低板高、减轻板重,从而降低桥高、减少混凝土和钢材的用料,同时满足造型要求。

2. 墩台形状

高架桥的墩台除需具有足够的强度和稳定性及承受荷载外,还需要考虑美观;合理选型能使上下部结构协调一致,轻巧美观,并与城市环境和谐、匀称、协调,使行人有一种愉快的感觉。同时,由于交通立交,要求桥墩位置和形状要尽量多透空,保证行车有较好的视线。高架桥的墩台一般有如下几种形式。

(1)T形墩台

T形桥墩的特点是自重小,节省圬工材料,能减少占地面积,是城市轻轨高架桥最常用的桥墩形式。墩身可做成圆柱、矩形、六角形等,具有较大的强度和刚度,其与上部结构的轮廓线过渡平顺,受力合理,如图5-29和图5-30所示。

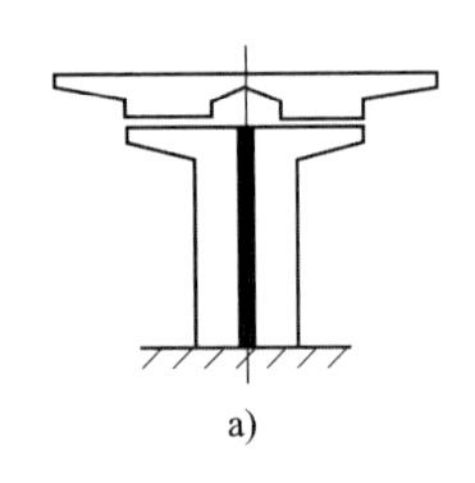

a)

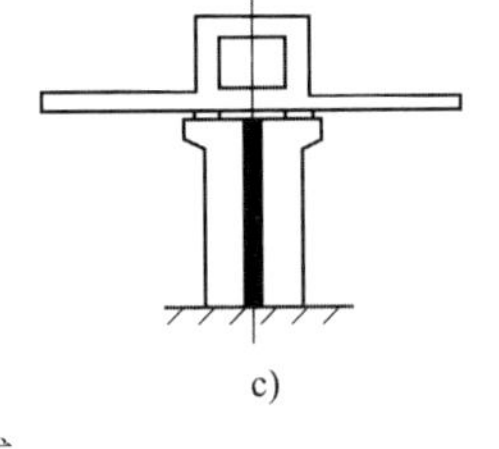

b)

c)

图5-29 T形墩台的形式

图5-30 T形墩台

(2)倒梯形桥墩

倒梯形桥墩的特点是构造简单,施工方便,受力合理,具有较大的强度、刚度和稳定性。对于单箱单室箱梁和脊梁来说,选用倒梯形桥墩在外观和受力上均较合理,如图5-31所示。

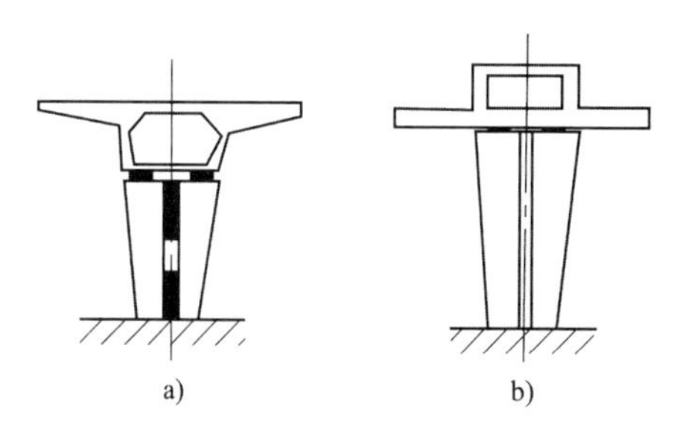

a) b)

图5-31 倒梯形桥墩

(3)双柱式桥墩

双柱式桥墩的特点是重量较轻,体积小,圬工省,透空空间大,稳定性好,结构轻巧,所适用的上部结构较灵活,此种桥墩适用各种结构的梁,如图5-32和图5-33所示。

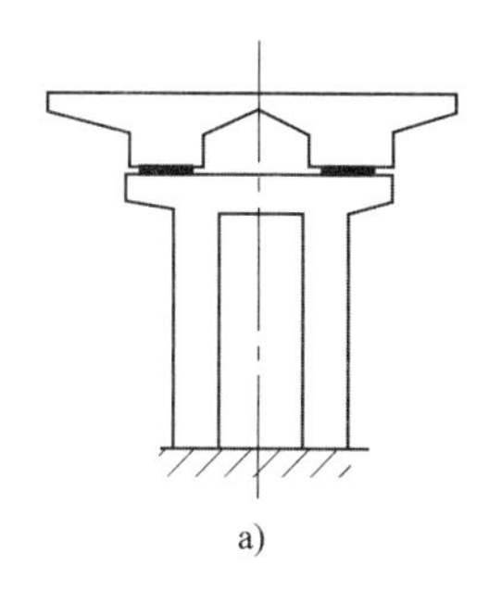

a)

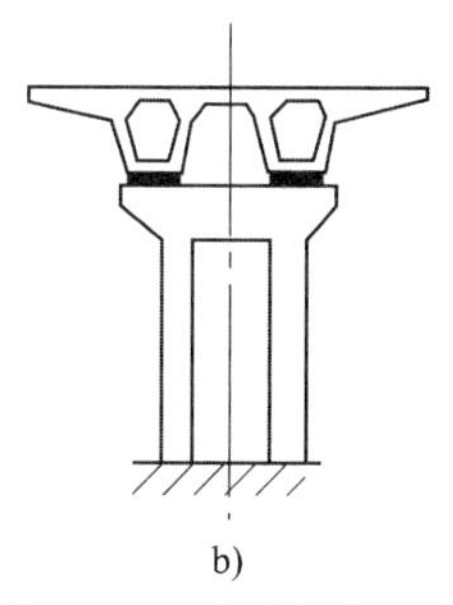

b)

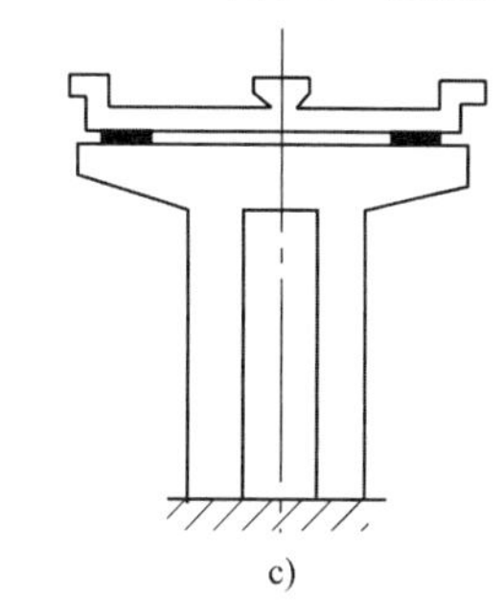

c)

图5-32 双柱式桥墩形式

a)

b)

图5-33 双柱式桥墩

(4)Y形桥墩

Y形桥墩结合了T形桥墩和双柱式桥墩的优点,其下部呈单柱式,占地面积小,有利于桥下交通,通透性好;其上部呈双柱式,对盖梁工作条件有利,无须施加预应力,造型轻巧,比较美观,施工虽然比较复杂但是无太大困难,如图5-34所示。

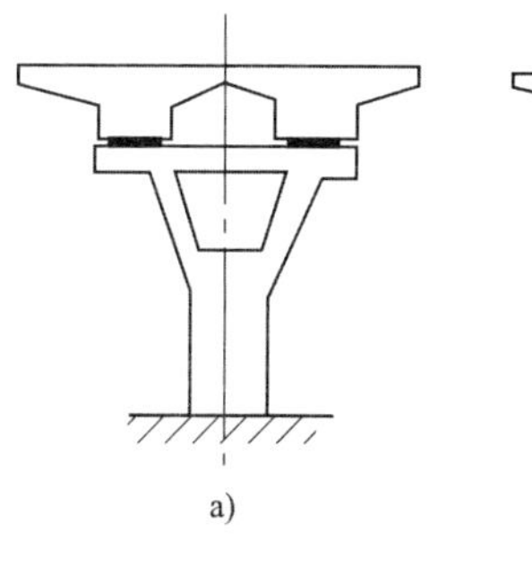

a)

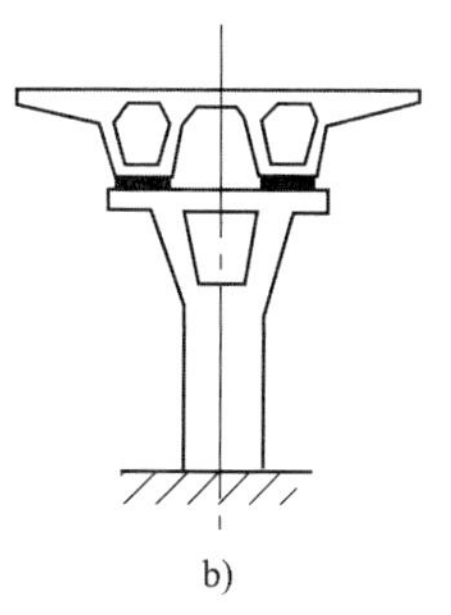

b)

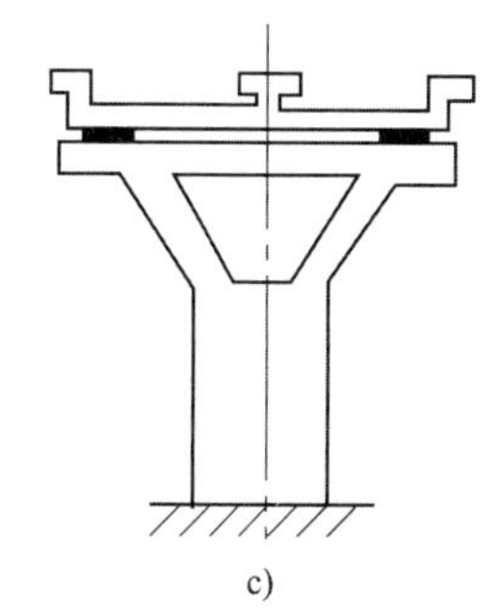

c)

图5-34 Y形桥墩

自主学习

您所在城市或邻近城市的城市轨道交通桥梁的主要类型有哪些?

单元 5.3 地下隧道与盾构施工

一、概述

地下隧道在城市轨道交通线路中占有较大比重,因此通常将地铁称为地下铁道。地铁在地下运行,对地面上的其他交通工具无干扰,其运输能力不受气候影响,也避免了地面轻轨和高架交通所产生的噪声对城市的污染,在战争期间还可作为民用防空设施,所以地铁的优点非常明显,但是地铁造价昂贵,应充分进行技术经济比较后,分区段确定线路方案。

地下线路铺设在隧道中,连接两个地铁车站之间的隧道称为区间隧道,如图 5-35 所示。区间隧道衬砌结构与构造主要取决于隧道的用途、沿线地形、地物、水文地质、工程地质条件、施工方法、环境要求、维修管理、工期要求及投资高低等因素。

地层情况的变化直接影响施工方法的确定,不同的施工方法对应的投资差别较大。区间隧道的开挖大多沿闹市区的街道下面,开挖必然引起地面沉降;如何控制地面沉降量,不致影响既有建筑物的安全,是城市轨道交通施工所面临的一大课题。地下隧道施工方法有明挖法、矿山法、暗挖法、沉管法、掘进机法、顶管法和盾构法等,其中盾构法在城市轨道交通区间隧道施工中大量应用,具有机械化程度高、地面影响小、安全、工人劳动强度低、进度快等优点,特别适合城市轨道交通区间隧道工程。

我国是 20 世纪 50 年代开始引进盾构法修建隧道工程的。1970 年,上海隧道工程公司使用直径为 10.2m 的挤压式盾构,修建了穿越黄浦江的第一条水下隧道,从而实现了中国用盾构法修建隧道“零”的突破。1988 年完工的另一条黄浦江水下隧道——延安东路北线隧道,盾构施工段长 1476m,线路平面呈 S 形,曲率半径为 500m,纵坡为 3%。该隧道除穿越黄浦江外,还要在高层建筑群和地下管线等重要环境保护地段通过,是用我国自行设计和制造的直径为 11.3m 的网格式水利机械盾构修建的。进入 20 世纪 90 年代,上海地铁 1 号线采用法国 FCB 公司设计的盾构(其车架、拼装机、螺旋机、皮带机、搅拌机等设备在上海配套制造)完成了总长 18.5km 的单线圆形区间隧道(内径为 5.5m、外径为 6.2m)施工。盾构施工贯通如图 5-36 所示。

图 5-35 区间隧道

图 5-36 盾构施工贯通

二、施工方法

城市轨道交通隧道的施工方法通常有明挖法、暗挖法、特殊施工方法。

1. 明挖法

先从地面向下开挖基坑至设计高程,然后在基坑内的预定位置自下而上地建造主体结构及其防水措施,最后回填土并恢复路面的方法,称为明挖法。明挖法通常在场地开阔、地面建筑物稀少、埋设深度较浅、交通及环境允许的地段使用。明挖法具有施工速度快、造价较低、工程质量易于保证等优点,同时具有土方工程量大,影响地面交通等缺点,所以在条件合适的情况下通常采用明挖法修建,如图 5-37 所示。北京地铁 1 号线西段及 2 号线建设较早,均采用明挖法施工。

图 5-37 明挖法

当城市地面空间足够时,可以采用明挖法修筑隧道。明挖结构的基坑可分成放坡开挖和护壁(地下连续墙)施工两大类。放坡开挖法的特点是费用低,但施工影响面广、条件限制多(市区不宜)、埋深有限制(深埋式不可能)、地质条件要求高、气候影响施工等,仅在场地开阔、埋深浅和环境允许时采用。护壁施工法的特点是对地面影响减少,地质条件限制放宽,技术要求提高,需要专门施工机械,较适合于城市中心区施工,包括车站、区间隧道均可采用。

地下连续墙及灌注桩支护宜作为主体结构侧墙的一部分与内衬墙共同受力。墙体的结合方式根据使用、受力及防水等要求,可选用叠合式或复合式构造。其确实能满足耐久性要求时,可将地下连续墙作为主体结构的单一侧墙。

明挖结构的基坑护壁有锚喷支护、土钉墙、重力式挡墙和桩、墙式围护结构等多种形式。其选型应综合考虑周围环境、现场工程地质和水文地质条件、围护结构的使用目的、基坑深度和安全等级等因素,结合土方开挖、降水和地层加固等辅助措施,通过技术经济比较确定。

明挖修建的隧道通常采用矩形截面(图 5-38),其内轮廓与地铁限界接近,能充分利用内部净空。由于埋设深度较浅,矩形截面的衬砌结构受力合理,其顶板上方还便于铺设城市地下管网设施。

衬砌结构因具体的施工方法不同,又有整体浇筑结构和预制件装配结构之分。其结构形式还有单跨、双跨和多跨等。

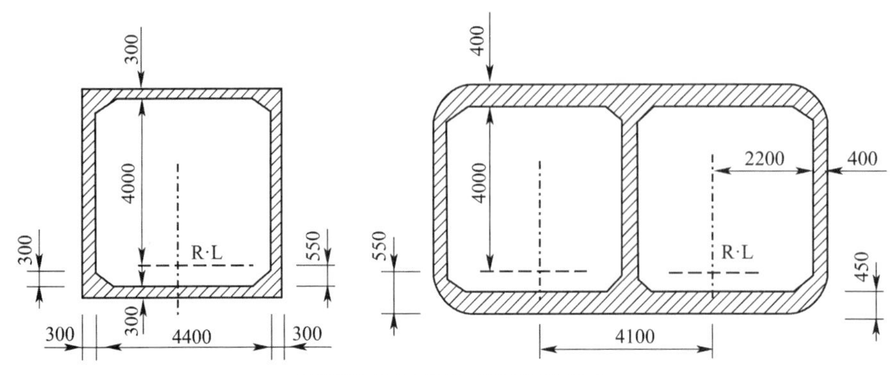

a)明挖法修建的整体式衬砌结构形式

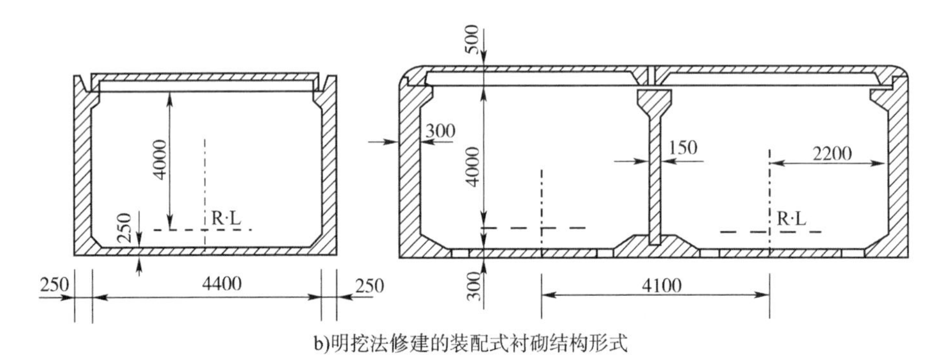

b)明挖法修建的装配式衬砌结构形式

图 5-38　隧道矩形截面图(尺寸单位:mm)

2. 暗挖法

城市轨道交通区间隧道的暗挖法主要有盾构法、矿山法和新奥法。

(1)盾构法

盾构法是指使用圆形钢壳结构保护、开挖、推进、拼装、衬砌和注浆等作业的暗挖施工方法。盾构机是松软地层中修建隧道的专门机具,盾构既是一种施工机具,又是一种强有力的临时支撑结构,其开挖和衬砌工作均在盾壳保护下进行。盾构法是目前地铁常用的施工方法,具有振动小、施工速度快、安全可靠,对沿线居民生活、地下和地面构筑物及建筑物影响小等优点。

盾构法

盾构机沿其长度可分为前部、中部、后部三部分。其中,前部称为切口环,切口环是为了保护开挖面的稳定和作业空间的安全而设置的;中部称为支撑环,支撑环连接着切口环和盾尾使盾构机构成整体,是盾构结构的重要组成部分;后部称为盾尾,在其周边内装有一组盾构千斤顶,在盾尾中设有组装机,主要用于组装预制衬砌管片。盾构机的断面形式有圆形或椭圆形、半圆形、马蹄形、箱形。大多数盾构机为圆形,如图 5-39 所示。

图 5-39　盾构机的组成

前沿技术

“飞天有神舟,潜海有蛟龙,追风有高铁,入地有盾构”,我国在关键技术领域取得的多项重大突破令人振奋。盾构机是一种全断面隧道掘进机。“盾构”之“盾”,是指在一段钢筒的保护下,完成隧道掘进与排渣;而“盾构”之“构”则是指在掘进、排渣的同时,用预制混凝土管片,构建起隧道的坚实壁面。因此,盾构机被称为“世界工程机械之王”,广泛应用于城市轨道交通、高铁、公路、市政、水电等隧道工程建设。

人们常说21世纪是地下空间的世纪,有效开发利用地下资源,拓展人类生存、生产环境,已成为当今世界的重要发展方向。进入21世纪以来,随着我国经济社会的快速发展,我国地下工程掀起了采用盾构法隧道施工的高潮。盾构机是一个国家综合制造能力的体现,是名副其实的大国重器。然而,由于不掌握核心技术,在很长一段时间内,我国的盾构机只能依赖进口,一旦设备出现故障就只能停工,花高价请国外工程师来维修,每天都要承受近百万元的损失。2006年,国务院正式将盾构机的研制列入16项重大技术装备之一。2008年我国研发制造了第一台具有自主知识产权的复合式土压平衡盾构机——中国中铁1号,实现了从0到1的跨越,如图5-40所示。2009年,中铁装备成立,在郑州建立了国内最大盾构机研发制造基地,拉开了中国盾构机产业化的序幕。

a)2008年中国中铁1号下线

b)2009年中国中铁1号首次在天津地铁3号线应用

图5-40 “中国中铁1号”

2013年12月,我国成功研制了超大断面矩形盾构机,首次将矩形盾构机用于城市地下隧道和地下停车场的施工;2016年10月,为浩吉铁路白城隧道定制世界首台马蹄形盾构机——“蒙华号”,应用项目获2018年ITA(世界隧道协会)“科技项目创新奖”,标志着中国在异形盾构机领域处于世界领先水平;2017年,中国盾构机的产销量攀升至全球第一,在越来越多的工程项目、施工现场中,可以看到中国盾构机作业的雄姿;2020年10月29日,中国中铁1000号盾构机下线,我国盾构机实现了从1到1000的飞跃,如图5-41所示。

如今,我国已成为盾构机设计制造的世界强国,从进口盾构机到开始批量出口盾构机,我国自主设计制造的盾构机已出口到了五大洲24个国家,在“一带一路”沿线国家和东南亚国家以及欧洲国家,实现了盾构装备的“逆袭”。中国盾构机走出国门,并不是单一地出口大型装备,而是将“大型装备、施工技术、精细管理、中国标准、中国品牌”集中打包“走出去”,这是中国装备制造的一个历史性跨越。

图 5-41 2020 年中国中铁 1000 号盾构机下线

我国将研究新技术来实现领跑,朝信息化、无人化和智能化方向发展。新技术采用最先进的虚拟现实技术——VR 和 AR 技术,不管是设计人员,还是生产工程师、装配人员,包括售后服务、维修保养和操作盾构的司机,都可以用最先进的虚拟样机,就是从 VR 虚拟的整个盾构施工和硬岩掘进的全过程来看,在不同地质条件下,如果遇到故障,遇到意想不到的情况,应该如何来处理。同时也在运用华为的 5G 技术来做盾构的整个监控系统,实现设计、制造、生产、运维到整个产业链配套的各个环节都共享数据,争取把盾构产业打造成中国制造一张新的金名片。

盾构法修建的区间隧道衬砌有预制装配式衬砌、预制装配式衬砌和模筑钢筋混凝土整体式衬砌相结合的双层衬砌以及挤压混凝土整体式衬砌三大类。盾构法衬砌形式如图 5-42 所示。

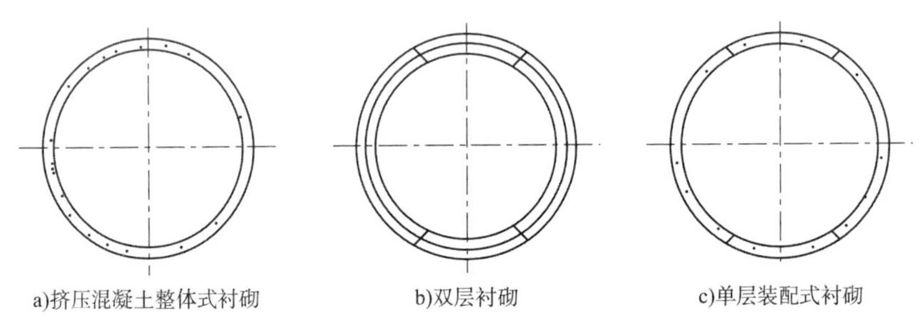

a)挤压混凝土整体式衬砌　b)双层衬砌　c)单层装配式衬砌

图 5-42 盾构法衬砌形式

(2)矿山法

矿山法是指在岩土体内采用人工、机械或钻眼爆破等开挖岩土修筑隧道的施工方法。施工主要包括全断面法、台阶法、下导坑漏斗棚架法及上下导坑先拱后墙法等。我国现有的铁路隧道大部分采用矿山法修筑而成。

由于矿山法施工的理论基础是传统的结构力学,其基本假定与实际隧道的工作状态相差甚远。另外,在施工中需要大量的钢材和木材作为临时支撑,工人的劳动强度大,施工环境差,因此近年来已逐渐被新奥法所取代。

(3)新奥法

新奥法是新奥地利隧道施工法的简称,是指利用围岩的自承能力和开挖面的空间约束作用,采用以锚杆、喷射混凝土和钢支撑为主要支护手段,及时对围岩进行加固,约束围岩的松弛和变形,并通过对围岩和支护结构的监控、测量进行施工指导的暗挖方法。它的基本观点是:围岩既是隧道结构的荷载,又是承受岩体压力的承载体,即围岩本身具有承载能力;围岩的自承载能力只有通过围岩的变形才能发挥出来,因而隧道开挖后允许围岩发生变形,同时要限制围岩的变形量,不致由于变形过大而使岩体松弛甚至坍塌,所以最理想的支护结构应当是能随围岩共同变形的柔性支护;在实践过程中证明这种柔性支护为喷混凝土和锚杆支护;由于允许围岩发生变形,为了掌握围岩和支护的实际工作情况,在施工的各个阶段,应进行现场监测,及时反馈位移或应力等信息,以指导施工和修改设计。新奥法如图 5-43 所示。

新奥法施工按其开挖断面的大小及位置划分，基本上可以分为全断面法、台阶法、分部开挖法三大类。城市轨道交通区间隧道采用新奥法施工时，一般采用拱形结构，其基本断面形式为单拱、双拱和多跨连拱。

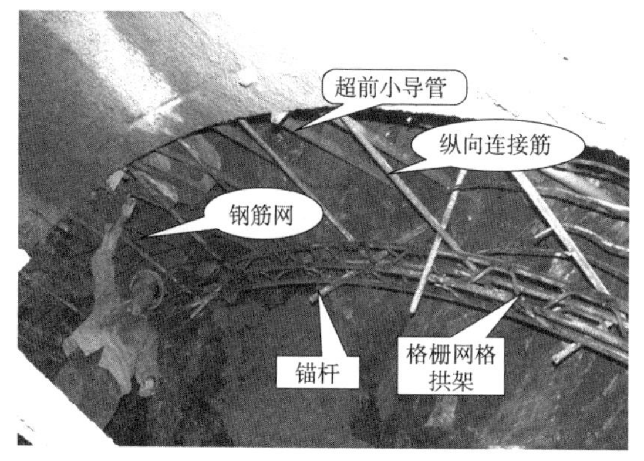

a)全断面法

b)台阶法

图 5-43 新奥法

①全断面法是将隧道设计轮廓线一次钻爆成型。其优点是工序少，相互干扰少，便于组织施工和管理，工作空间大，便于采用大型施工机具。

②台阶法施工是将开挖断面分成两步或多步，台阶法可根据台阶的长短划分为长台阶法、短台阶法和超短台阶法。

沉管法

3. 特殊施工方法

特殊施工方法有沉管法和顶进法。

(1)沉管法

沉管法是指在水域中主要由若干预制完成的基本结构单元，将其通过浮运、沉放、水下对接形成的隧道。该方法提前将隧道管段分段预制，并在每段两端设临时止水头部；施工时先将隧道管段浮运至隧道轴线处，沉放在预先挖好的地槽内，并将所有管段进行水下连接；然后移去临时止水头部，回填基槽保护沉管；最后铺设隧道内部设施，形成一个完整的水下通道。沉管法如图 5-44 所示。

图 5-44 沉管法

沉管隧道对地基要求较低，特别适用于软土地基、河床或海岸较浅地段的隧道施工。由于其埋深小，包括连接段在内的隧道线路总长较采用暗挖法和盾构法修建的隧道明显缩短。沉管断面形状可按实际需求预制，选择灵活，并且管段预制量容易控制。基槽开挖、管段预制、浮运沉放和内部铺装等各工序可平行作业，彼此干扰相对较少。在大江、大河等宽阔水域构筑隧道，沉管法是最经济的施工方法。

(2)顶管法

顶管法是指通过传力顶铁和导向轨道，用支承于基坑后座上的液压千斤顶将预制箱涵或管节逐节压入土层中，同时挖除并运走其正面泥土的施工方法，如图 5-45 所示。

图 5-45　顶管法

对于采用顶管法施工的结构，当长度较大时应分节顶进。分节长度可根据地基土质、结构断面大小及控制顶进方向的要求确定，首节长度宜为中间各节长度的1/2，节间接口应能适应容许的空间变形并满足防水要求。

二、地下隧道的埋深

1. 浅埋式

当轨面到地面的高差小于20m时，一般采用明挖法施工，为矩形断面。浅埋式施工的特点是施工方便，造价低，运营费用低，乘客出入方便。

2. 深埋式

当轨面到地面的高差大于20m时，采用暗挖施工。根据施工方式不同，可以设计为矩形断面（如地下连续墙施工方法），也可以采用圆形断面（如盾构法），以及采用椭圆形断面。深埋式施工的特点对地下管线影响小，并在施工期间对地面交通影响小，避让地下建筑障碍及地质困难地段较有利，受气候影响小，具有较强军事功能。

三、地下隧道的断面

地下隧道的横断面有矩形、圆形、拱形、椭圆形、多圆形等类型，但最多的是矩形断面和圆形断面。通常，车站前后为矩形断面，区间为圆形断面。

由于区间隧道施工多采用盾构法，有条件多采用“高站位、低区间”纵断面的形式。“高站位、低区间”的纵断面可节省车站工程费用；缓和与地下管线、构筑物之间的矛盾；列车进站上坡有利制动，出站下坡有利加速，节能省电，减少隧道温升。为解决区间隧道最低处的排水问题，通常设计了联络通道，并在上、下行隧道之间设置排水泵房，以排除区间隧道的渗漏水和其他积水。

四、盾构施工法

盾构是在钢壳体保护下完成隧道掘进、出渣、管片拼装等作业，由主机和后配套设备组成的全断面推进式隧道施工机械设备。根据开挖面的稳定方式，分为土压平衡式盾构、泥水平衡式盾构。

盾构法就是使用盾构设备修建隧道的方法，它是使用盾构在地下掘进，在防止开挖面坍塌和保持开挖面稳定的前提下，同时在机内安全地进行隧道的开挖作业和衬砌作业，从而构筑成隧道的施工方法。盾构法是一项综合性的施工技术，盾构法施工的概况如图5-46所示。构成盾构法的主要内容是：先在隧道某段的一端建造竖井或基坑，以供盾构安装就位。盾构从竖井或基坑的墙壁预留孔处出发，在地层中沿着设计隧道轴线，向另一竖井或基坑的设计预留孔洞推进。盾构推进中所受到的地层阻力，通过盾构千斤顶传至盾构尾部已拼装的预制衬砌，再传到竖井或基坑的后靠壁上。盾构法施工的核心，是一个既能支承地层压力，又能在地层中推进的圆形、矩形、马蹄形或其他特殊形状的钢筒结构。盾构隧道的基本断面形状是圆形，因为圆形断面抵抗地层中的土压力和水压力效果较好，衬砌拼装方便，构件通用性强，易于更换而应用广泛。随后陆续开发应用了多圆和异形盾构，其直径稍大于隧道衬砌的直径。在钢筒的前面设置各种类型的支撑和开挖土体的装置，在钢筒中段周围内安装顶进所需的千斤顶，钢筒尾部是具有一定空间的壳体，在盾尾内可以安置数环拼成的隧道衬砌环。盾构每推进一环距离，就在盾尾支护下拼装一环衬砌，并及时向盾尾后面的衬砌环外周的空隙中压注浆体，以防止隧道及地面下沉。盾构在推进过程中不断从开挖面排除适量的土方。

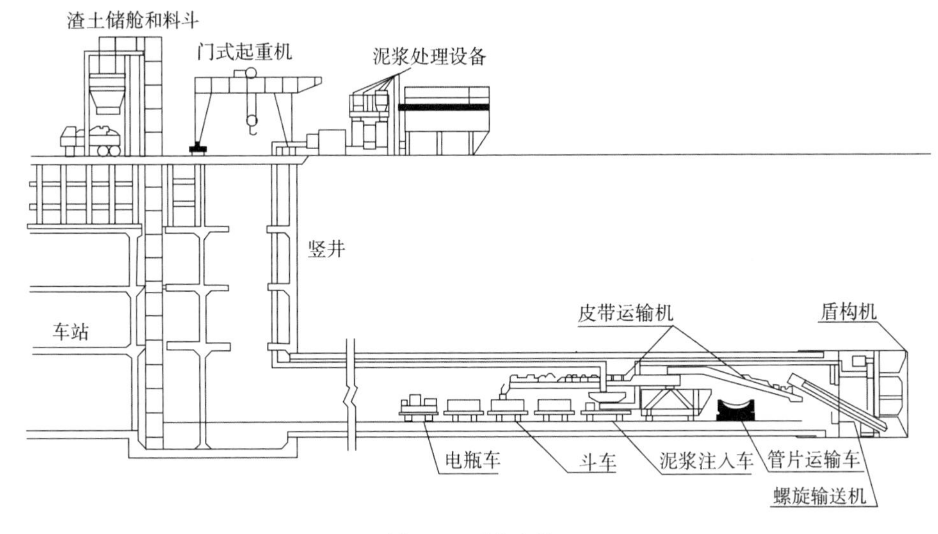

图5-46 盾构法施工

(一)盾构施工法的主要特点

盾构施工法的主要特点包括如下：

(1)盾构施工机械化程度高，其对地层的适应性好。

(2)能够承受围岩压力，施工安全。

(3)适用各种土层。

(4)地面作业很少(除竖井外)，隐蔽性好，由于噪声、振动等因素引起的环境影响小。

(5)隧道施工的费用和技术难度基本不受覆土深度的影响，适宜建造深埋隧道，其埋设深度可以很深而不受地面建筑物和交通的限制。

(6)在穿越河底或海底时，不影响通航，也不受气候的影响。

(7)在穿越地面建筑群和地下管线密集的区域时,对周围环境影响较小。

(8)盾构推进、出土、拼装衬砌等主要工序循环进行,易于管理,施工人员较少。

(9)工程造价相对较高。

(10)施工工期短。

(二)盾构支护

管片作为盾构开挖后的一次衬砌,支撑作用于隧道上的土压和水压,防止隧道土体坍塌、变形及渗漏水,是隧道永久性结构物,并且要承受盾构推进时的推力以及其他荷载。

1. 管片的种类

(1)按断面形式分类

管片按断面形式的不同可分为箱形(含中字形)、平板形,如图5-47所示。箱形管片是指因手孔较大而呈肋板形结构的管片总称,钢筋混凝土箱形管片又称为中字形管片。手孔大不仅方便螺栓的穿入和拧紧,而且节省了大量的材料,并使单块管片重量减轻。箱形管片通常使用在大直径隧道中,但若设计不当时,在盾构推进油缸的作用下容易开裂。平板形管片是指手孔较小而呈曲板形结构的管片,由于管片截面削弱小,对盾构推进油缸具有较大的抵抗能力,正常运营时对隧道通风阻力也小。

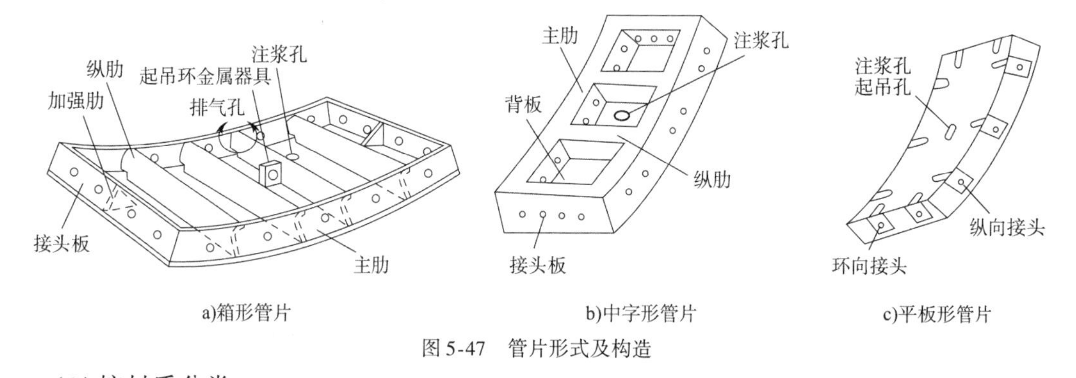

图5-47 管片形式及构造

(2)按材质分类

①钢管片。

钢管片的优点是重量轻、强度高、组装运输方便、可任意安装加固材料、加工简单;缺点是耐锈蚀性差、成本昂贵、金属消耗量大。钢管片比钢筋混凝土管片具有更大的承受不均匀荷载和变形的能力,常用于隧道通过高层建筑或桥梁等局部荷载下,以及地层不均匀的地段。钢管片如图5-48所示。

②球墨铸铁管片。

球墨铸铁管片的优点是重量轻、强度高、耐腐蚀性好、制作精度高、接头刚度大、拼装精度高,只在少数特殊衬砌和承受特殊荷载的地点选用(如隧道联络通道、急转弯处等);缺点是成本较高,焊接困难。

③钢筋混凝土管片。

由于施工条件和设计方法的不同,钢筋混凝土管片具有不同的形式:按管片手孔成形大小区分,钢筋混凝土管片可大致分为箱形和平板形两类;按照配筋,钢筋混凝土管片又可分为浅埋管片、中埋管片以及深埋管片,甚至还有超深埋管片。在管片生产时,根据盾构隧道设计埋深及地下水文地质情况,对混凝土管片进行分别配筋并使用抗压强度、抗渗强度不同的混凝土,深埋管片的配筋要求严格,管片抗压强度及抗渗强度要求高;中埋管片次之;浅埋管片要求最低。在我国北方地区,一般均为砂卵石层及粉细砂层,不作深埋、浅埋的区分;南方地区由于大都为黏性土层等,需要根据具体情况分为深埋、中埋、浅埋等。钢筋混凝土管片具有成本低、耐久性好,可构建实用、无障碍衬砌等特点。钢筋混凝土管片如图5-49所示。

图5-48 钢管片

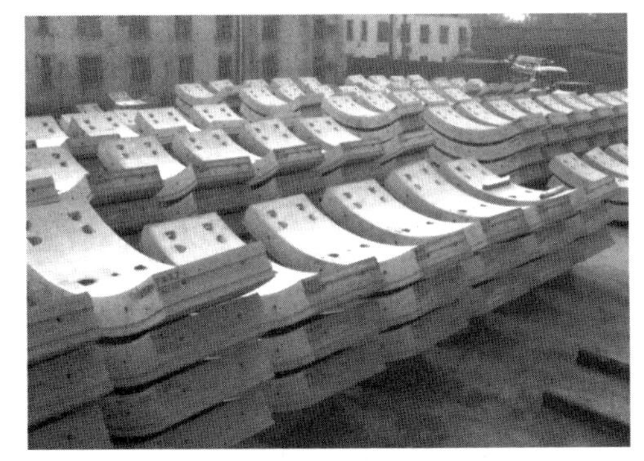

图5-49 钢筋混凝土管片

除此之外,还有钢与混凝土复合型管片、纤维混凝土管片等。

(3)按适用线型分类

按适用线型,管片可分为楔形管片、通用管片。

①楔形管片。

具有一定锥度的管片称为楔形管片,如图5-50所示。楔形管片主要用于曲线施工和修正轴向起伏。管片拼装时,根据隧道线路的不同,直线段采用标准环管片,曲线段施工时采用楔形管片(左转弯环、右转弯环)。由楔形管片组成的楔形环有最大宽度和最小宽度,用于隧道的转弯和纠偏。用于隧道转弯的楔形管片由管片外径和相应的施工曲线半径而定。楔形环的楔形角由标准管片的宽度、外径和施工曲线的半径而定。采用这类管片时,至少需要3种管模,即标准环管模、左转弯环管模和右转弯环管模。

②通用管片。

通用管片是针对同一条等直径隧道而言的,如图5-51所示。该管片既适用于直线段隧道,也适用于不同半径的曲线段隧道。通用管片是由楔形管片拼装而成的楔形管环。所谓通用,就是把楔形管环实施组合优化,使得楔形管环能适用于不同曲率半径的隧道。

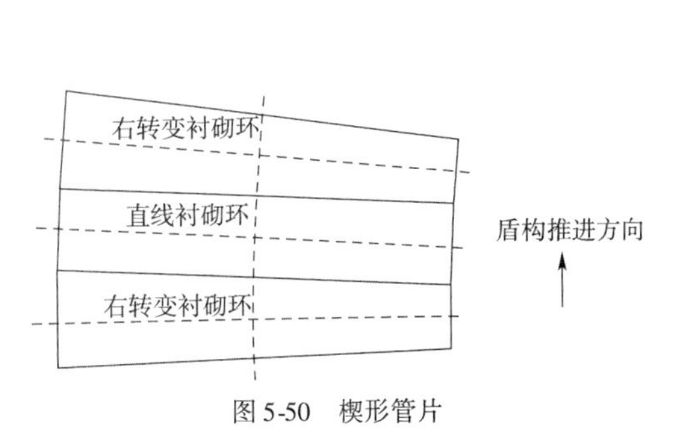

图5-50 楔形管片

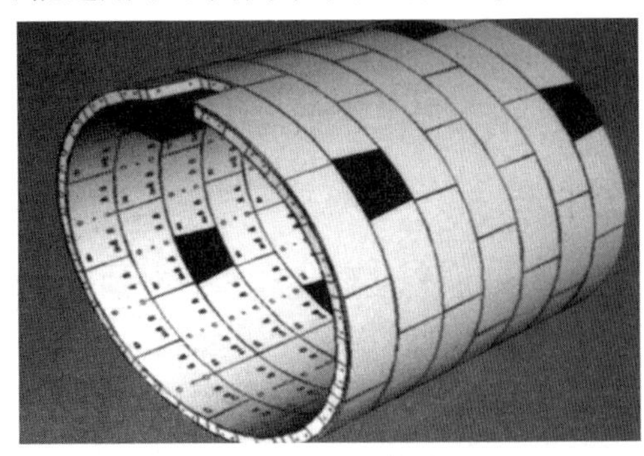

图5-51 通用管片

2. 管环的构造

(1)管环的构成

盾构隧道衬砌的主体是管片拼装组成的管环。管环通常由A型管片(标准块)、B型管片(邻接块)和K型管片(封顶块)构成,管片之间一般采用螺栓连接,如图5-52所示。

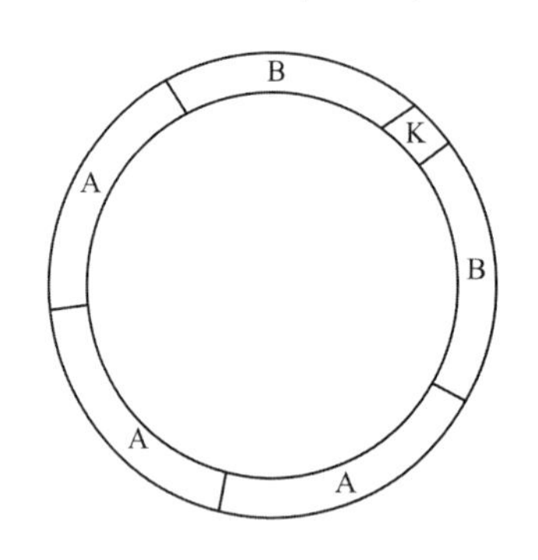

图5-52 管片组成

封顶块K型管片根据管片拼装方式的不同,有从隧道内侧向半径方向插入的径向插入型(图5-53)和从隧道轴向插入的轴向插入型(图5-54)以及两者兼用的类型。半径方向插入型为传统插入型,早期施工实例很多。但在B-K型管片之间的连接部,除了有弯曲引起的剪切力作用其上外,由于半径方向是锥形,作用于连接部轴向力的分力也起剪切力的作用,从而使得K型管片很容易落入隧道内侧。因此,不易脱落的轴向插入型K型管片被越来越多地使用,这也与盾构隧道埋深加大,作用于管片上的轴向力比力矩更显著有关系。使用轴向插入型K型管片的情况下,需要推进油缸的行程要长些,因而盾尾长度要长些。有时在轴向和径向都使用锥形管片,将两种插入型K管片同时使用。径向插入型K管片为了缩小锥形系数,通常其弧长为A、B型管片的1/3~1/4;而轴向插入型K型管片,其弧长可与A、B型管片同样大小。

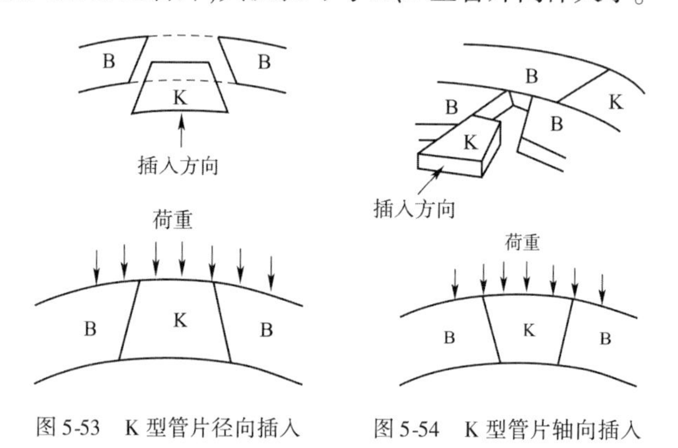

图5-53 K型管片径向插入　图5-54 K型管片轴向插入

(2)管环的分块

管环的分块数,从降低制作费用、加快拼装速度、提高防水性能的角度看,是越少越好。但如果管环的分块数过少的话,单块管片的重量增加,从而导致管片在制作、搬运、洞内操作及拼装过程中出现各种各样的问题。管环的分块数应根据隧道的直径大小、螺栓安装位置的互换性(错缝拼装时)而定。地铁隧道常用的分块数为6块(3A+2B+K)和7块(4A+2B+K)。

封顶块有大、小两种,小封顶块的弧长以S取600~900mm为宜。封顶块的楔形量宜取1/5弧长左右,径向插入的封顶块楔形量可适当取大一些。此外,每块管片的环向螺栓数量不得少于2根。

管环分块时需要考虑相邻环纵缝和纵向螺栓的互换性,同时尽可能地考虑让管片的接缝安排在弯矩较小的位置。一般情况下,管片的最长弧长宜控制在4m左右,管环的最小分块数为3块,小于3块的管片无法在盾构内实施拼装。

(3)管片的厚度和宽度

①管片的厚度。

管片的厚度要根据盾构外径、土质条件、覆盖土荷载决定,但它必须首先能承受施工时推进油缸的推力。管片的厚度过薄,极易在施工过程中损伤及引起结构的不稳定。管片的厚度一般需根据计算或工程类比而定。根据工程实践,管片厚度可取隧道外径的4%~6%,隧道直径大者取小值,直径小者取大值。计算式如下:

$$Hs=(0.04\sim0.06)D$$

式中:D——隧道的外径,m;

Hs——管片的厚度,m,对钢筋混凝土管片,一般取0.05m。

②管片的宽度。

管片的宽度从拼装性、弯道施工性方面讲,越小越好;从降低管片制作成本、提高施工速度、增强止水性能方面讲,则是越大越有利。在确定管片宽度时,必须考虑以上这些条件和盾构的长度。

管片宽度增加后,如不能确保管片的抗扭刚性,那么应力集中等的影响就会增大,与管片宽度方向的应力分布就不能保持一致,从而起不到梁构件的作用。另外,管片宽度加大后,推进油缸的行程需相应增长,从而造成盾尾增长,会直接影响盾构的灵敏度,因此管片也不是越宽越好。在实际工程中,应对各种条件加以分析后再决定管片的宽度。国内城市轨道交通隧道的钢筋混凝土管片最常用的宽度有1000mm、1200mm、1500mm三种。近年来,随着生产及吊运水平的提高,以及为节约防水材料、减少连接件等要求,国内11m级大直径隧道的钢筋混凝土管片的宽度扩大到2000mm。

(三)盾构掘进施工

1.盾构始发

盾构始发是指利用反力架和负环管片,将始发基座上的盾构机由始发竖井推入地层,开始沿设计线路掘进的一系列作业。

2.盾构始发流程

盾构始发流程图如图5-55所示。

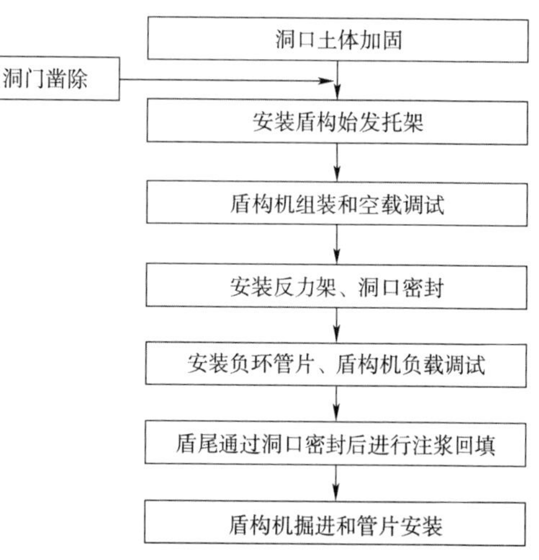

图5-55 盾构始发流程图

3.掘进施工

(1)土压平衡盾构掘进

土压平衡(Earth Pressure Balance)盾构,简

称 EPB 盾构。土压平衡式盾构机在机械式盾构的前部设置隔板,土仓和排土用的螺旋输送机内充满切削下来的渣土,依靠推进油缸的推力给土仓内的开挖土渣加压,使土压作用于开挖面以使其稳定。土压平衡式盾构机的支护材料是土壤本身。土压平衡式盾构机的工作原理为:刀盘旋转切削开挖面的泥土,破碎的泥土通过刀盘开口进入土仓,泥土落到土仓底部后,通过螺旋输送机运到皮带输送机上,然后输送到停在轨道上的渣车上。盾构在推进油缸的推力作用下向前推进,盾壳对挖掘出的还未衬砌的隧道起着临时支护的作用,承受周围土层的土压、地下水的水压以及将地下水挡在盾壳外面。掘进、排土、衬砌等作业在盾壳的掩护下进行。土压平衡盾构掘进如图 5-56 所示。

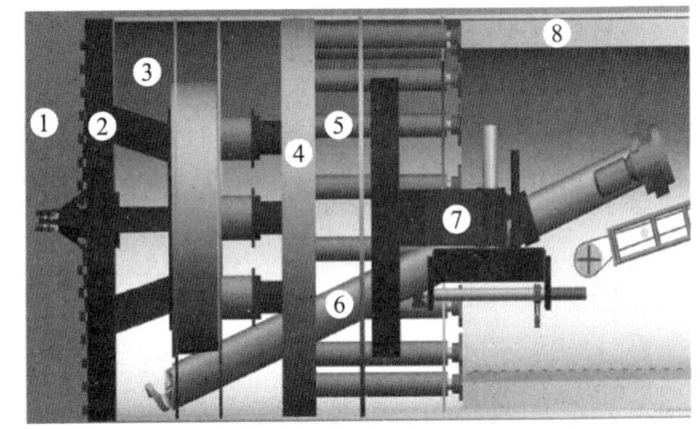

图 5-56 土压平衡盾构掘进

①-土体;②-刀盘;③-泥土仓;④-压力墙;⑤-千斤顶;⑥-螺旋输送器;⑦-管片拼装机;⑧-衬砌

土压平衡盾构一般有三种模式,即敞开模式、局部气压模式和土压平衡模式,如图 5-57 所示。每一种掘进模式具有不同的特点和使用条件。

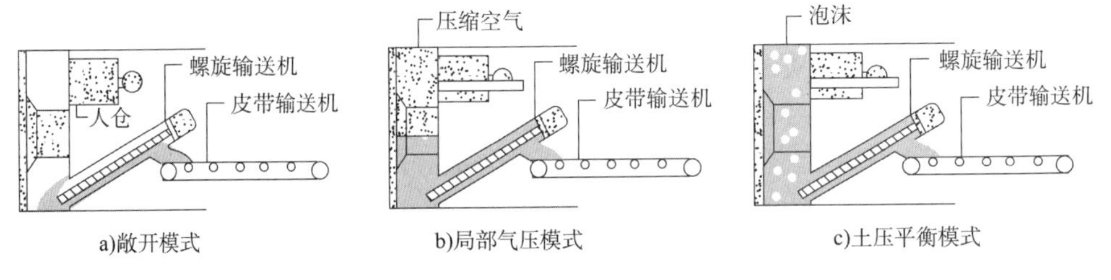

图 5-57 土压平衡盾构的三种掘进模式

①敞开模式。

土压平衡式盾构面对稳定性较好的岩层时,可以采用敞开式掘进,不用调整土仓压力。敞开模式掘进一般用于地层自稳条件比较好的场合,即使不对开挖面进行连续压力平衡,在短时间内也可保证开挖面不失稳,土体不坍塌。在能够自稳、地下水少的地层多采用这种模式。盾构切削下来的渣土进入土仓内立刻被螺旋输送机排出,土仓内仅有极少量的渣土,土仓基本处于清空状态,掘进中,刀盘和螺旋输送机所受反扭力较小。采用敞开模式掘进时,以滚刀破岩为主,采用高转速、低扭矩和适宜的螺旋输送机转速推进;同步注浆时,浆液可能渗流到盾壳与周围岩体间的空隙甚至刀盘处,为避免此现象发生,可采取适当增大浆液黏度、缩短浆液凝结时间、调整注浆压力、管片背后补充注浆等方法来解决。

②局部气压模式。

局部气压模式也称半敞开模式。土压平衡盾构对于开挖面具有一定的自稳性,可以采用半敞开模式掘进；调节螺旋输送机的转速，土仓内保持2/3左右的渣土，如果掘进中遇到围岩稳定但富含地下水的地层；或者施工断面上大部分围岩稳定，仅有局部会出现失压崩塌的地层；或者破碎带，此时应增大推进速度以求得快速通过，并暂时停止螺旋机出土，关闭螺旋机出土闸门，使土仓的下部充满渣石，向开挖面和土仓中注入适量的添加材料（如膨润土、泥浆或添加剂）和压缩空气，使土仓内渣土的密水性增加，同时使添加材料在压力作用下渗进开挖面地层，在开挖面上产生一层致密的“泥膜”。通过气压和泥膜阻止开挖面涌水和坍塌的现象发生，再控制螺旋机低速转动以保证在螺旋机中形成“土塞”，完全可以安全、快速地通过这类不良地层。掘进中土仓内的渣土未充满土仓，尚有一定的空间，通过向土仓内输入压缩空气与渣土共同支撑开挖面和防止地下水渗入。该掘进模式适用于具有一定自稳能力和地下水压力不太高的地层，防止地下水渗入的效果主要取决于压缩空气的压力。在上软下硬地层施工时多采用这种模式。在上软下硬地层施工时，滚刀破岩为主破碎硬岩，以齿刀、刮刀为主切削土层。在河底段掘进时，需要添加泡沫剂、聚合物、膨润土等改良渣土的止水性，以使土仓内的压力稳定平衡。

③土压平衡模式。

土压平衡式盾构对于开挖地层稳定性不好或有较多的地下水的软质岩地层时，需采用土压平衡模式（EPB模式）。此时，需根据前面地层的不同，保持不同的渣仓压力。

盾构在掘进开挖面土体的同时，使掘进下来的渣土充满土仓内，并且使土仓内的渣土密度尽可能与隧道开挖面上的土壤密度接近。在推进油缸的推力作用下，土仓内充满的渣土形成一定的压力，土仓内的渣土压力与隧道开挖面上的水压、土压等实现动态平衡，这样开挖面上的土壤就不会轻易坍落，既完成掘进又不会造成开挖面土体的失稳。土仓内的压力可通过改变盾构的掘进速度或螺旋机的转速（排渣土量）来调节，按与盾构掘削土量（包括加泥材料量）对应的排渣量连续出土，保证掘削土量与排渣量相对应，使土仓中的流塑性渣土的土压力能始终与开挖面上的水土压力保持平衡，保持开挖面的稳定性。压力大小根据安装在土仓壁上的压力传感器来获得，螺旋机转速（排土量）根据压力传感器获得的土压自动调节。

采用土压平衡模式掘进时，以齿刀、切刀为主切削土层，以低转速、大扭矩推进。土仓内土压力值应略大于静水压力和地层土压力之和，在不同地质地段掘进时，根据需要添加泡沫剂、聚合物、膨润土等以改善渣土性能，也可在螺旋输送机上安装止水保压装置，以使土仓内的压力稳定平衡。

（2）泥水盾构掘进

①泥水盾构的构成。

泥水盾构也称泥水加压式平衡盾构（Slurry Pressure Balance Shield），简称SPB盾构。泥水盾构是在机械式盾构的前部设置隔板，装备刀盘及输送泥浆的送、排泥管和推进盾构的推进油缸，如图5-58所示。在地面上还配有泥水处理设备，泥水盾构由以下五大系统构成：

a. 一边利用刀盘挖掘整个开挖面、一边推进盾构掘进系统。

b. 可调整泥浆物理性能，并将其送至开挖面，保持开挖面稳定的泥水循环系统。

c. 综合管理送排泥状态、泥水压力及泥水处理设备运转状况的综合管理系统。

d. 泥水分离处理系统。

e. 壁后同步注浆系统。

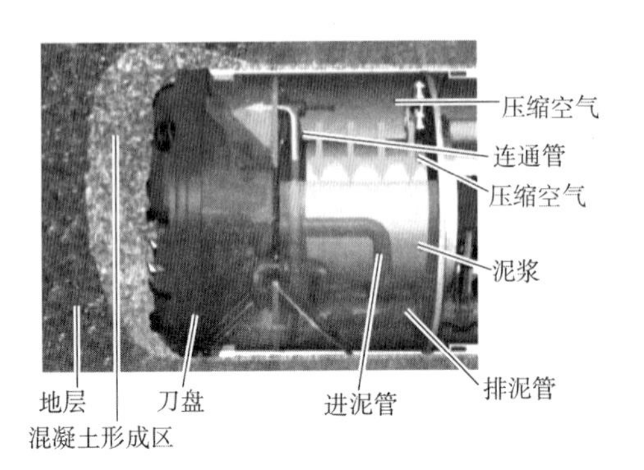

图5-58　泥水盾构掘进

泥水盾构利用循环悬浮液的数量(体积)对泥浆压力进行调节和控制,采用膨润土悬浮液(俗称泥浆)作为支护材料。开挖面的稳定是将泥浆送入泥水室内,在开挖面上形成不透水的泥膜,通过该泥水膜的张力保持水压力,以平衡作用于开挖面的土压力和水压力。开挖的土砂以泥浆形式输送到地面,通过泥水处理设备进行分离,分离后的泥水进行配比调整,再输送到开挖面。

②泥水盾构适应地质范围。

泥水盾构最初是在冲积黏土和洪积砂土交错出现的特殊地层中使用,由于泥水对开挖面的作用明显,因此在软弱的淤泥质土层、松动的砂土层、砂砾层、卵石砂砾层、砂砾和坚硬土的互层等地层中均适用。目前,泥水加压盾构工法对地层的适用范围不断扩大,即使处于恶劣的施工环境和存在地下水等不良条件下,由于有相应的处理方法,因而几乎能适应所有的地层。

a. 黏性土层。

黏土矿物经相互间电化学结合而形成的黏性土层,近似变质了的凝胶块状体,因泥水相对密度大和所加压力容易形成对开挖面的稳定,不论黏性土层的软弱状态如何,都适用泥水盾构施工。泥水盾构也适用于粉砂土地层施工。

b. 砂层。

不含水的砂层由于漏浆,不能保持住对开挖面的加压和稳定。通常,在含有某一数量的粉砂土、黏土的冲积层中,几乎都有一定的含水率,全部都是细砂的地层很少见,干燥的松散砂也很少有,由于砂层内摩擦角有许多在28°左右,所以大部分可用泥水加压来保持开挖面的稳定。松散的含水率大的砂层,在其他盾构工法中很难保持土层稳定,可采用泥水盾构并提高其泥水相对密度、黏度和压力。

c. 砾石层。

对于水分多、不含有作为黏合剂的粉砂土及黏土等的砾石层和有大直径的砾石层,可采用泥水盾构施工,并在泥水仓内安装砾石破碎装置。

d. 贝壳层。

贝壳层很难称为一种土层,是含有水且贝壳很多的土体,同上述砾石层一样坚固,开挖面很难稳定,但使用泥水盾构并用大刀盘挖土就可以使之成为能适应的地层。泥水盾构适用于各类地质的土层,对开挖面难以稳定的土质特别有效。泥水盾构能克服地面条件和其他地下条件所造成的种种困难,譬如上部是河或海等有水体的地方、有道路和建筑物的地方以及适合于要减少沉降的地方等。在这些场所采用泥水盾构，无论在工法上还是经济上都是有效的。

行业楷模

不平凡的“测量人生”

——记“全国五一劳动奖章”获得者、中铁二局诚正公司测量员郭平

郭平是中铁二局诚正公司测量中心的一名测量人员，专心致志、从事测量专业工作近30年。很多同事、朋友、同学，见郭平这么多年还在坚持搞测量，问得最多的就是，“你怎么几十年了还在搞测量?”郭平也认真思考过，测量工作虽然艰苦而且枯燥，但却是他最擅长、最热爱，而且是有着最深厚感情的一项工作，已深深印刻在他的人生奋斗坐标中。郭平在工作现场(图5-59)。

图5-59 郭平在工作现场

铁路之家 青春追梦

梦想是成长的雨露，是腾飞的翅膀。

郭平出生于重庆铜梁的农村，他的几位亲人及附近几位邻居长辈也是中铁二局的老工人。从小郭平就对铁路有着特殊的感情。读小学时，老师让他们写关于梦想的作文，他自然而然地写道：长大后要当铁路工人。

初中毕业那年，郭平去某机务段所在地参加中考。机务段一排排红砖砌成的平房办公室，门口混凝土坝子打扫得干干净净，其中一间门口挂着一个“工程师”的牌子。长辈给他介绍那间办公室的主人是“某某工程师”，毕业于成都铁路工程学校，工作中很能干。这对当时还没走出农村的郭平来说，心中只有无限钦佩，也坚定了他长大要做一名铁路工程师的梦想。中考结束，他以优异的成绩上了重点中专线，便毅然将成都铁路工程学校填在了第一志愿。

进入学校的第一堂课，老师告诉他们：“学铁道工程的两大看家本领是测量和制图，一定要学好。”冲着老师这句话，郭平在学这两门课时尤其努力。93年毕业前，中铁二局精测队需要补充定员，学校就推荐了4人到精测队实习选人，参加南昆铁路9392m的米花岭隧道控制测量，在那他初步体会到了测量工作的艰辛，那时没有GNSS，没有全站仪，控制测量的导线需要从进口翻山依次测到出口，每天10个小时的山上野外作业、中午吃干粮喝山泉水、下班摸着

黑走两个小时山路下山,近30天外业测下来一双崭新的运动鞋烂得不能再穿,有两名同学直接放弃进入精测队的想法,郭平却坚持留了下来,从此开启了长达30年的精测之旅。

重担在肩 奋力绘梦

参加工作后,一座座长隧道开工布设测量控制网时,大家都是信心满满;随着工程逐步推进,隧道越挖越长,郭平心里开始有些担心,会不会哪里有遗漏?会不会哪里精度没控制好?隧道万一打偏怎么办?所以工作中特别认真仔细,反复核对、验算,力求不差一丝一毫。随着最后一声炮响之后,工地测量人员发来报喜的信息:"隧道顺利贯通,贯通误差××米,感谢您对测量工作的指导与付出。"他悬着的心才终于踏实下了,每当这个时候,真有一种热泪盈眶的感觉,满满的成就感油然而生,所有的付出在这一刻得到回报。

长期从事中铁二局重大工程控制测量工作,郭平深感责任重大和理论知识匮乏。为能更好地做好这份测量工作,他不断学习,提升个人综合素养。毕业第二年,在中专生都还比较少的年代,郭平报考武汉测绘科技大学的本科函授进修,在长达5年半长期流动的工作之余,不但顺利完成了学业,还以优异的成绩获得武汉测绘科技大学"第二届校长奖励基金"唯一的一等奖。

学无止境,术有专攻。工作之余,他不忘加强学习拓宽知识面,提升自己的业务能力,2011年参加国家新开设的注册测绘师考试,并以高分通过成为首批国家注册测绘师,也是中铁二局第一位注册测绘师。他还先后获聘中国铁道学会标准化(监控测量)专委会委员、四川省测绘地理信息学会教育与科普委员会委员、英国皇家特许测量师(MRICS)。

以企为家 匠心筑梦

参加工作之初,同学们都羡慕郭平直接分配到了代表中铁二局最高测量水平的精测队,他们名义虽在局机关,但实际上工作在施工一线。一条线测下来,每一条河、每一座山都是靠他们用脚一步一步走出来的,接桩选点走一遍、测量走一遍、放重要控制桩再走一遍,还有重测返工等不定因素还要走一遍。后来交通条件和仪器设备逐步变化好转,但是工作量的成倍增加,压力和劳动强度并没减少多少。

目前,洞外测量主要发展为卫星定位测量,很多时候为了选择一个观测条件较好的点位,郭平经常需要爬到常人不所及的地方。不论是高山大河、雪山戈壁,翻山越岭、爬坡攀岩成了他们的基本技能。风吹霜打、日晒雨淋、下午四五点钟吃午饭是经常的事。北方零下20多摄氏度的天气里待上一整天,啃着冻成冰块的牛奶,浑身都会冻得僵硬。在隧道内测量工作12小时以上靠着隧道边墙就睡着。背着仪器在南方灌木丛林里穿行,随时可能跟马蜂、毒蛇打交道。

多年来,郭平和队员们四季离家,靠着这份坚守,从南到北、由东到西,用脚步丈量着祖国大江南北。亲戚和家人都劝说他可以换一个比现在更轻松、收入更高的工作。他也动摇过,但最终坚守了下来。

"锲而不舍,金石可镂"。30年来,在测量的经纬中,郭平用匠心、用坚守丈量着自己的人生坐标和梦想,也用劳动和汗水换来一项项荣誉和回报。他是全国五一劳动奖章获得者、享受国务院政府特殊津贴的工程测量高级技术人才,也是中国铁道学会标准化(监控测量)专委会委员、英国皇家特许测量师(MRICS)。2021年,郭平作为四川省3名优秀工匠代表之一接受

CCTV 发现之旅纪录东方栏目《四川工匠 极致而来》采访报道,向全国展示四川工匠风采。除了荣誉,郭平更大的欣慰坚守自己的追求,一步步地实现了自己的人生价值。

匠心筑梦,技能强国。面对未来,郭平表示,作为一名的新时代中铁工匠,要始终赓续“开路先锋”的红色基因,以创新工作室为依托,发挥着传帮带作用,努力建设一支基础好、有活力、肯钻研、善学习、敢创新、能担当的测量技术团队,不负“中铁工匠”的担当和使命。

能力提升

1. 内容

(1)认真查找与调查,分析您所在城市或邻近城市的城市轨道交通桥梁构造、施工工艺。

(2)认真查找与调查,分析您所在城市或邻近城市的城市轨道交通区间隧道的施工方法、施工工艺。

2. 要求

(1)以小组为单位进行活动,各组人员不超过6人,推选组长1人。组长负责整体活动计划,协调、督促成员完成任务。

(2)每组制作汇报PPT,由任课教师任选1名成员在课堂上讲解。

知识巩固

一、填空题

1. 路基工程主要由__________、__________、__________三部分建筑物组成。

2. 设于桥梁中部的支撑体被叫作__________,设于桥梁两端的支撑体被叫作__________。

3. 盾构机是松软地层中修建隧道的专门机具,盾构机沿其长度可分为前部、中部和后部三部分。其中,前部叫__________,中部叫__________,后部叫__________。

二、简答题

1. 简述坡面防护的作用及措施。

2. 简述T形墩台、倒梯形墩台、双柱式墩台、Y形桥墩的优缺点。

3. 简述明挖法的适用条件和优点。

4. 简述盾构施工法的类型及适用条件。

模块6
轨道线路检查与维护

背景导入

城市轨道交通线路长时间行车,会造成轨道的几何尺寸改变。

小铁已经在大学学习生活好几年了,自第一次坐地铁的感觉与3年后的感觉一样,还是那么的舒适、安全、平稳,到底是什么原因?

知识目标

1. 熟悉轨道线路检查制度。
2. 掌握轨道线路静态检查项目与设备。
3. 了解轨道线路动态检查。
4. 熟悉轨道线路设备维修、了解轨道线路大修。

能力目标

1. 能清楚描述轨道线路检查制度、检测项目、所用仪器设备。
2. 能认识轨道线路动态检查的设备。
3. 能清楚描述轨道线路设备维修的工作内容。
4. 会通过正规出版物和权威机构官方网站查阅相关资料,熟练使用办公软件。

素质目标

培养严谨细致、专注负责、追求卓越、精益求精的工匠精神和团结协作、吃苦耐劳、艰苦奋斗的劳动精神。

建议学时

6学时。

轨道线路检查是养路工作“检查、计划、作业、验收”四个环节中最基本、最重要的环节,它是制定轨道线路维修计划和研究分析病害的依据。为掌握设备状态,提高设备质量,确保行车安全,必须对轨道线路进行经常性的检查。

轨道线路设备的检查,能够科学地维护管理轨道,同时为轨道结构设计、病害原因分析及维护标准制定等提供试验依据。轨道线路检查从检查形式上可分为静态检查和动态检查。

单元6.1 静态检查

静态检查是指轨道线路处于静止状态,其各部分已经发生了永久变形和内部伤损,通过仪器、工具及目测等检查方法确定其变形程度或伤损状况。静态检查项目比较全面,检查的条件也较充分,它是轨道线路经常检查中最主要的一种。除添乘列车检查线路质量和轨道综合检查车检查轨道线路质量外,其他检查项目均为静态检查项目。

一、轨道线路检查制度

为掌握轨道线路设备状态,提高轨道线路设备质量,确保行车安全,必须建立健全对轨道线路设备的经常性、系统性检查制度。

1. 日检

日检是指对设备按日所进行的检查,或称巡道、巡检。新接管轨道线路,全线在建设期遗留下来的问题尚未完全处理完毕,施工单位尚未完全撤离,运营线路还没有进入封闭或半封闭状态,为确保行车安全,必须坚持巡道制度。每天对全线检查一遍,并建立检查记录。

2. 周检

当试运营期结束,如确认巡道再无必要时,根据实际情况,由车间提出,经理部门、运营公司批准,取消日检,实行周检制,或称为巡检。

周检,每周检查1遍,关键部位及重要岔区需重点检查。周检同样要规定巡查人员、巡查路线、巡查内容、巡查时间等,并定期由工班对巡检人员进行业务、培训,建立相应的巡查制度。

巡道人员根据现场情况进行小补修,对线路、道岔松动缺损的零配件进行复紧、安装、更换和涂油。巡检出设备病害时,能消除的,应立即消除,消除不了的,应及时汇报工班处理。若故障危及行车安全,应积极采取措施,进行处理;不能马上处理的,应立即汇报工班长、车间主任、维修调度,说明危险程度,预估需处理时间。

3. 月检

月检每月进行一次,又称“三全检查”(全员、全线、全面),月检由设备所属班组负责实施,并应做好检查和整改情况记录。病害及整改情况,由上一级部门负责汇总并报轨道线路主管部门备案。检查整改记录由班组留存备查。

4. 季检

季检就是设备的季度检查,每季度进行一次,由车间组织利用轨检仪进行检查。

季度检查结束后,应及时完成全线质量检查资料的汇总。检查所发现的质量问题,应根据轻重缓急程度,编入下月的轨道线路保养计划,以此逐月推进,保持全线质量处于均衡状态。

5. 年检

年检也就是秋季设备大检查。为全面掌握轨道线路状态,如实评定管内轨道线路质量和养护维修工作质量,同时为切实编制次年养护维修工作计划和费用计划提供依据,每年于秋季(9月份)组织一次全面性、综合性的设备大检查。

年检可以与当月的季度检以及节前大检查结合进行。检查人员可以分为轨距水平组、道岔组、轨面方向组、综合组等几个专业小组进行,检查内容应包括所有项目。

6. 季节性检查

季节性检查包括高温季节的检查和寒冬季节的检查。高温检查的项目有防胀、防台风,防寒检查的项目有防断、防冻。季节性检查要建立防胀、防台风等各种相关的防范措施。凡检查所发现的隐患应及时整改,努力减少乃至消灭恶劣气候给轨道带来的影响。

二、检查项目及检查设备

(一)检查机具材料和用品

所需的主要机具、材料、用品(满足1个小组),见表6-1。

所需的主要机具、材料、用品(满足1个小组) 表6-1

序号	名称	数量	单位	规格	备注
1	轨距尺(道尺)	1	把		经校核
2	钢卷尺	1	把	5m	
3	钢直尺	1	把		
4	弦线	1	副	20m	
5	石笔	2	支		
6	线路检查记录本	1	本		
7	曲线正矢记录本	1	本		

部分检查工具如图6-1~图6-4所示。

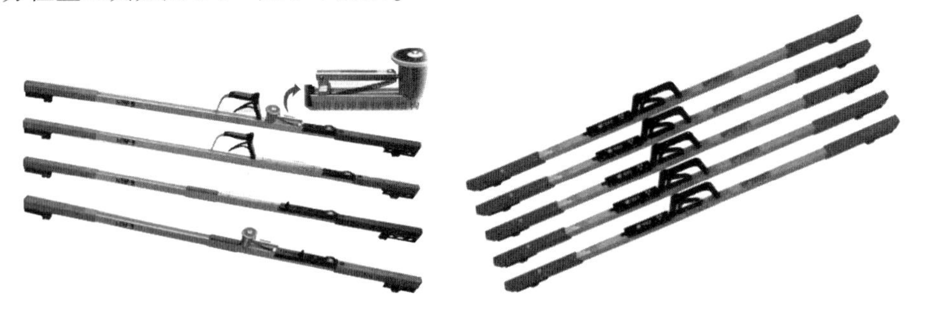

图6-1 普通轨距尺　　图6-2 电子轨距尺

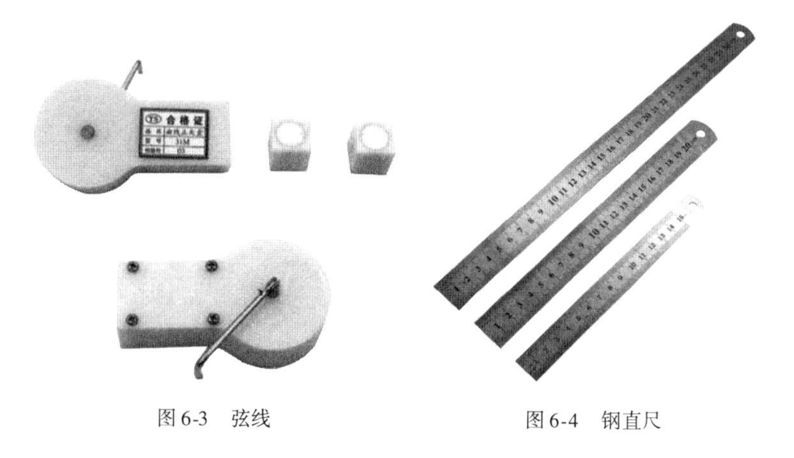

图 6-3 弦线　　图 6-4 钢直尺

(二)检查项目

按检查的对象划分,轨道线路静态检查项目分为轨道线路几何尺寸检查、道岔几何尺寸检查、轨道部件状态检查等。

1. 轨道线路几何尺寸检查

轨道线路几何尺寸是指轨道的几何形状、相对位置和基本尺寸。轨道线路几何尺寸正确与否,对行车安全、平稳及设备使用寿命有直接关系。同时,也直接影响养护维修的工作量。轨道线路几何尺寸量测内容一般包括轨距、水平、高低、方向及曲线正矢。

(1)轨距检查

轨距是钢轨顶面下 16mm 范围内两股钢轨作用边之间的最小距离。我国城市轨道交通轨距测量也是依据《铁路技术管理规程》规定轨距测量部位在钢轨顶面下 16mm 处,如图 6-5 所示。测量轨距采用的工具主要是轨距尺。国际上轨道通过常分为标准轨距、宽轨距和窄轨距三种。其中,标准轨距为 1435mm,我国城市轨道交通线路全部是标准轨距。

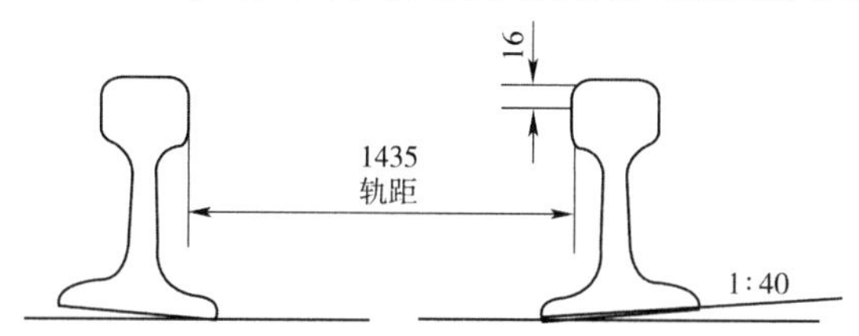

图 6-5 测量轨距示意图(尺寸单位:mm)

(2)水平检查

水平是指轨道线路左右两股钢轨顶面的相对高差。为保持列车平稳运行,并使两股钢轨均匀受力,直线地段上两股钢轨顶面应保持同一水平。轨道线路水平同样采用轨距尺或辅以其他量具进行测量。水平不良如图 6-6 所示。

(3)高低检查

轨道沿线路方向的竖向平顺性称为前后高低。轨道线路或道岔应保持轨面平顺,存在高低误差会引起车辆垂直颠簸。检查此项目,先俯身钢轨上,双掌支撑住上身重心后保持视线与轨头下颌平行,目视判断不良处,然后在该处两端轨面上,使用 10m 弦线按在轨面上,两端拉紧弦线,测量人拨动弦线待弦线紧绷稳定后,使用钢板尺量取数据减去弦线底盒长度20mm即高低误差值,用滑石笔标记并记录。钢轨不平顺如图6-7所示。

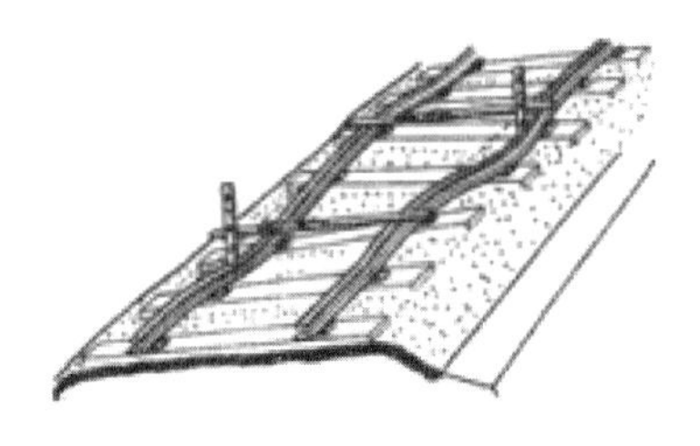

图6-6 水平不良

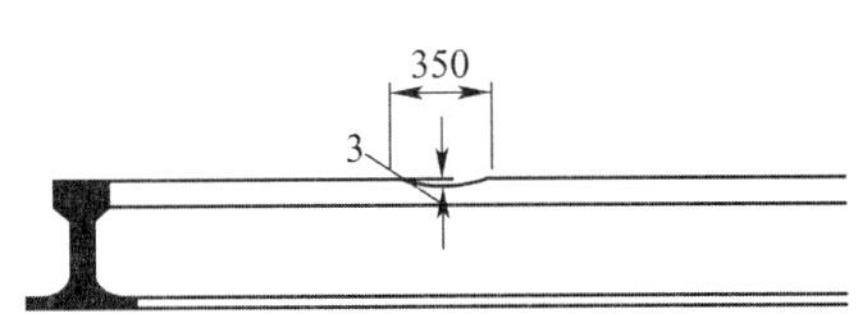

图6-7 钢轨不平顺(尺寸单位:mm)

(4)方向(轨向)检查

轨道线路的方向是指轨道中心线在水平面上的平顺性。按照车辆的平稳和安全要求,直线笔直、曲线圆顺。在无缝轨道线路地段,若轨道方向不良,可能在高温天气下引发胀轨跑道病害,即轨道发生非常明显的不规则横向位移,威胁行车安全。

图6-8 轨道方向测量示意图

检查直线地段方向时,用10m弦线配备5m钢卷尺、钢板尺等工具。首先跨基准股目视钢轨判断出40m范围内方向不良位置,在该处前后将10m弦线紧贴钢轨头部内侧,两端拉紧弦线,测量人拨动弦线待弦线紧绷稳定后,使用钢板尺量取矢距数据减去弦线底盒长度20mm即方向误差值。如出现钢轨反弯情况,也可测量钢轨头部外侧。

曲线正矢(方向)一般使用20m弦线紧贴钢轨内侧踏面下16mm处测量。缓和曲线正矢则按照计划正矢点检查,圆曲线正矢可按正矢点逐点检查,也可破点抽查。轨道方向测量示意图如图6-8所示。

2.道岔几何尺寸检查

(1)道岔直股与曲股各检查点的轨距、水平。

(2)道岔轨面高低。

(3)直股与曲股的方向。

(4)尖轨的动程与密贴。

(5)道岔支距。

(6)辙叉的查照间隔、护背距离等。

3.轨道部件状态检查

(1)钢轨伤损与状态

钢轨状态可分为钢轨伤损、钢轨重伤和钢轨折断三种状态。

①手工检查。

手工检查钢轨较为落后,在探伤仪缺少的情况下,对次要站专线轻型杂轨地段,可辅以手工检测。但是,手工检测不能代替探伤仪对正线的检测。

②钢轨静态探伤检测。

对钢轨的静态探伤检测其中主要是用仪器探伤,仪器探伤就是对钢轨进行非破坏性检测和分析的一种方法,以发现钢轨组织中的不连续(裂纹、夹杂物、气孔等)宏观缺陷为主要目的的检验,称为无损探伤。

无损探伤方法,主要有超声波探伤、射线探伤、磁粉探伤、渗透探伤和涡流探伤等多种仪器探伤方法,目前广泛应用的是超声波探伤。钢轨超声波检测是采用超声波探伤仪对钢轨、焊缝和部分道岔设备进行无损检测的一种轨道线路设备状态检测方法,如图6-9所示。

图6-9 钢轨超声波探伤仪

用钢轨超声波检测发现伤损时,操作人员应根据伤损程度进行等级判定,并给出处理意见,做好记录和标识(表6-2)。

钢轨伤损标记 表6-2

伤损种类	伤损范围及标记		说明
	连续伤损	一点伤损	
轻伤	|←△→|	↑△	用白油漆标记
轻伤有发展	|←△△→|	↑△△	同上
重伤	|←△△△→|	↑△△△	同上

(2)轨枕状态检查

轨枕状态检测的内容有轨枕顶面螺栓孔附近或两螺栓孔间的纵向裂纹、轨枕顶面螺栓孔附近横向裂纹、轨枕中部顶面横向和侧向垂直裂纹、轨枕挡肩处水平裂纹及挡肩损坏、空吊枕等。轨枕裂纹一旦形成环状或残余裂纹达到一定宽度,将影响轨枕承载能力或加速预应力钢筋锈蚀,造成轨枕失效。轨枕常见病害有如图6-10所示。

(3)道床状态检查

①有砟道床。

有砟道床状态包括道床尺寸、道床脏污程度和板结程度等。道床常见病害有长满杂草、缺少道砟、翻浆冒泥、垃圾过多等,如图6-11所示。道床尺寸的检测方法较为简单,而道床的脏污程度和板结程度则需要用仪器进行测试。

a)混凝土枕纵向开裂　b)混凝土枕底部掉块

c)混凝土枕钢筋外露　d)混凝土枕承轨槽处折断

e)混凝土枕空吊　f)混凝土枕承轨槽处折断

g)木枕开裂　h)木枕中部连二折断

图6-10　轨枕常见病害

a)长满杂草

b)缺少道砟

c)翻浆冒泥

d)垃圾过多

图6-11 道床常见病害

道床脏污程度用道床内脏污物(粒径小于20mm)或道床孔隙率衡量。道床脏污物测量一般采用筛分法进行,即在线路上随机抽取一定数量的枕跨,进行道床破底开挖。将挖出的道砟及脏物一起过筛后,称量粒径小于20mm的脏物质量。较为先进的测试方法是进行道床孔隙率或密度测量。测量孔隙率的常用仪器是同位素道床密实度测量仪。清洁碎石道床稳定后的孔隙率一般为31%~37%。当孔隙率显著降低时,容易发生板结、翻浆冒泥等致使道床失去弹性的病害,应当及时进行清筛。

翻浆冒泥是线路上的常见病害,而且是翻浆和冒泥两类病害的总称。翻浆又分为道床翻浆与基床翻浆两类。当翻浆较严重时,道床和基床翻浆一起出现。道床翻浆的根源在于道床不洁与排水不良,其发生地段与下部路基无关,通常不侵入路基。道床中翻出的泥浆比路基土的颜色要深,雨季时道床翻浆较严重,雨季过后不再发生或明显轻微。道床因石砟被泥浆固结成干硬整块,逐渐板结并失去弹性。碎石道床厚度应符合表6-3规定。

碎石道床厚度表 表6-3

<table>
<tr><td rowspan="2">路基类型</td><td colspan="3">道床厚度(mm)</td></tr>
<tr><td>正线、试车线</td><td colspan="2">车厂线</td></tr>
<tr><td rowspan="2">非渗水土路基</td><td rowspan="2">双层</td><td>道砟250</td><td rowspan="3">单层250</td></tr>
<tr><td>底砟200</td></tr>
<tr><td>岩石、渗水土路基</td><td colspan="2">单层道砟300</td></tr>
</table>

②整体道床。

整体道床的常见病害有道床开裂、剥落、脱空等,由此可引发渗水、翻浆冒泥等病害,如图6-12所示。

a)道床开裂

b)开裂与渗水

c)渗水

d)翻浆冒泥

图6-12 整体道床的常见病害

整体道床病害相对有砟轨道较少,通常的检查方法是目测、钢尺测量、地质雷达技术检测等。

(4)联结零件状态检测

接头夹板伤损达到下列标准时,应及时更换:

图6-13 接头夹板折断

①接头夹板折断,如图6-13所示。

②中央裂纹(中间两螺栓孔范围内)。

③正线有裂纹,其他线平直及异型夹板超过5mm,双头鱼尾夹板超过15mm。

④其他部位裂纹发展到螺栓孔。

接头螺栓及垫圈伤损达到下列标准时,应及时更换:

①螺栓折断,严重锈蚀,丝扣损坏或杆径磨耗超过3mm不能保持规定的扭矩。

②弹簧垫圈折断或失去弹性。

自主学习

通过实地调研或是信息收集,整理城市轨道交通线路静态检查项目与所需工具。

单元 6.2 动态检查

轨道线路动态检查是在列车动荷载作用下,检测线路的轨距、水平、方向、高低等轨道几何尺寸,以反映动态情况下的线路状态,分析线路病害。线路主管部门,应定期使用专用动态检测仪器和轨道综合检测车对轨道线路状态进行定期的动态检测。

一、添乘检测

(一)添乘检测周期

(1)轨道工务班长每周至少对所管辖设备添乘一次。
(2)轨道工程师每月至少对管辖设备添乘一次。
(3)车间主任或副主任每季度至少对管辖设备添乘一次。

(二)添乘检测项目

添乘检测项目主要有行车晃动、轮轨接触不良和异常响声。

添乘检测发现若行车异常晃动、轮轨接触不良和异常响声,均应通知工班进行实测复量予以确定。

二、轨道综合检测车检测

(一)轨道综合检测车

轨道综合检测车(图 6-14),是城市轨道交通轨道动态质量检测的主要手段。该车针对城市轨道交通线路运行站间距短、低速段多、曲线半径小的特点,采用高精度惯性器件和大视野、高分辨率的激光摄像组件,利用惯性测量原理以及机器视觉检测和数字滤波技术,实现了准确、高效的非接触等速检测,能检测到水平、高低、三角坑、轨距、轨向、水平加速度、垂直加速度等数据。通过分析计算机采集的现场检测资料(既有数据资料,也有图形资料),掌握病害规律及特点,指导养护维修工作,提高轨道线路质量,也是考核轨道工班工作质量的基本指标。

a)

b)

图 6-14 轨道综合检测车

(二)检测周期

轨道综合检测车检测检查周期,一般为正线整体道床每季对管辖设备进行一次动态检测;碎石道床为主的轨道线路每月检查一次。

车间可根据上级要求和轨道线路设备具体情况对检测周期进行调整。检查评定各级偏差管理值,见表 6-4。

轨道动态几何尺寸容许偏差管理值 表 6-4

项目	速度 $V \leqslant 100$m/h			
	Ⅰ级	Ⅱ级	Ⅲ级	Ⅳ级
高低(mm)	12	16	22	26
轨向(mm)	10	14	20	23
轨距(mm)	12	16	24	28
	-6	-8	-10	-12
水平(mm)	12	16	22	25
三角坑(基长 2.4mm)/(mm)	10	12	16	18
车体垂向加速度(g)	0.1	0.15	0.2	0.25
车体横向加速度(g)	0.06	0.1	0.15	0.2

注:1. 表中不平顺各种偏差限值为实际幅值的半峰值。
2. 高低、轨向不平顺按实际值评定。
3. 水平限值不含曲线上按规定设置的超高值及超高顺坡量。
4. 三角坑限值包含缓和曲线超高顺坡造成的扭曲量。
5. 固定型辙叉的有害空间部分不检查轨距、轨向,其他检测项目及检测标准与线路相同。

谈一谈

静态检查与动态检查的特点。

单元6.3 线路维修与大修

一、线路修程

国家铁路线路修程分为线路大修、线路中修和线路维修三大层次；在线路维修范畴中，又分为综合维修、经常保养、临时补修三个类型，如图6-15所示。

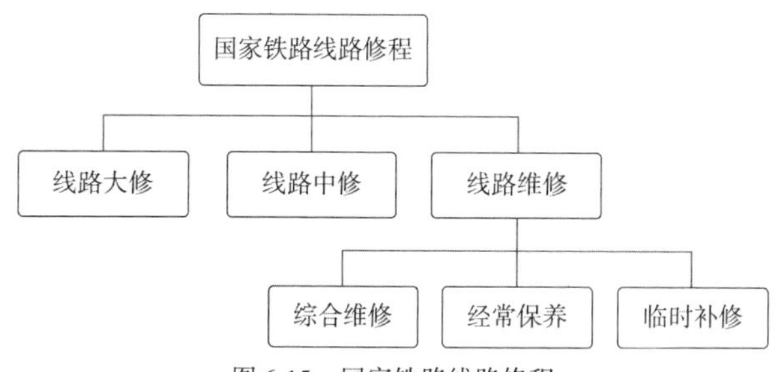

图6-15 国家铁路线路修程

由于城市轨道交通修程不同于国家铁路线路修程，应根据城市轨道交通的特点来进行变化。

目前所采取的城市轨道交通线路修程如图6-16所示。

二者比较，虽然变化并不算太大，但城市轨道交通正在积极探索更符合自己特点的修程修制，以适应城市轨道交通发展的需要。

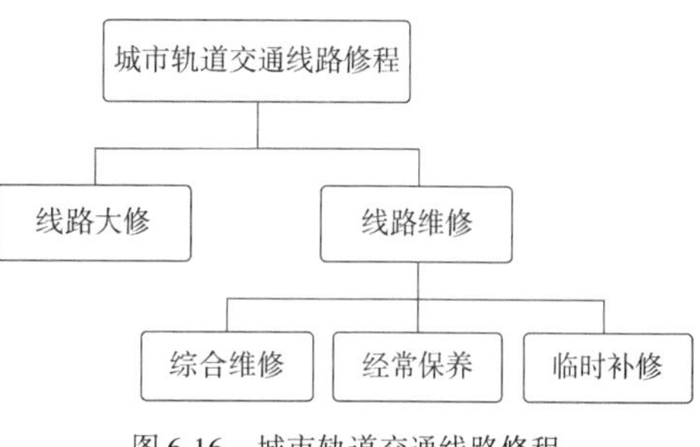

图6-16 城市轨道交通线路修程

轨道线路的变化分为如下三个方面：

(1)形位变化。形位变化就是轨道空间几何形位上的变化，如水平、轨距、轨向、轨面高低及钢轨爬行等方面，显示轨道结构在三维空间发生了不良位移。

(2)构件质变。组成轨道的各部件，如钢轨、零配件、轨枕、道床等，在行车动力以及自然环境条件影响下发生着各种各样的变化，如锈蚀、腐朽、磨耗、伤损、压溃、断裂、板结、脏污、开裂、剥落、脱空等。其中，无论是化学变化还是物理变化，对轨道结构的质量来说，都产生着一定的影响。

(3)紧固度变化。有时轨道的几何形位并没有变化，构件也没有质变，但是各种紧固件发生了松动和脱落等。虽然零部件的松动是局部的，但它发展的速度极快，最终必然导致轨道几何形位的变化。线路上，扣件的连续性松动以及道岔关键螺栓的脱落，将直接影响行车，严重的可导致列车颠覆。

由于轨道线路变形是经常发生的，有许多变形具有规律性和周期性。所以，轨道线路的养护维修同样具有经常性和周期性。

二、轨道线路维修的任务与原则

轨道受列车运行的动力荷载作用及各种自然条件的影响,发生着各种各样的形变,包括弹性形变与塑性形变,其中塑性形变是形成轨道残余变形的主要途径。这种残余变形积累到一定程度,将大大降低轨道结构的强度和稳定性,威胁行车安全。

由于轨道线路在运营过程中不断发生着一系列动态变化,所以必须组织维修工作。

1. 轨道线路维修的任务

轨道线路维修就是针对轨道受外界影响所发生的各种变化所组织的系列维护工作。它不同于维修,而是在运营条件下所组织的设施维护,具有边运营边维修而又受运营条件限制的工作特点。

线路维修工作的基本任务是经常保持线路设备完整和质量均衡,使列车能以规定速度安全、平稳、不间断地运行,并尽量延长设备使用寿命。

2. 维修的原则

线路维修工作必须掌握线路设备技术状态变化规律,应贯彻"预防为主,防治结合,修养并重"的原则。在线路维修工作中,应按线路设备技术状态变化的规律和程度,相应地进行综合维修、经常保养和临时补修,有效地预防和整治线路病害,有计划地补偿线路设备损耗,以取得较好的技术经济效益。

线路维修应实行天窗修制度,并实行检养修分开的管理体制。

线路修理工作要实行科学管理,开展标准化作业,改善检测手段,建立和健全责任制,严格执行检查验收制度;要采用新技术、新设备、新材料、新工艺和先进的施工作业方法,优化劳动组织,提高劳动生产率和施工作业质量,降低成本;改进检测方法,推行信息化技术,健全并严格执行安全管理和检查验收制度。

三、轨道线路维修分类

轨道线路维修分为综合维修、经常保养和临时补修。

1. 综合维修

综合维修是指根据线路变化的规律和特点,以全面改善轨道弹性、调整轨道几何尺寸和更换、整修失效零部件为重点,按周期、有计划地对线路进行综合修理,以恢复线路完好技术状态。综合维修内容大致包括如下:

(1)调整轨道线路几何尺寸,达到维修作业验收标准。

(2)钢轨打磨,钢轨焊补。

(3)更换和修理轨枕、岔枕和支承块。

(4)更换伤损钢轨、断轨焊复,道岔部件和失效连接零件。

(5)T形扣件螺栓清洁。

(6)根据线路状态适当起道,木枕地段应全面捣固;混凝土枕地段应撤除调高垫板,全面或重点捣固;整体道床地段,应更换压溃胶垫。

(7)改道,拨道,调整线路、道岔各部尺寸,全面拨正曲线。

(8)清筛枕盒不洁道床和边坡土垄,处理道床翻浆冒泥,均匀道砟和整理道床。

(9)更换、方正和修理轨枕、岔枕和支承块。

(10)调整轨缝,整修、更换和补充轨道加强设备,整治线路爬行,锁定线路道岔。

(11)矫直钢轨硬弯,综合整治接头病害。

(12)整修、更换和补充联结零件,进行涂油。

(13)整修路肩,疏通排水设备,清除道床、路肩杂草和整体道床保洁。

(14)整修道口和排水沟,修理、补充和刷新标志,回收沿线旧料。

(15)修补立柱道床的立柱。

(16)其他需要预防和整治的工作。

2. 经常保养

经常保养是指根据轨道线路变化情况,在全年度和线路全长范围内进行的有计划、有重点的养护,以保持线路质量经常处于均衡状态。作业范围大致包括如下:

(1)整修轨道几何尺寸超过经常保养管理值的线路。

(2)整修道床翻浆冒泥,均匀道砟和整理道床。

(3)单根更换失效轨枕、岔枕,个别更换失效扣件。

(4)调整轨缝,锁定线路。

(5)整修轨道加强设备。

(6)整治接头病害。

(7)钢轨肥边打磨。

(8)成段整修扣件,进行扣件和接头螺栓涂油。

(9)刷新线路钢轨标记,加固线路标志。

(10)地面线整修路肩,疏通排水设备。

(11)清除地面线道床、路肩杂草、垃圾及影响线路外观的物品。

(12)整体道床保洁。

(13)季节性工作,周期短于纠正性维修的单项工作。

3. 临时补修

临时补修是指及时整修超过临时补修容许偏差管理值及其他不良处所的临时性修理,以保证行车平稳和安全。做到消灭临时补修容许偏差管理值处所的时间不过夜。作业范围大致如下:

(1)整治轨道几何尺寸达到超过临时补修容许偏差管理值的处所。

(2)更换重伤钢轨。

(3)更换达到伤损标准的夹板,更换折断的接头螺栓和护轨螺栓。

(4)调整严重不良轨缝。

(5)进行无缝线路地段钢轨折断、重伤和重伤焊缝的处理。

(6)整修严重冲刷的路肩和道床(有砟道床)。

(7)其他需要临时补修的工作。

以上三种维修的类别具有不同的特点,对设备质量和行车安全都具有互补性。综合维修是根据轨道各部件老化的规律和使用寿命所进行的周期性工作,周期的长短主要取决于运量、部件的技术指标和质量指标。同时,还取决于日常养护维修的工作质量,当日常养护工作的质量高,完全可以延长维修周期。经常保养是及时减缓或消灭线路所发生的经常性变化,阻止线路超限的发展或线路病害的积累,是确保全线质量均衡的措施。临时补修带有突发性和不可预见性,及时发现和处理突发性病害是养护工作的重中之重。各城市轨道交通所采取的维修形式是不一致的,有的基本按照国家铁路的体制运行,结合本企业的特点进行一些改革;有的完全实行状态修,或称故障修。

四、轨道线路大修

1. 线路大修工作范围

轨道线路由于列车运行和自然力的作用,不仅发生弹性变形,而且产生永久变形。例如,钢轨因磨耗轨头断面减小,钢轨常年承载列车运行导致疲劳损伤,强度减弱,有时甚至折断;钢轨受电腐蚀、锈蚀严重;轨枕(木枕)因自然侵蚀和在列车作用下的机械磨损而失效,隧道内混凝土轨枕块成段松动等,这些设备损坏到一定限度就会危及行车安全,必须进行整修和更新。由于这部分设备的整修和更新工作量大、技术复杂,必须进行大修作业。

2. 轨道线路大修内容

在安排大修工作时,要全面规划,突出重点,有步骤地解决轨道线路设备的薄弱环节,适应运营需要。轨道线路接触轨大修(以100m 计),分为换轨大修、综合大修和单项大修,其主要内容包括如下:

(1)按设计校正,改善线路平面和纵断面。

(2)全面更换新钢轨或再用轨及其连接零件,以及更换不合规定的桥上护轮轨。

(3)全面更换连接零件、轨下垫层或成段(一个信号区段)连接零件、轨下垫层。

(4)更换当年失效的轨枕并修理线路伤损轨枕,按规定补足轨枕的配置根数。

(5)清筛道床,补充道砟,全起全捣,改善道床断面,原铺砂子或天然级配砾石道床,根据要求更新为碎石道床。道床清筛作业如图6-17 所示。

(6)加强半径为800m 及800m 以下的曲线。

(7)线路上成段焊接钢轨接头,焊补钢轨和整修波浪形磨耗。

(8)整组更换道岔、岔枕,或进行道岔结构改造。道岔大修如图6-18 所示。

图6-17 道床清筛作业

图6-18 道岔大修

(9)成段整修整体道床或轨枕块。

(10)车场设备改善。

(11)成段更换接触轨、防护板和瓷瓶、托架,喷涂防腐防火漆。

(12)补充、修理及更换线路、信号标志,设置常备材料。

(13)整修路基及其排水和防护加固设备,加宽路基,整治翻浆冒泥及路基下沉。

(14)改造或安装防爬设备。

(15)由于进行线路设备大修而影响其他设备变动时,由城市轨道交通运营公司协调有关单位统一安排,其费用列在线路设备大修的有关计划内。

3. 单项大修

单项大修主要内容包括如下:

(1)成段更换新钢轨和再用轨,成段焊接、铺设无缝线路。

(2)成段更换混凝土轨枕或宽轨枕。

(3)更换道口及其两端设备。

工务机具(包括养路机械、各种有关车辆、车床等)进行拆卸、修理、更换或增加部件。由于进行线路设备大修而影响其他设备变动时,应由城市轨道交通运营公司统一安排。

行业楷模

新时代·铁路榜样:专啃"硬骨头"的铁路匠人

——全国五一劳动奖章、全国技术能手、全国劳动模范获得者陈月忠

陈月忠,中共党员,中国铁路成都局集团有限公司西昌工电段攀枝花综合维修车间党总支书记兼副主任,曾获得全国五一劳动奖章、全国技术能手、全国劳动模范等荣誉,享受国务院政府特殊津贴。从成昆铁路上的一名普通线路工到全国技术能手,陈月忠入路23年来,始终坚守在线路整治一线,啃下了成昆铁路海拔最高的沙马拉达隧道设备老化整治、段管内全部站场曲线校核等"硬骨头",总结出"陈月忠整体道床整治法",带头推进普速"工电一体化"改革试点,推动安全生产质效持续提高,以实际行动诠释和践行成昆精神。

图6-19 线路轨距与水平检查

扎根山区潜心练 攻坚克难展作为

1999年,陈月忠从成都铁路运输学校毕业后来到西昌工务段,成为一名线路工。

成昆铁路被称为"露天地质博物馆",沿线地质环境恶劣、工作条件艰苦,许多年轻人都望而却步。可陈月忠却把这里当作成长的"宝地"。他把体力活当作对身体的锻炼、对意志的磨炼,不厌其烦地向师傅请教治理线路的技术经验和技巧。

常年与大山为伴,陈月忠并没有感到孤独,时常钻到人少安静的地方,潜心研究专业知识。

陈月忠几乎把全部业余时间都用在了钻研业务上,他如饥似渴地把《技规》《安规》两本书翻得“体无完肤”,不知不觉中记了7本笔记。

陈月忠深知线路养护维修是一个综合性技术工种,要注重理论联系实际。为此,他学完书本知识后,总要回到现场逐一求证。日积月累,他扎实掌握了线路测量、图纸分析、曲线整治、钢轨打磨等专业技术,练就了一身过硬的基本功。

图6-20 轨道检查

图6-21 接头维修

图6-22 线路作业

位于成昆之巅的沙马拉达隧道,地质复杂,设备老化,病害严重。2009年11月,陈月忠被抽调到段线路技术科助勤。他主动提出对沙马拉达隧道进行全面测量和调查。

凭借精湛的测量技术和一丝不苟的工作态度,翻山坡、进隧道、量数据……3个月后,陈月忠拿到了沙马拉达隧道准确翔实的第一手资料,并根据现场数据对隧道轨面坡度进行优化设计,确定了每根轨枕的起、落道量。

他牵头组织施工队进洞施工,根据技术标准全面更换、调整了轨枕扣件和轨下胶垫,校正了线路坡度和几何尺寸。经过综合整治,沙马拉达隧道轨检车平均公里扣分很快就从82分下降至25分,线路状态大幅提升。

陈月忠啃下了一块“硬骨头”,也解决了成昆铁路多年来的一大“心病”。在段线路技术科工作2年,他完成了段管内所有站场的曲线校核工作,修改、编制了历年来最翔实完备的线路技术履历书。

传经送宝育良才 科学治理解难题

对陈月忠来说,探索和进步的道路没有尽头。2011年7月,全国铁道行业职业技能大赛在全国拉开帷幕。他和队友们一路过关斩将,一举夺得铁路线路工团体和个人第一双项冠军,他个人也被授予全国技术能手称号。

“不是人人都有机会到最艰苦、最典型的地区摸索学习,要将自己总结的经验传递给更多人。”抱着这样的想法,在获得荣誉后,陈月忠成了乐武培训基地的教员兼工长,全面推行“产学结合、产学一体”培训模式。

陈月忠认为,成昆铁路工务职工平均年龄偏大,要提升职工整体素质。为了培养保安全的可用之才,他白天组织学员就前一天所学内容展开演练,晚上根据当天作业情况查找分析问题、制定措施,并针对次日工作内容展开对口教学,让学员在学习总结知识点后将知识运用到第二天的工作中去。在“学”与“练”的交替中成功消化所学内容,既提高了学员的实战能力,又加深了学员对理论知识的理解,同时完成了生产任务。

培训期间,陈月忠不遗余力、毫无保留地将自身所学悉数教授于学员。在他的悉心教培下,一年时间共有60名学员顺利结业并取得成都局集团公司工班长任职资格,5名学员通过“以考代聘”走上了技术管理岗位,10名班长走上了工长岗位,18名职工走上了班长岗位,成为一线技术骨干和管理能手。

2014年1月,陈月忠被调至甘洛线路车间任助理工程师。面对管内整体道床及轨枕板等设备短板,他充分发挥技术优势,全程指导整体道床及轨枕板综合整治工作。

一年后再次回到熟悉的钢轨旁,陈月忠多了一份自信和沉稳,他从前期测量工作做起,优化计算、工作量调查、机具材料人员组织、职工后勤,面面俱到。

开工后,他担任施工负责人,手把手教工班长进行每天作业前的工作量调查,细到每一块支撑块垫多厚的胶垫,每一米钢轨轨距改几毫米、怎么改,都详细写在轨枕上,并配发好材料。

图6-23 维护作业前安全防护交底

图6-24 线路检查

作业过程中,他严格监督作业质量,及时破解作业过程中遇到的技术难题;作业后,认真开展作业回检,对发现的问题进行总结改进。通过一段时间的示范指导,车间工班长均熟练掌握了对照测量资料科学地进行整体道床整治的方法。

当年底,整治过的整体道床线路轨检车公里扣分最少为每公里0.5分。日积月累、跬步千里,陈月忠就是这样锻炼出了一支专业整治队伍,“陈月忠整体道床整治法”在全段推广,形成了全段通用的整体道床整治作业指导书。

2020年11月24日,久在线路上与道砟、钢轨打交道的陈月忠怎么也没想到自己有一天能被评为全国劳动模范如图6-25所示。他走进人民大会堂接受表彰,并聆听习近平总书记的重要讲话。获此殊荣,陈月忠激动地说:“这是党和国家对长期坚守奋战在成昆铁路线上的广大干部职工最大的褒奖。”

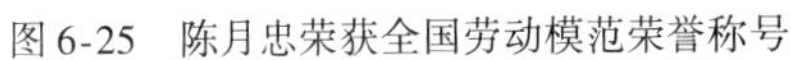
图6-25　陈月忠荣获全国劳动模范荣誉称号

图6-26　线路高低检查

陈月忠担任西昌工电段攀枝花综合维修车间党总支书记兼副主任后,他快速转变工作思路。他认为:“铁道上一颗道钉都可能影响行车安全,细节决定成败,管理也是一样。”因此,陈月忠将过去在技术上一项项攻关的耐心和决心放在了提升车间党员的思想政治能力上。

在他的带领下,党员干部始终在防洪工作中发挥带头作用,工务、电务、供电职工防洪出巡配合紧密,工电接合部问题得到有效解决。通过党员亮身份、晒承诺、强责任等多样化方式,车间安全基础得以夯实,基层党支部的战斗堡垒作用和党员的先锋模范作用得到充分发挥。

回首20余年的积累与沉淀,陈月忠说:“正是成昆铁路艰苦的环境铸就了我们成昆人吃苦耐劳的品质,推动着一代代成昆人朝着共同的目标奋斗,为造福沿线各族人民贡献着自己的绵薄之力,我们始终无悔!”

陈月忠一心扑在成昆铁路上,专挑“老大难”、专啃“硬骨头”,以实际行动书写成昆精神,正是有这样履险如夷的匠人,再多的悬崖峭壁也阻挡不了,铁路助力沿线山区发展的脚步。

单元6.4 养路机械

一、钢轨钻孔机

图6-27　钢轨钻孔机

1. 钢轨钻孔机的结构

(1)动力:可以采用电动机,也可以采用小型汽油机。

(2)卡具:是钻孔机的定位装置,通过卡具将钻孔机固定在钢轨上。

(3)钻孔部分:包括钻头及驱动钻头转动的转轴、转轴支座导杆、手动进给装置。

钢轨钻孔机如图6-27所示。

2. 钢轨钻孔机使用的注意事项

(1)应将钻头刃部打磨锋利。

(2)确定准确的钻孔位置。

(3)手动进给应缓慢、均匀。

(4)钻孔时应不间断供给冷却液。

二、钢轨切割机

1. 钢轨切割机的结构

(1)动力:小型汽油机。

(2)卡具:是切割机的定位装置,能限制切割机沿钢轨方向错位,防止损坏锯片。

(3)切割部分:砂轮切割锯片。

钢轨切割机如图6-28所示。

2. 钢轨切割机使用的注意事项

(1)要保证卡具牢固地卡住钢轨。

(2)砂轮锯片切割钢轨应用力均匀、缓慢,快锯断时应减轻锯片对钢轨的压力。

(3)根据实际情况及时更换砂轮锯片。

a)手提式

b)架立式

图6-28 钢轨切割机

三、城市轨道交通综合检测列车

随着城市轨道交通线路规模的扩大,以及国内部分城市已实现多条线路的互联互通,为提高检测效率和检测数据综合分析水平,更好地指导养护维修,基础设施检测必然向联网运营、综合检测发展。

在充分调研城市轨道交通检测需求和特点的基础上,研制了集轨道、供电、通信等基础设施专业检测系统于一身的城市轨道交通综合检测列车(以下简称"城轨综检车"),如图6-29所示。

图6-29 城轨综检车

城轨综检车以城市轨道交通B型车为载体,采用2动1拖3节编组设计,集成了轨道几何、钢轨廓形、轨道巡检、接触网、车辆动力学、通信、信号等专业检测系统和综合系统，可对轨道、弓网、通信等基础设施状态和车辆动力学进行同步检测，最高设计速度为120km/h。

(一)城轨综检车创新技术

城轨综检车创新技术有以下几种。

1. 时空同步和车载综合数据处理

城轨综检车安装有多种检测设备，对用户来说，需要能通过里程或时间对各检测设备的数据进行精确的索引，以便于综合分析。综合系统就是为满足这个需求而设计的，其包括时空同步、数据网络与集中监控、数据综合处理三大模块。

综合系统采用工业级千兆二层、三层主干以太网交换机和二层接入交换机，应用光纤传输、差分信号、冗余环网、多重备份等技术，将光电编码器、全球导航卫星系统(GNSS)、射频标签(RFID)等多种定位信息源进行融合处理，通过网络将编码器脉冲信息、定位信息及时钟传送到全车的各检测系统，实现各检测系统时间同步、里程同步。

各专业检测系统通过数据网络进行各节点或设备的高清高帧视频、大容量检测数据和文件的交互。数据综合处理系统不仅会对这些数据和信息进行综合分析和处理，并实现基于精确里程位置的多专业检测波形数据同步显示和多次历史数据对比，还可通过人工或无线数据传输系统将这些数据传输至地面数据综合处理中心。

2. 数字式轨道几何检测技术

城轨综检车轨道几何检测系统针对城市轨道交通线路运行站间距短、低速段多、曲线半径小的特点，采用高精度惯性器件和大视野、高分辨率的激光摄像组件，利用惯性测量原理以及机器视觉检测和数字滤波技术，实现了准确、高效的非接触等速检测。轨道几何检测系统结构如图6-30所示。QNX实时操作系统的主机根据精确里程定位装置发送的编码器脉冲信号对图像位移信号和惯性测量信号进行实时等间距采集，再通过数字滤波和计算实时合成轨道几何参数，并将超限数据和波形数据发送至服务器进行波形浏览、超限编辑及报表统计。

轨道几何检测系统采用数字式传感器和数字信号传输方式，数字信号传输稳定，数据精度高，不易受到电磁干扰和模拟通道器件漂移的影响，能够提高低速检测下的检测精度;采用数字滤波器可使数字系统中的增益和相位参数不会随时间增加而变化，减少了系统标定的工作量。通过对滤波器进行优化设计，大幅提升了在小半径曲线直缓、缓圆等曲线特征点上的水平和轨向识别精度，改善了针对城市轨道交通小半径曲线的检测能力和效果。

3. 动态钢轨廓形检测技术

针对城市轨道交通曲线多、车体晃动幅值大、钢轨轨腰污损等易造成干扰的特点，城轨综检车钢轨轮廓检测系统应用测量范围大、分辨率高的激光摄像组件，采用现场可编程门阵列(FPGA)进行图像采集和预处理，设计了基于深度学习的钢轨廓形激光条纹前景分割算法、图像区域划分方法、灰度重心法和亚像素算法等快速、准确的廓形匹配和测量算法，有效降低了动态行车环境下车体晃动及轨腰噪声对磨耗测量造成的影响，大大提高了系统的检测精度。

多次实验结果表明,钢轨廓形动态磨耗检测精度可达0.2mm。钢轨廓形动态测量流程如图6-31所示。

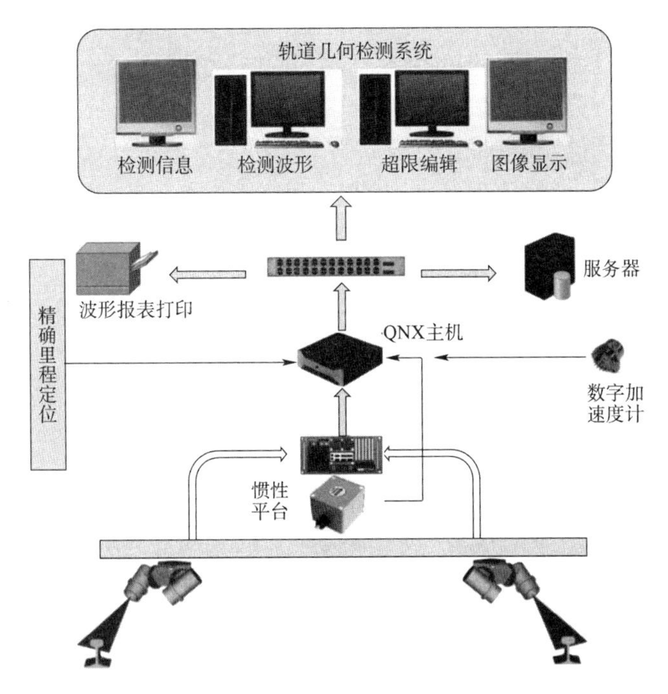

图6-30 轨道几何检测系统结构

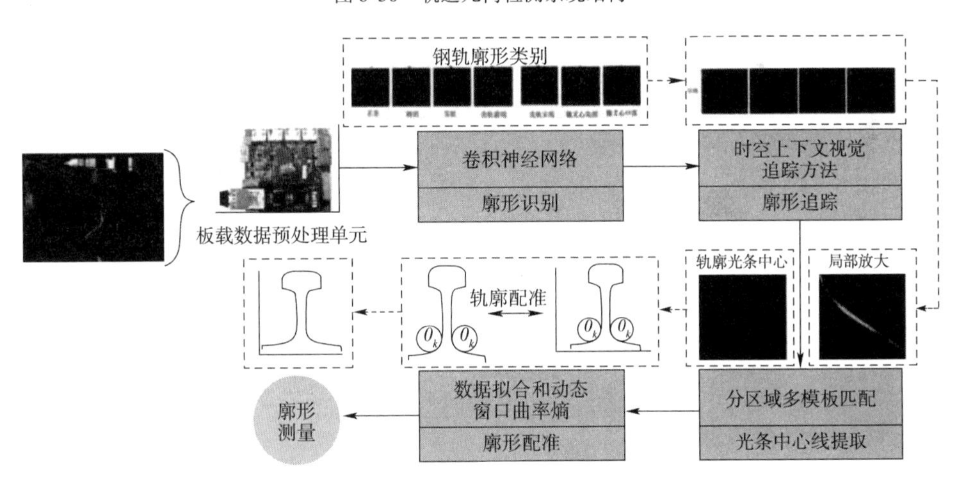

图6-31 钢轨廓形动态测量流程

4. 智能轨道巡检技术

城轨综检车搭载的轨道状态巡检系统采用机器视觉技术对轨道设备的外观状态进行车载式动态检测,包含对钢轨表面擦伤和扣件异常的自动识别。该巡检系统采用一体化线扫描组件设计,高度集成红外激光光源模块与高清线性扫描摄像模块,可在高速运行状态下对轨道进行高清成像。通过对获取的数据进行智能分析,可实现钢轨表面缺陷、轨道扣件异常的自动识别。

(1)基于深度学习的扣件异常智能识别技术

城轨综检车巡检系统在识别扣件时采用深度学习方法。首先,通过图像匹配算法对图像进行精确定位,并运用扣件定位算法从巡检轨道图像中自动提取大量现场轨道的扣件子图,建立扣件数据集。其次,针对扣件图像的复杂情况,对扣件子图进行分类整理,将所有扣件子图分为4个子类,每个子类分别包含约10万个样本,建立用于开展缺陷识别研究的数据集。最后,根据卷积神经网络设计原理,通过构建10层的深度学习网络从积累的扣件数据中获取机器学习特征。迭代训练过程如图6-32所示,扣件异常检出率可达90%以上。

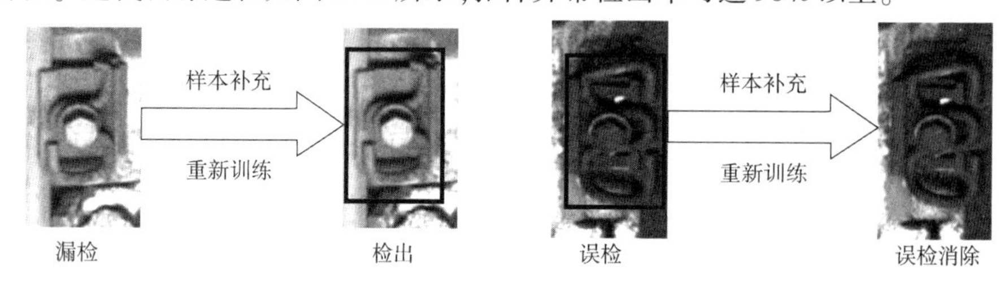

图6-32　迭代训练过程

(2)基于快速特征提取方法的钢轨表面缺陷检测和分类

城轨综检车巡检系统根据对表面缺陷及污迹、打磨噪声干扰等的特征分析,提出了基于缺陷几何形状特征和基于缺陷灰度统计分布特征的钢轨表面缺陷特征快速提取方法,并在钢轨缺陷分类中采用粗糙集理论,从不同类别的缺陷样本数据中抽取分类规则,快速有效地实现了钢轨表面伤损的智能识别,有效排除了轨缝、噪声、污迹等干扰信息。钢轨表面伤损有效识别率达80%以上。

5. 高精度接触网几何检测和补偿技术

考虑到城市轨道交通线路低净空的特性,城轨综检车采用小体积、高精度、高速激光相位扫描仪,实现对接触线高度、拉出值以及多支接触线相互位置等接触网几何参数的测量。接触网几何参数系统原理图如图6-33所示。

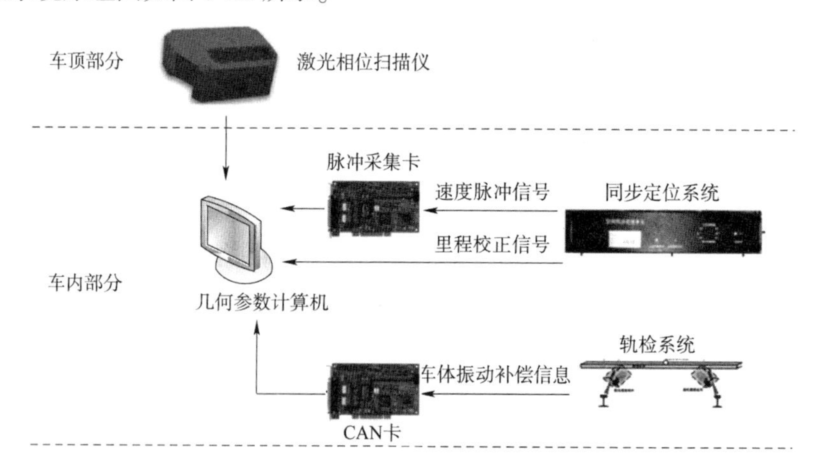

图6-33　接触网几何参数系统原理图

高速激光相位扫描仪安装在检测车车顶,通过高频扇形扫描,实时接收处理传感器返回的角度及距离信息,同时结合轨道几何检测系统提供的车体位移补偿信号,完成接触网几何参数的测量。

该系统结合建立在线性代数和隐马尔可夫模型(hidden markov model)上的卡尔曼滤波器,设计了接触线跟踪预测模型。该模型可在各种复杂干扰的情况下对接触线进行准确定位,并采用自适应和优化算法,以适应城市轨道交通中常用的刚性悬挂与柔性悬挂接触网的不同检测需求。

6. 地面数据中心

城市轨道交通基础设施地面数据中心由检测数据集成管理系统、检测数据集成分析平台和综合可视化展示与发布平台组成(图6-34)。

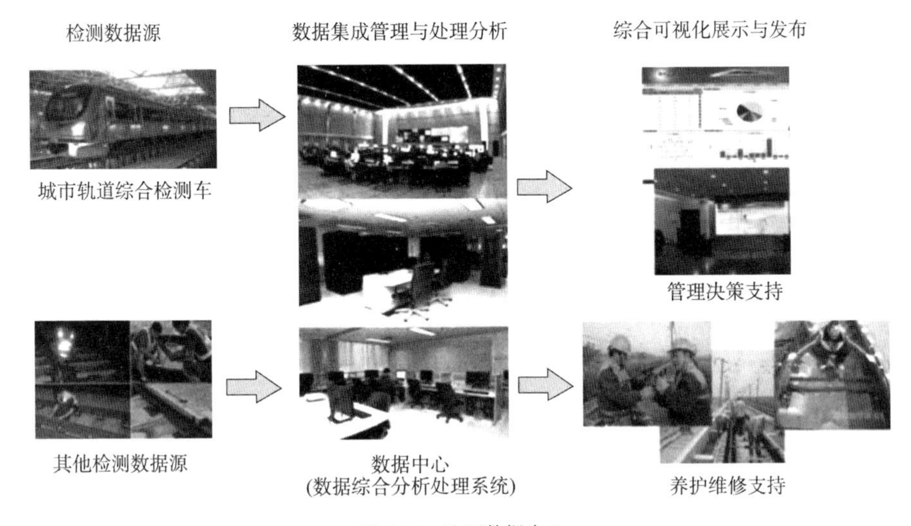

图6-34　地面数据中心

(1)检测数据集成管理系统

检测数据集成管理系统从时间、里程和设备三个维度对各种检测数据进行整合,建立城市轨道交通基础设施数据仓库。数据仓库可全面融合基础设施台账、检测、监测、检测等数据源,同时包括维修、计划、人员、材料、机具等生产数据。

(2)检测数据集成分析平台

检测数据集成分析平台可自动进行检测里程校正、无效识别标记等数据处理,为各专业检测分析系统提供能够客观反映设备状态的准确数据源。同时,各专业检测分析系统还可以利用检测数据集成分析平台提供的计算服务和数据服务,实现分析评估。

(3)综合可视化展示与发布平台

综合可视化展示与发布平台除了可以发布各专业检测分析系统提供的可视化展示与分析报表之外,还可以利用地理信息系统(GIS)技术综合展示诸如设备服役状态、设备故障问题等信息的时空变化,为城市轨道交通的养护维修和决策提供全面、准确的数据。

(二)城轨综检车的发展方向

城轨综检车和地面数据中心的推广应用必然会提升城市轨道交通基础设施的检测和数据应用水平,促进城市轨道交通基础设施养修模式向"检、养、修"分开的模式转变,从而提高城市轨道交通基础设施养修的专业化水平,更好地保障城市轨道交通的安全运营。

知识拓展

深圳迎来"高颜值""株洲造"城轨综检车

城轨综检车是由中车株机研制的"高颜值"地铁综合检测车(图6-35),是深圳地铁轨道交通系统测试国家工程实验室的重要建设内容和主要创新点。中车株机为深圳地铁"量身定制"的综合检测车,突破了常规工程车辆检测功能、夜间天窗作业的限制,多项技术属国内首创。

图6-35 城轨综检车

(1)智能便捷方面,城轨综检车最高速度为120km/h,可通过接触网和牵引蓄电池的供电无缝切换,摆脱接触网的"束缚",能自由穿梭于有电区和无电区。该车完全替代其他单一功能检测车和检测设备,可在深圳7条地铁线路上实现"自由作业",大幅度降低线路养护维修成本,被称为"全能型选手"。

(2)作为绿色环保的代表性产品,该款工程车具有零排放、低噪声、无污染等性能优势,投运后将大大改善沿线运营维护环境,保障施工作业人员身心健康。据了解,一台该款城轨综检车在30年全寿命周期内,比同功率内燃工程车减少碳排放量约2000t,节省运营成本约700万元。

车辆外观首次实现"定制化",侧面色彩切割强调速度与干练,点缀明黄色"腰带",凸显深圳这座城市的青春与活力,车辆比照城市轨道交通列车设计,较传统检测车更美观高端,检测室内配备办公桌椅,空间宽敞明亮,最多允许14位检测操作人员同时作业(图6-36),随着整车在深圳城市轨道交通的投入运用,将助力中车时代电气,在轨道工程机械领域的市场开拓踏上新台阶。

图6-36 城市轨道交通综检车内饰

四、SF02T-FS型钢轨铣磨车

SF02T-FS型钢轨铣磨车为特种用途车(图6-37),具有稳定性好、造型美观、操作轻便灵活、维护方便、司乘条件好、安全防护设施齐全等特点,全车由动力车和作业车组成;主要用于铁路工务部门进行除道岔以外的钢轨铣磨作业,适用于在线对轨头表面纵向和横向廓形进行整修,不需要事先拆除常用轨旁设备,目的是消除钢轨表面的磨损、变形和其他缺陷,修复钢轨廓形,延长钢轨使用寿命。

钢轨铣磨是合理延长钢轨使用寿命的重要环节之一(图6-38),主要是通过若干组铣刀盘采用成型铣削的方式去除钢轨表面缺陷,修复钢轨廓形,效率高、精度高、效果好、限制少,钢轨几何尺寸和钢轨表面平整、光洁,不仅能够提升列车运行的平稳性和安全性,还能够降低轮轨噪声,提升乘客的舒适度。铣磨作业后还可以有效改善轮轨接触关系,减少轮轨间的作用力,提高转向架在直线地段运行稳定性和曲线地段通过性能,延缓钢轨伤损发展,降低钢轨折断的风险,延长轨道设备使用寿命和维修周期。

图6-37 SF02T-FS型钢轨铣磨车

图6-38 铣磨单元

1. 总体参数

轴式:BB2。

最大轴重:14t。

满载铁屑仓总重:最大69t。

最大长度:24.01m。

转向架中心距:8.0~9.1m。

高度:3.5M(UIC标准)。

新轮直径:700mm。

最小轮径:680mm。

最大车速:60km/h。

作业速度:6~17m/min。

2. 系统面板

驾驶室操作面板如图6-39所示。

a)驾驶室左侧操作面板

b)驾驶室右侧操作面板

图 6-39　驾驶室操作面板

3. 操作系统

钢轨铣磨车铣磨作业操作系统主界面如图 6-40 所示。

4. 铣削单元

钢轨的铣削单元如图 6-41 所示。

图 6-40　钢轨铣磨车铣磨作业操作系统主界面

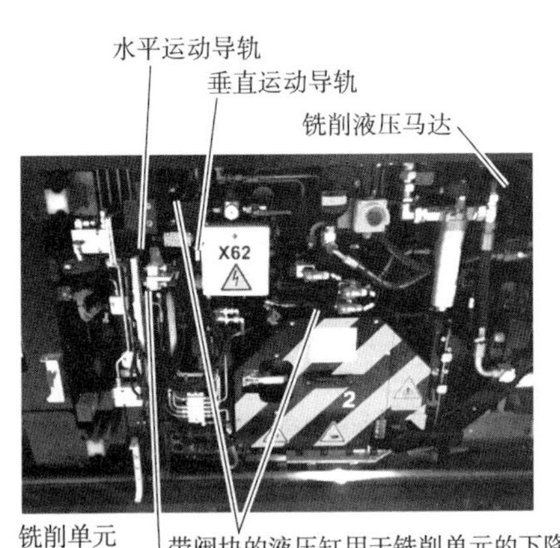

图 6-41　铣削单元

五、CMC-20 钢轨打磨车

CMC-20 钢轨打磨车适用于 50kg/m、60kg/m、75kg/m 钢轨，可在钢轨内侧 75°～外侧 45°范围内打磨，打磨作业过程自动控制双向行驶。CMC-20 钢轨打磨车可进行预防性打磨，去除表面锈蚀和氧化皮；也可进行修复性打磨，去除波浪磨耗和表面缺陷。CMC-20 钢轨打磨车如图 6-42 所示。

1. 车辆参数

车身尺寸：13500mm × 2650mm × 3760mm。

连挂长度：26480mm。

单车重量：46t。

最小行走半径:150m。
最大通过坡度:45‰。
最高平直线走行速度:>60km/h。
打磨速度范围:2~16km/h。

a)打磨车工作照

b)打磨车运行照片

图6-42 CMC-20钢轨打磨车

2. 打磨装置

打磨装置的具体参数条件参照表6-5所示。

打磨装置总成技术条件 表6-5

<table>
<tr><th>序号</th><th colspan="2">参数</th><th colspan="2">打磨头</th></tr>
<tr><td>1</td><td colspan="2">砂轮型式</td><td>碟形</td><td>杯形</td></tr>
<tr><td>2</td><td colspan="2">打磨头数量</td><td>2</td><td>8</td></tr>
<tr><td>3</td><td colspan="2">砂轮直径(mm)</td><td>280</td><td>152</td></tr>
<tr><td>4</td><td rowspan="4">打磨头参数</td><td>驱动方式</td><td colspan="2">液压</td></tr>
<tr><td>5</td><td>转速(r/min)</td><td>3600</td><td>5800</td></tr>
<tr><td>6</td><td>额定驱动功率(kW)</td><td colspan="2">17</td></tr>
<tr><td>7</td><td>驱动压力(MPa)</td><td colspan="2">23</td></tr>
<tr><td>8</td><td colspan="2">打磨进给回路压力(MPa)</td><td colspan="2">10</td></tr>
<tr><td>9</td><td colspan="2">打磨控制回路压力(MPa)</td><td colspan="2">10</td></tr>
<tr><td>10</td><td colspan="2">偏转角度(°)</td><td colspan="2">-75~+45</td></tr>
<tr><td>11</td><td colspan="2">打磨头角度调整精度(°)</td><td colspan="2">±0.5</td></tr>
<tr><td>12</td><td colspan="2">打磨头最大横移量(mm)</td><td colspan="2">112</td></tr>
<tr><td>13</td><td colspan="2">导向轮直径(mm)</td><td colspan="2">127</td></tr>
<tr><td>14</td><td colspan="2">外形尺寸(长×宽×高)(mm)</td><td colspan="2">4370×2430×1050</td></tr>
<tr><td>15</td><td colspan="2">质量(t)</td><td colspan="2">6</td></tr>
</table>

前沿技术

我国首列城市轨道交通综合检测列车

2021年12月7日凌晨,伴随着笛音,我国首列城市轨道交通综合检测列车(3B型)(图6-43)始发出库,开展北京地铁19号线测试任务。

此次测试是经铁科院与北京市轨道交通运营管理有限公司等各方的精心组织、通力协作,搭载了轮轨关系、弓网关系、隧道衬砌结构、通信系统场强覆盖、信号系统车地传输、激光限界检查等12套检测系统,完成了城市轨道交通综合检测列车在北京地铁的首次亮相。这标志着我国城市轨道交通领域首次采用综合检测列车对新建线路进行动态检测评估。

当天,城市轨道交通综合检测列车以最高100km/h运行速度对即将开通试运营的北京地铁19号线开展了全段面、多专业的综合检测评估(图6-44)。本次首秀,是根据用户实际需求,按照北京市地方标准《城市轨道交通工程动态验收技术规范》(DB11/T 1714—2020)的相关规定进行的示范性应用。在高速铁路领域,新建线路开通前也需按照《高速铁路工程动态验收技术规范》(TB 10761—2013),采用高速综合检测列车("黄医生")对高速铁路进行联调联试和动态验收。运营期间还需要定期采用"黄医生"对线路质量和安全状态进行检测,并按照统一标准对各条铁路干线进行打分评价。

图6-43 我国首列城市轨道交通综合检测列车(3B型)

图6-44 我国首列城市轨道交通综合检测列车执行综合检测评估任务

城市轨道交通综合检测列车是国家发改委"城市轨道交通综合试验检验工程"项目的重要组成部分,在吸收高速铁路"黄医生"的先进经验基础上,充分考虑城市轨道交通实际工况,打造专属于城市轨道交通领域的综合检测移动装备。车辆采用3节编组B型电客车,兼容DC1500V接触网、750V/1500V接触轨多制式供电,满足标准A型、B型城市轨道交通车辆运用条件,最高运行速度为120km/h。

城市轨道交通综合检测列车的成功应用,填补了以综合检测列车对城市轨道交通新建线路进行检测评估的空白,丰富了城市轨道交通工程验收、安全评估的技术手段;为统一技术标准、统一技术手段对城市轨道交通线路运营质量和安全进行统一评价打分奠定了基础;为整合线网级检测资源,降低运营成本,实现"智慧城轨"及"交通强国"战略提供了有力支撑。

能力提升

1. 内容

(1)您所在城市或邻近城市的城市轨道交通线路需要静态检查、动态检查;如果检查不合格,需要维修或大修。请您编写线路静态检查方案,将动态检查设备、常用的一些养路机械汇总整理成 PPT。

(2)作为一名城市轨道交通工务人员,应具备哪些素质。

2. 要求

(1)以小组为单位进行活动,各组人员不超过 6 人,推选组长 1 人。组长负责整体活动计划,协调、督促成员完成任务。

(2)每组制作汇报 PPT,由任课教师任选 1 名成员在课堂上讲解。

知识巩固

一、填空题

1. 线路检测从检测形式上可分为__________检查和__________检测。

2. 线路检查制度包括:日检、__________、月检、__________、__________、__________。

3. 按检测的对象划分,线路静态检测的项目分为__________、__________、__________等。

4. 线路几何尺寸量测内容一般包括__________、__________、__________、方向及曲线正矢。

5. 钢轨损伤又分为__________、__________和__________三种。

6. 轨道部件状态检查方法分为__________和__________。

7. 钢轨静态探伤检测中,目前广泛应用的无损探伤方法是__________。

8. 道床状态包括__________、__________和__________等。

9. 城市轨道交通线路修理分为__________和__________。

10. 城市轨道交通线路由于列车运行和自然力的作用,不仅发生__________变形,而且产生__________变形。

11. 线路设备维修工作必须掌握线路设备技术状态变化规律,应贯彻“__________,__________,修养并重”的原则。

二、简答题

1. 什么是线路检测中的静态检测?

2. 线路检测用到的主要机具材料有哪些?

3. 轨枕状态检测的内容有哪些?

4. 简述添乘检测周期及检测项目。

5. 简述轨道综合检测车检测检查周期。

6. 城市轨道交通线路单项大修主要内容有哪些?

模块7
城市轨道交通其他组成部分

背景导入

城市轨道交通系统是一个庞大而复杂的系统,包含多个专业系统共同工作,保证城市轨道交通的有序、安全、平稳运行。

小铁平时在乘车时只看到了车站里面的一些设备与站房,所以他以为城市轨道交通建成以后运营就很简单,上班很轻松了,小铁将这个想法请教了专业老师,老师告诉他"平时只是看到了表面的,其实还包括很多的专业系统",那城市轨道交通的其他系统还有哪些?

知识目标

1. 了解城市轨道交通车辆的基本知识。
2. 了解城市轨道交通供配电系统的基本知识。
3. 了解城市轨道交通信号与通信的基本知识。
4. 了解城市轨道交通车站机电设备系统的基本知识。
5. 了解城市轨道交通运营管理的基本知识。

能力目标

1. 能描述城市轨道交通其他系统的主要内容与作用。
2. 具备城市轨道交通系统之间协调能力。
3. 会通过正规出版物和权威机构官方网站查阅相关资料,熟练使用办公软件。

素质目标

树立服务意识,培养诚实守信、责任担当、职业自豪感、团结协作、无私奉献的劳模精神。

建议学时

12 学时。

单元7.1 城市轨道交通车辆

城市轨道交通车辆是城市轨道交通系统中的关键设备，主要包括地铁车辆、轻轨车辆、单轨车辆等。其中，地铁车辆比较具有代表性。一般为电动车组，有单节式、双节式和三节式等类型，有动力车与非动力车之分，各种城市轨道交通车辆的传动及控制大同小异，仅根据各自的运行工况进行功率、控制环节和某些子系统的增减。

一、城市轨道交通车辆分类

城市轨道交通车辆的类型

1. 按车辆规格分类

城市轨道交通车辆按车体宽度分为A、B、C三类车型。

(1)A型车车体基本宽度为3m；轴重最大为16t，载客量最大；A型车的最大载客量正常状况下为310人/辆。

(2)B型车车体基本宽度为2.8m；B型车的最大载客量正常状况下为240人/辆。

(3)C型车车体基本宽度为2.6m。

我国的一些大城市在开始投入运营时，只有上海、广州、深圳、南京4个城市地铁繁忙线路使用A型车；当前新建地铁的城市大多采用B型车，如苏州、杭州、沈阳、长春、南宁等；轻轨线路较多地使用C型车。

2. 按牵引动力配置分类

按牵引动力配置分类，城市轨道交通车辆有动车(自身具有动力装置，即装有牵引电机)、拖车(不装备动力装置)、带司机室车和不带司机室车等多种形式。

(1)动车(Motor，用“M”表示)：车辆本身具有动力装置，有牵引和载客双重功能。带受流装置的动车常用“M′”表示，不带受流装置的动车用“M”表示。

(2)拖车(Train，用“T”表示)：车辆本身不带动力装置，需要动车拖动的车辆，仅有载客功能。设有司机室的拖车用“Te”表示，带受流装置的拖车用“T′”表示。

3. 按车体制作材料分类

按车体制作材料分类城市轨道交通车辆分为普通碳素钢车、耐候钢车、铝合金车和不锈钢车。

4. 按受电方式分类

按受电方式分类城市轨道交通车辆分为受电弓受电车和受流器受电车。

5. 按电压等级分类

按电压等级分类城市轨道交通车辆分为DC750V和DC1500V。

6. 按牵引控制系统分类

按牵引控制系统分类城市轨道交通车辆分为直流变阻车、直流斩波调压车、交流变压变频车和直线电机变频变压车。

二、城市轨道交通车辆编组

城市轨道交通车辆中,动车和拖车通过车钩连接而成的一个相对固定的编组称为一个单元(动力),列车可以由一个或几个单元编组而成。城市轨道交通车辆编组主要包括列车中动车与拖车的分布形式,以及车辆之间的连接方式。车辆编组需考虑的因素有线路坡度、运营密度、站长长度、安全可靠性、工程投资、客流大小等。

无电机和传动装置的车辆称为拖车,可分为无驾驶室(T 或 A)和有驾驶室(T_c 或 A)两种情况。有电机和传动装置的车辆称为动车,可分为无受电弓(M 或 C)、有受电弓(Mp 或 B)、有驾驶室(Mc)、有受电弓及驾驶室(Mcp)几种情况。

在车辆编组方式中,“M”表示动车,“T”表示拖车,“c”表示带有司机室,“p”表示带有受电弓,“+”代表全自动车钩,“-或*”代表半永久牵引杆,“=”代表半自动车钩。地铁车辆编组一般为4~8辆/列,通常以6辆/列为多。6节编组其排列顺序为A、B、C、C、B、A。6辆车编组的列车按以下形式配置(图7-1):+A-B-C=C-B-A+,构成列车的基本单元定义为:+A-B-C=。

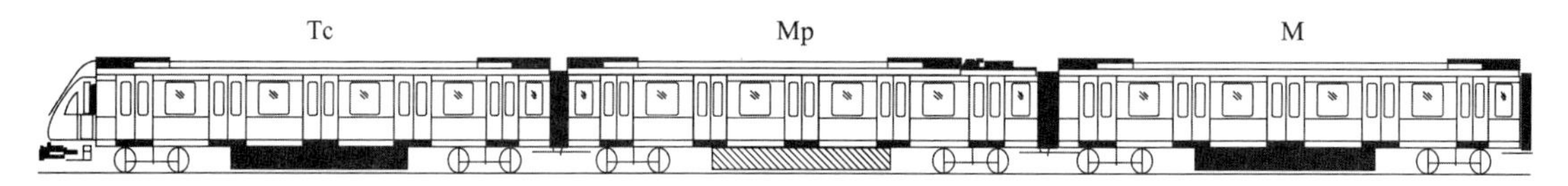

图7-1 列车单元编组图

我们国家各个城市的城市轨道交通编组方法都不尽相同,但是均采用动、拖混编的方式。城市轨道交通车辆编组主要有四动二拖、六动二拖、二动二拖、三动三拖等编组形式。

(1)北京地铁编组

例如,北京地铁4号线的列车编组为+Tc-M-Mp-T-M-Tc+,由3个单元车组成;杭州地铁1号线、深圳地铁3号线等列车编组为+Tc-Mp-M=M-Mp-Tc+,由两个单元车组成,每一单元车为二动一拖;北京地铁八通线原来的4辆编组为+Mc-Tp=T-Mc+,共两个动力单元,每一单元车为一动一拖。

列车并非一定是偶数编组,主要取决于城市及其线路的近远期客流量的大小。例如,苏州地铁1、2号线,无锡地铁1号线均采用5辆编组,编组方式为+Tc-Mp-M-Mp-Tc+。

(2)合肥地铁编组

目前,以合肥地铁为例,合肥地铁车辆采用6节编组,即四动二拖形式,编组方式为+Tc*Mp*M=M*Mp*Tc+。

“+Tc*Mp*M=”构成最小动力单元,具有独立运行的能力,但只能以低速且在非运营的情况下运行。

(3)广州、上海地铁编组

广州地铁1号线车辆采用6节编组,即四动二拖形式,编组方式为+A*B*C=C*B*A+。

广州地铁3号线早期也采用过两动一拖的3节编组,编组方式为+A*B*A。

上海地铁2号线采用8节编组,即六动两拖形式,编组方式为+A=B*C=B*C=B*C=A+。

随着城市的发展,在既有线路不能满足客运能力的需要时,存在扩编问题。比如,北京地铁八通线的“4改6”,上海地铁1号线的“6改8”等。上海地铁1号线6辆编组方式为+A-B-C=C-B-A+,而扩编的8辆编组方式为+A=B-C=B1-C1=C-B=A+,是在原来的6辆上增加一个B-C单元,并将各单元之间以半自动车钩进行连接。

三、城市轨道交通车辆组成

城市轨道交通车辆类型不同,技术参数也不一样,但基本结构类似。城市轨道交通车辆主要由车体、转向架、车钩及缓冲装置、制动装置、空调通风系统、车辆电气牵引系统、辅助供电系统、列车控制和诊断系统、乘客信息系统九部分组成。

1.车体

车体是指在车辆上容纳乘客、安装各种车载设备的箱形承载结构。车体主要由底架、侧墙、端墙及车顶组成,如图7-2所示为深圳地铁1号线A车结构。车体原来采用普通碳素钢制造,后来为了延长车体的使用寿命,耐腐蚀的耐候钢被广泛应用。目前,为达到在最轻的自重下满足强度的目的,车体普遍采用整体承载的不锈钢结构或铝合金结构,并且采用模块化生产工艺。车体底架采用上拱结构,即使在满载情况下车体也不会产生下挠度。车体有带司机室车体和无司机室车体两种类型。一般司机室采用框架结构,外罩玻璃纤维增强塑料罩壳,用螺栓紧固在车体构架上。在隧道运行的车辆前端还应设有乘客紧急安全疏散门。司机室内布置有驾驶台、座椅和司机需要操作的各种电气设备箱。

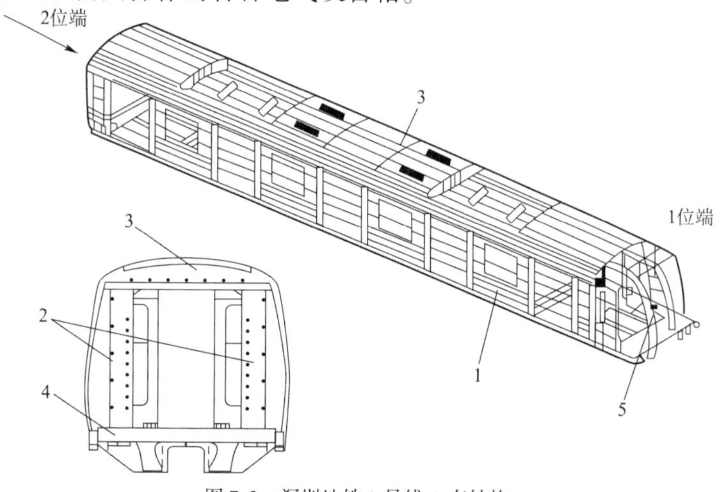

图7-2 深圳地铁1号线A车结构

1-侧墙;2-端墙;3-车顶;4-底架;5-司机室

车体是搭载乘客的地方,采用美观、舒适的内部装饰。每侧有车窗和供乘客上、下的宽型车门及其传动装置,车体内还应布置座椅、扶手、立柱、乘客信息系统等各种服务设施以及车门紧急手柄、紧急对讲、灭火器等安全设施,并安装车辆电子、电器、机械等各种设备和部件。

车辆及其设备禁止使用易燃材料,应采用高阻燃性、低发烟浓度、低毒性的环保材料,车体不仅要有隔声、减振、隔热、防火和各项保护乘客安全的措施,还应有良好的密封性和排水功能,以适应全天候运行的要求。

2. 转向架

转向架是与车体底架相连,承载并缓冲车体荷载,引导车辆沿轨道行驶的部件组合体。城市轨道交通车辆结构示意图如图 7-3 所示。转向架分动力转向架和非动力转向架,它位于车体和钢轨之间。转向架一般由构架、弹簧悬挂装置、轮对装置和制动装置组成。对于动力转向架还设有牵引电机及齿轮传动装置。转向架引导车辆沿着轨道行驶,同时承受、传递来自车体及线路的各种载荷,并缓和其动力作用。地铁、轻轨车辆转向架一般利用转向架轮对踏面与钢轨的黏着力,产生牵引力和制动力,同时使车辆沿着轨道行驶。跨座式单轨车辆转向架由走行轮、导向轮、稳定轮代替地铁、轻轨车辆的钢制车轮,走行轮为充氢气的钢丝橡胶轮胎;导向轮、稳定轮是填充压缩空气的尼龙丝橡胶轮胎。磁悬浮车辆是由直线电机推动车辆行驶,用悬浮、导向电磁铁进行车辆的悬浮和导向。转向架是保证车辆运行质量、动力性能和运行安全的关键部件。

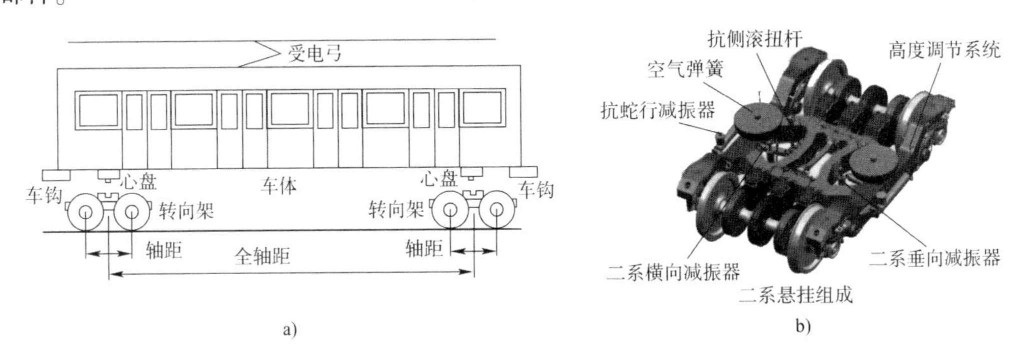

图 7-3 城市轨道交通车辆结构示意图

3. 车钩及缓冲装置

城市轨道交通车辆是由车钩连接成编组运行的列车。为了改善列车纵向冲击,在车钩的后部装有缓冲装置。另外,还必须连接车辆之间的电气和空气的管路。因此,车钩及缓冲装置包括车钩、缓冲器、电路连接器和气路连接器。它们能连接车辆以及车辆间的电路和气路,并传递和缓冲列车运行时的牵引力、制动力及其他冲击力。

城市轨道交通车辆大都采用密接式车钩及缓冲装置,如图 7-4 所示。密接式车钩分为全自动车钩、半自动车钩和半永久牵引杆三种。全自动车钩一般设置在列车端部,在低速时可实现机械、电路、气路的自动连接与分离;半自动车钩一般安装在组成列车的车组之间,有时也设置在列车端部,可以实现机械、气路的自动连接与分离,而电路需要人工进行连接与分离;半永久牵引杆安装在列车

车钩及缓冲装置

车组的两节车辆之间，用可以拆卸的一副牵引杆进行连接，其气路、电路均需人工进行连接。车钩和缓冲装置固定在车体底架上，在车辆运行中的牵引、制动时发生的纵向拉力和压缩力经车钩、缓冲器，最后传递给车体底架的牵引梁。缓冲器起到缓解车辆之间冲击的作用。

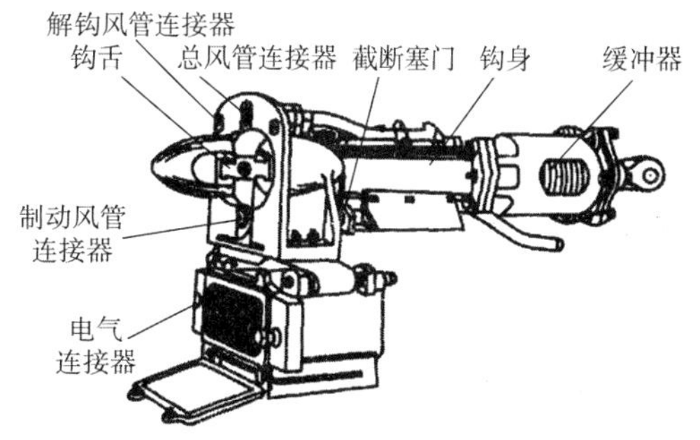

图7-4 密接式车钩及缓冲装置

4. 制动装置

制动装置是使车辆减速、停车，保证列车安全运行所必不可少的装置。在动车、拖车上都设置有制动装置，使运行中的列车按需要减速或在规定的距离内停车。城市轨道交通车辆制动装置除常规的机械(压缩空气)制动装置外，还要求具有电制动(再生制动、电阻制动)功能，并且应充分发挥电制动能力，且电制动和机械制动能够协调配合。

城市轨道交通车辆的制动系统能保持各车辆的减速度一致，以减少车辆制动时的纵向冲动；具有根据载客量变化的制动力自动调整功能；具有紧急制动能力，除在遇到紧急情况可由司机施加紧急制动以外，在车辆运行过程中发生车辆分离等危及列车运行安全事故时列车还可自动进行紧急制动。

城市轨道交通车辆的制动形式有摩擦制动和电制动两种。其中，摩擦制动有以压缩空气为动力的闸瓦制动、盘式制动，以及用电磁铁与钢轨的作用力进行制动的轨道电磁制动；电制动有再生制动和电阻制动。摩擦制动的压缩空气动力由车辆的供气系统供给。供气系统主要由空气压缩机、干燥过滤器、压力控制装置和管路组成，同时向空气弹簧需要压缩空气的设施供气。电制动是在车辆制动时将牵引电机变成发电机，将列车动能变为电能。再生制动是将这种电能反馈到电网供给其他列车使用，电阻制动是将电网不能吸收的电能通过电阻器将其转变为热能散发到大气。

5. 空调通风系统

城市轨道交通车辆由于客流密度大，为改善车厢的空气质量必须装有通风装置。

车辆的通风方式有自然通风、强迫通风和空调通风。车厢空气质量的好坏是影响乘客舒适性的重要方面，随着城市轨道交通车辆服务质量的提高，自然通风已不被采用，单一的机械式强迫通风系统也逐渐被空调通风系统所取代。空调通风系统主要由压缩机、蒸发器、冷凝器、冷凝风机等组成。车厢内部分空气和车厢外的风相混合，经空调机组处理后送入车厢。根据城市的自然条件和列车的运行环境，一些车辆还设置了采暖装置。采暖一般采用电热器，安装在车厢的座椅或侧墙下方。

6. 车辆电气牵引系统

车辆电气牵引系统包括车辆上的受流器和各种电气牵引设备及其控制电路。

受流器有第三轨受流器和受电弓两种，其受流图如图7-5、图7-6所示。受流器的选择主要取决于供电电压。供电电压为DC 750V时，一般采用第三轨受流器，其优点是对市容景观影响较小；供电电压为DC 1500V时，一般采用受电弓受电，其优点是线路电压降低、能量损失少，同时需要的牵引变电站数量少。

设备三轨集电靴

a)

a)

图 7-5 第三轨受流图

电动弓

气动弓

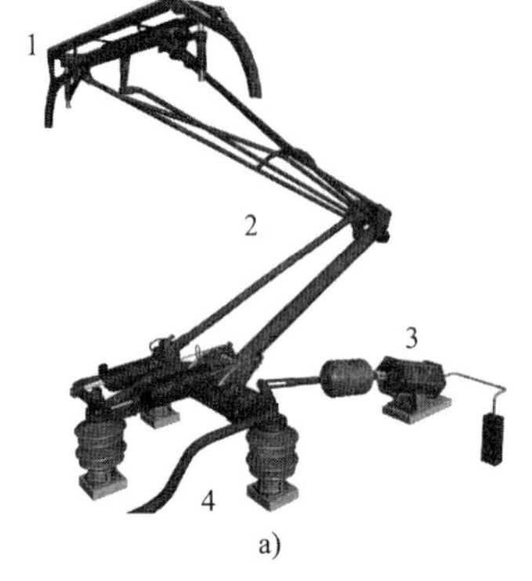

a)

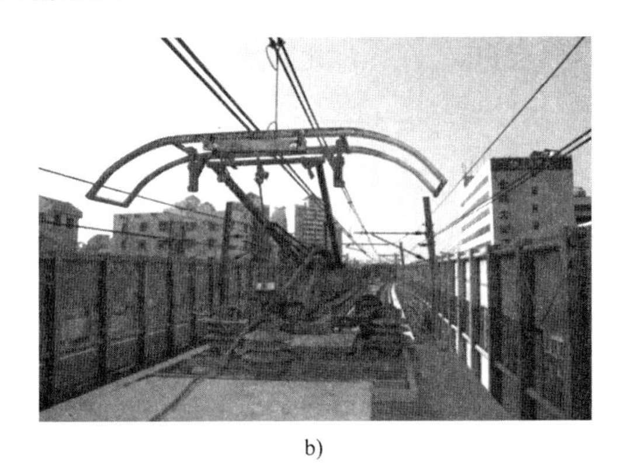

b)

图 7-6 受电弓受流图

1-弓头部分;2-铰链部分;3-传动机构;4-底架

车辆电气牵引系统有直流电气牵引系统和交流电气牵引系统两种。车辆电气牵引系统采用直流牵引电机,虽然它有重量重、体积大、维修量大的缺点,但由于其具有调速容易的优点,也曾得到广泛的应用。随着电力电子技术和微电子技术的高速发展,城市轨道交通车辆主要采用交流调频调压(VVVF)技术的交流电气牵引系统,具有效率高、控制性能好等优点。

车辆直流电气牵引系统的控制方式从凸轮变速发展到斩波变速方式,都是将车辆动能转化的电能消耗在电阻上,存在着浪费电能的缺点。随着电子技术的发展,直流电气牵引系统的控制方式已发展为计算机控制的斩波调压变速方式,可将车辆动能转化的电能存储在电抗器中,之后反馈到电网。直流斩波调压变速方式的主要优点包括:只有在列车电制动电网不能吸收再生电能时才由电阻消耗电能,节约能量;电机的电流波动小,黏着能力提高;结构简单,便于检修。

城市轨道交通车辆交流电气牵引系统的控制方式是采用计算机控制的 VVVF 技术,牵引逆变器主要由输入滤波器、三相逆变线路、制动斩波线路和控制线路组成。VVVF 变速控制的优点:采用交流异步牵引电机无接点控制,维修量大大减少;电气牵引系统小型轻量化、减少重量;黏着性能好,黏着能力提高。

7. 辅助供电系统

城市轨道交通车辆上的辅助设备,如车厢通风、空调及牵引等系统设备的通风和空气压缩机电机、照明(采用交流电源)等交流负载,以及乘客信息系统、列车控制系统、车辆及其子系统控制系统、电动车门驱动装置、蓄电池充电器、照明(采用直流电,源)等直流负载,都是由车辆辅助供电系统进行供电。

辅助供电系统主要由辅助静态逆变器、充电器、蓄电池三大部分组成。

8. 列车控制和诊断系统

现代化的城市轨道交通车辆,列车计算机控制系统具有自我监视、诊断、信息采集、记录和显示等功能。车辆及车辆主要系统都采用计算机进行自动控制,能够对列车主要设备的运行状态自动进行故障诊断。

使用计算机控制设备的监控和诊断系统,能用手提数据收集器通过列车上的USB维修接口来收集所有的各种有关数据,也能在各系统微处理器的本地维修接口收集到相关数据。所收集数据的种类和精确度须能满足维修和分析故障的需要。

9. 乘客信息系统

城市轨道交通车辆信息系统向乘客提供列车运行信息、安全信息和其他公共信息,如列车的终点站、停车车站、换乘信息等;在列车发生故障时,向乘客提供回避危险的指挥、指导信息等。乘客信息系统包括广播、列车运行线路电子显示图、LED显示屏、LCD显示屏,以及各种文字、图示固定信息。向乘客播报和显示的各种形式的信息不仅应简洁明了,还要正确并同步,避免对乘客产生误导。

知识拓展

建设北京地铁1号线时,车辆研发工作(电动客车)由原国家计划委员会指定原铁道部长春客车厂(简称长客厂)和原机械工业部湘潭电机厂(简称湘潭厂)承担,长客厂负责机械和总成,湘潭厂负责配套电机电气设备,并成立了两部联合工作组。

工作组于1962年在湘潭牵引电气设备研究所进行联合设计,以确定未来城市轨道交通车辆的规格和主要技术参数。当时国家面临东西方的经济、技术封锁,没有任何图纸和样品,只能走自力更生的道路,唯一的参考资料就是从苏联回来的留学生介绍的一本关于莫斯科地铁车辆的公共出版物——《莫斯科地铁д型车》。这次联合设计决定了北京地铁车辆的主要规格类似现在的B1型车辆,每台车辆都是动车并配有司机室,供电采用直流750V第三轨供电,主电机76kW,用凸轮控制器切换电阻控制车辆启制动。

1963—1965年,两厂均推行苏联管理模式,执行技术路线非常严格。产品的技术设计、工艺设计、型式试验、工业试验、小批生产、批量投产等都有序可循,到1965年底有了产品原型。车辆上使用的湘潭电器产品中,部分接触器借用于工矿车,部分产品参照莫斯科地铁车辆,大量的设计人员提出了创新技术。试验断断续续进行到1966年10月份,工作组开始编写试验报告,工厂根据原型车辆的试验报告,对各个产品进行整改优化后,小批量生产了2台,在北京地铁DK1型车辆001号和002号上装车(图7-7)。在此基础上,大批量生产了80台北京地铁DK2型车辆(图7-8),这是20周年国庆的主力车型。2台DK1型车辆没有再用,至今仍在北京地铁运营公司作为纪念保留下来。

大家在艰苦的条件下,克服困难、敢于探索,为国家做贡献的精神值得敬佩!

图 7-7　DK1 型车辆

图 7-8　DK2 型车辆

前沿技术

首列中国标准地铁列车下线

我国地铁车辆向“标准化”迈出关键一步。2021 年 6 月 28 日,由中国中车承担研制的我国首列中国标准地铁列车在郑州下线(图 7-9),标志着我国在地铁车辆技术领域取得重大创新突破。

图 7-9　我国首列中国标准地铁列车在郑州下线

为推动城市轨道交通产业持续健康发展，提升我国城市轨道交通装备技术水平和核心竞争力，2019年7月开始，中国中车联合中国城市轨道交通协会、各地铁公司、科研院校及协作单位共同实施了系列化中国标准地铁列车研制及试验项目，目的是突破关键核心技术，打造适应中国需求、技术先进的“标准化”地铁列车平台，提高我国地铁装备标准化、模块化水平，建立城市轨道交通装备中国标准体系。经过两年的技术攻关，我国首列中国标准地铁列车成功下线，标志着项目取得重大阶段性成果。

据介绍，中国标准地铁列车是以中国标准为主导，采用标准化、模块化、系列化的设计理念，继承既有地铁列车运用经验并结合国内地铁用户需求自主开发的、具有技术引领性的全新产品平台。中国标准地铁列车拥有完全自主知识产权，“中国标准”覆盖率达到85%以上，与常规地铁相比，实现了“九化两提升”。

1.“九化”

(1)关键部件自主化。开展核心技术、关键部件全面自主研发，通过技术攻关，中国标准地铁列车所有关键零部件均实现自主研发制造。

(2)零件通用化。对车辆零件进行统型，完成200种易损易耗件、备品备件的简统化设计，使零配件最大程度通用化。

不同线路、不同车型、不同厂家的车辆及零件可以互换通用，减少了备品备件数量，降低了运维成本。

(3)部件模块化。按照“功能、性能统一，电气、机械接口统一”的原则，标准地铁搭建了250多种部件模块，实现模块化设计。模块化使造地铁就像“搭积木”一样，可以大大缩短研制周期，快速满足用户需求，降低地铁车辆设计、制造和维护的成本。

(4)系统集成化。对车辆软件、硬件进行集成融合，通过多网融合、多屏融合、多部件集成等，提高了车辆的一体化、集约化水平，使系统更加稳定可靠。

(5)功能配置化。车辆功能实现“菜单式”配置，可“个性化定制”。在基本功能基础上，标准地铁推出了170多项选配功能，涵盖旅客界面、车辆运维、智能化服务等，用户可根据需求个性化定制。

(6)整车标准化。统一车辆基本尺寸参数、速度指标、车体轮廓、接口、电气控制原理、通信协议、修程修制等，实现了整车标准化。基于标准化，标准地铁形成了完善的全寿命周期技术与管理标准体系，有利于降低地铁建设与运营维护成本，为实现城市轨道交通“互联互通”跨线运行提供条件。

(7)产品系列化。在中国标准地铁列车技术平台下，搭建了4种车型的系列化产品平台，即时速80km的A型车和B型车、时速120km的A型车和B型车。同时，每种车型可自由配置驾驶模式、受电方式、车辆编组、车体轮廓等，最大限度地满足用户个性化需求。

(8)产业规模化。通过协同创新，标准地铁实现了核心技术、关键部件完全自主化，建立了完整的产业链和供应体系，形成了从零部件、部件到系统集成超过300家供应企业的规模化产业集群，有力保障了城市轨道交通产业链安全和可持续发展。

(9)行业规范化。中国标准地铁列车对车辆各部件和系统的技术规范进行统一，形成了城市轨道交通车辆技术标准体系。已编制形成整车技术规格书4套、企业标准205项、团体标准22项、国家标准10项，为指导和规范城市轨道交通行业建设提供了行之有效的标准支撑。

与常规地铁相比,中国标准地铁列车还采用大量新技术,实现整车安全和性能提升,具有更加安全可靠、智能舒适、绿色环保、经济适用等显著技术优势。

2.“两提升”

(1)安全再升级。通过提高软件安全等级、车体强度、防火标准,增加智能监测技术等,车辆安全性进一步提升。

(2)性能更优越。优化降噪设计,车内噪声降低2~3dB(A);应用新型节能技术,列车用电量等级达到A级,节能10%;增加智能运维系统,车辆运用维护的智能化水平更高,实现正线故障率降低10%,检修效率提升20%;可靠性更高,列车平均无运营故障间隔里程提高50%;优化修程修制,车辆安全寿命周期成本进一步降低。

据介绍,此次下线的地铁列车是GOA4级全自动驾驶的时速120km的B型车,由中车四方股份公司研制,是在中国标准地铁列车技术平台下诞生的首个车辆产品。目前,中国标准地铁列车平台下时速120km的A型车、时速80km的A型车和B型车的研制也在顺利推进中。

系列化中国标准地铁列车的研制和示范应用,将推动我国地铁车辆标准体系的进一步完善,引领我国城市轨道交通装备“标准化”发展,降低城市轨道交通全寿命周期成本,增强我国城市轨道交通装备技术核心竞争力,为实现城市轨道交通高质量可持续发展,助力“交通强国”战略提供重要的装备支撑;中国标准地铁列车承载着加快我国城市轨道交通装备技术自立自强的使命担当,将引领我国城市轨道交通技术再升级,也鼓励了我们当代大学生为实现“科技强国”而奋斗。

单元7.2 城市轨道交通供配电系统

一、概述

1. 城市轨道交通供配电系统的功能

电能是城市轨道车辆电力牵引系统必需的能源,电动车辆以及为轨道交通运营服务的机电设备,包括通风、空调、照明、通信、信号、给排水、防灾报警、电梯、电动扶梯等也都依赖并消耗电能。在城市轨道交通运营中,若供电一旦中断,不仅会造成城市轨道交通运营瘫痪,而且还有可能危及乘客生命安全,造成财产损失。因此,高度安全、可靠而又经济合理的供给电力是城市轨道交通正常运营的重要条件和保证。

城市轨道交通系统是一个重要用电部门,它不同于一般工业和民用的用电,为一级负荷。一级负荷规定由两路独立的电源供电,当任何一路电源发生故障中断供电时,另一路应能保证一级负荷的全部用电。

2. 城市轨道交通供配电系统的组成

城市轨道交通供电电源一般取自城市电网,通过城市电网一次电力系统和城市轨道交通供电系统实现输送或变换，最后以适当的电压等级、一定的电流形式（直流或交流电）供给用电设备。

城市电网一次电力系统由国家电力部门建造与管理，它包括发电厂、传输线、区域变电站。发电厂是发出电能的中心，一般可分为火力发电厂、水力发电站和原子能核电站等，高压通过三相传输线输送到区域变电站。

在区域变电站中，电能先经过降压变压器把110kV或220kV的高压降低电压等级（如10kV或35kV），再经过三相输电线输送给本区域内的牵引变电站和降压变电站，并再降为轨道交通所需的电压等级（如1500V、380V等）。图7-10为城市电网一次电力系统和城市轨道交通供电系统图。图中虚线1上部为城市电网一次电力系统，虚线1下部为城市轨道交通供电系统。

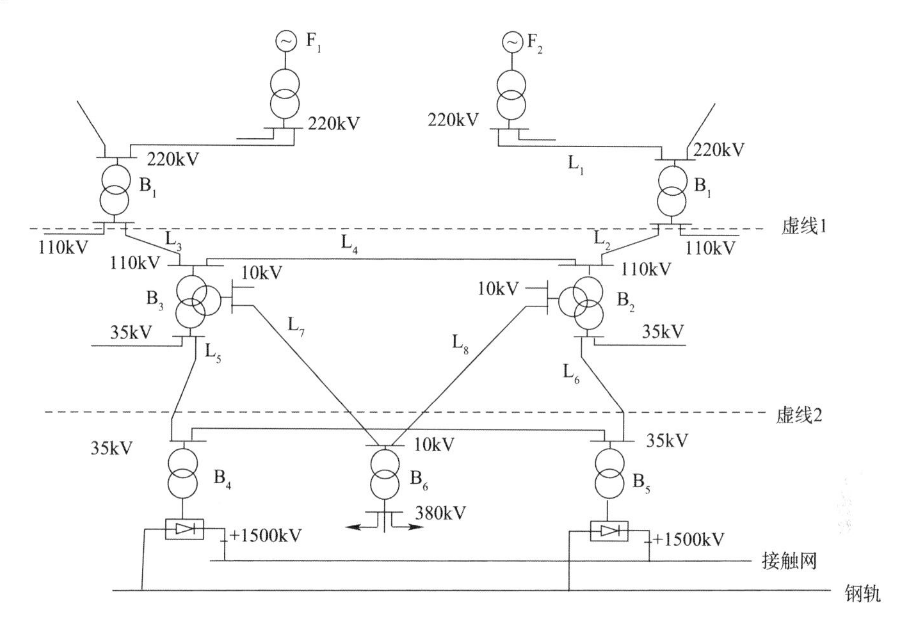

图7-10 城市电网一次电力系统和城市轨道交通供电系统图

F_1、F_2-城市电网发电厂；B_1-城市电网区域变电所；B_2、B_3-城市电网区域变电所（或地铁主变电所）；B_4、B_5-城市轨道交通牵引变电所；B_6-城市轨道交通降压变电所

在城市轨道交通供电系统中，根据用电性质的不同可分为两部分，即由牵引变电站为主的牵引供电系统和降压（动力）变电站为主的动力照明供电系统。

（1）牵引供电系统

城市轨道交通牵引供电系统示意图如图7-11所示，其各部分的名称及功能简述如下。

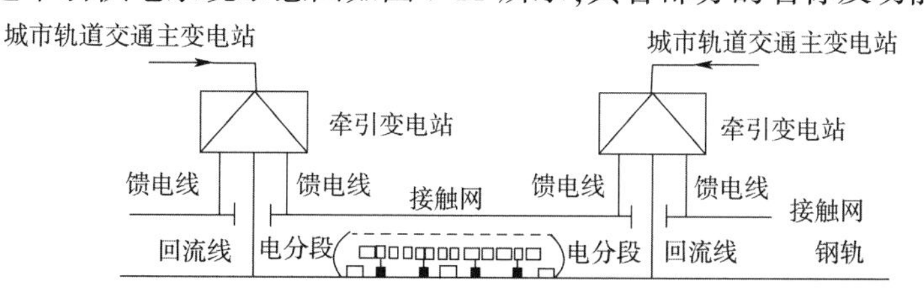

图7-11 城市轨道交通牵引供电系统示意图

牵引供电系统组成

①牵引变电站,是供给地铁一定区段内牵引电能的变电站。

②接触网(架空线或接触轨),是经过电动列车的受电器向电动列车供给电能的导电网(北京、天津地铁主要采用接触轨;上海地铁主要采用架空接触网)。

③回流线,是用以供牵引电流返回牵引变电站的导线。

④馈电线,是从牵引变电站向接触网输送牵引电能的导线。

⑤轨道,是利用走行轨作为牵引电流回流的电路。一般将接触网、馈电线、轨道、回流线总称为牵引网。

牵引供电系统由牵引变电站和牵引网所组成,其中牵引变电站和接触网是牵引供电系统的主要组成部分。

(2)动力照明供电系统

城市轨道交通动力照明供电系统示意图如图7-12所示。

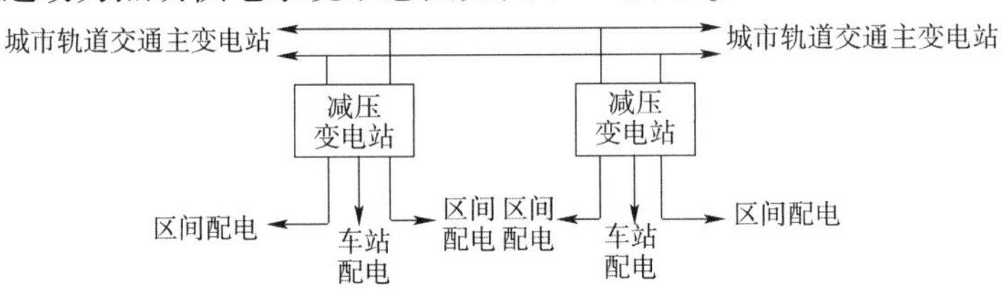

图7-12 城市轨道交通动力照明供电系统示意图

各部分功能简述如下。

①降压变电站:将三相电源进线电压降压变为三相380V交流电,降压变电站的主要用电设备是风机、水泵、照明、通信、信号、防火报警设备等。

②配电所(室):配电所(室)仅起到电能分配作用。降压变电站通过配电所(室)将三相380V和单相220V交流电分别供给动力、照明设备,各配电所(室)对本车站及其两侧区间动力和照明等设备配电。

③配电线路:是配电所(室)与用电设备之间的导线。

在动力照明供电系统中,降压变电站一般每个车站设置一个,有时也可几个车站合设一个;也可将降压(动力)变压器附设在某个牵引变电站之中,构成牵引与动力混合变电站。

车站及区间照明电源采用380/220V系统配电。正常时,工作照明、事故照明均由交流供电,当交流电源失去时,事故照明自动切换为蓄电池供电,确保事故期间必要的紧急照明。

在城市轨道交通供配电系统中,根据实际需要,也可以专设高压主变电站。发电厂或区域变电站对主变电站供电,经主变电站降压后,分别以不同的电压等级对牵引变电站和降压变电站供电,这种供电方式被称为集中式供电方式,例如上海地铁就是采用此种供电方式。牵引变电站的设置和容量应按运行的列车编组及行车密度进行牵引供电计算后确定,降压变电站的设置和容量可根据动力用电量确定,若有主变电站,其容量应由全部牵引和动力用电量来确定。也可以不设主变电所,由城市电网中的区域变电所直接对城市轨道交通牵引变电所和降压变电所供电,这种供电方式称为分散式供电方式,北京、天津地铁就是采用这种方式。

(3)城市轨道交通供配电系统的供电制式

电力牵引用于轨道交通系统已有100多年的历史,随着经济和科学技术的不断发展,用于轨道交通的电力牵引方式有许多不同的制式。这里所说的制式,是指供电系统向电动车辆或电力机车供电所采用的电流和电压制式，如直流制或交流制、电压等级、交流制中的频率(工频或低频)以及交流制中是单相或三相等。

城市轨道交通采用直流供电，因为直流电适合于电气牵引的调速要求，而且直流牵引接触网结构简单，建设投资少，电压质量高。电气化铁路牵引供电一般多采用交流制，主要是因为供电距离远，需安装车载整流装置等。

国际电工委员会(IEC)拟订的电压标准为：直流电压750V，1500V和3000V三种，如表7-1所示。我国国家标准采用直流电压750V和直流电压1500V两种。北京地铁采用750V直流供电电压，上海、广州、南京、深圳等地铁采用1500V直流供电电压。

IEC牵引用电压标准(直流系统)(单位：V)　　表7-1

标准	最低	最高
750	500	900
1500	1000	1800
3000	2000	3600

二、变电所

城市轨道交通变电所(室)一般是在轨道沿线设置的，变电所(室)可以建在地下，也可以建在地面。城市轨道交通变电所(室)，尤其是地下变电所(室)在防火方面都有一定的要求，其防火措施主要应从结构与建筑材料以及变电所的电气设备本身的不燃性等方面来考虑。同时，应装设自动消防报警装置、防火门和防火墙等隔离设施和有效的灭火系统。城市轨道交通变电所(室)是由各种不同用途的电气设备按照一定的电气主结线连接而构成的。

城市轨道交通变电所(室)中主要电气设备有变压器、断路器、隔离开关、母线、熔断器、电压互感器、电流互感器、避雷器、整流器等。在城市轨道交通集中式供电方式中，变电所(室)分为三种基本类型：主变电所(室)、牵引变电所(室)和降压变电所(室)。

三、接触网

城市轨道交通列车运行过程中，电能从牵引变电所经馈电线送到接触网。再从接触网通过列车的受电器送到电动列车，再经过走行轨道、回流线流回到牵引变电所，如图7-13所示。由接触网、馈电线、轨道和回流线组成的供电网络总称为牵引网。接触网是牵引网中最主要的组成部分，其作用是通过它与受电器可靠的直接滑动接触，而将电能不断地传送到电动列车，保持电动列车的正常运行。

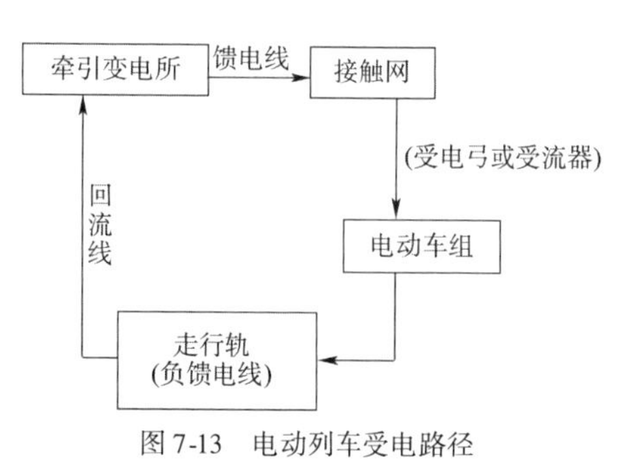

图7-13　电动列车受电路径

(一)接触网的基本要求

接触网是牵引供电系统的重要组成部分，一旦损坏将中断牵引供电。为此，接触网应满足以下基本要求：

接触网

(1)由于接触网在工作中无备用网，因而要求接触网强度高且安全可靠。

(2)要求接触网在各种气候条件下均能受流良好。

(3)因接触网部件更换困难,因此要求接触网性能好、运行寿命长。

(4)因接触网维修是利用行车中的间隔时间进行的,故要求其结构轻巧、零部件互换性强,以便于施工、维护和抢修。

(5)因接触网无法避开腐蚀性强、污秽严重等环境,故应采取耐腐蚀和防污秽技术措施。

(6)因采用与受电器摩擦接触的受流方式,因此,要求接触网有较均匀的弹性,接触线等部位要有良好的耐磨性。

接触轨形式

架空式接触网组成

(二)接触网的结构形式

接触网按其结构形式可分为接触轨式(也称第三轨,图7-14)和架空式(图7-15)两大类。

图7-14 接触轨式接触网

图7-15 架空式接触网

1.接触轨式接触网

接触轨是沿着走行轨道一侧平行铺设的附加第三轨,故又称第三轨。轨道交通电动列车(车辆)侧面或底部伸出的受电器与第三轨接触取得电能,该种受电器称为集电靴(接触靴),接触轨可分为上磨式、下磨式和侧磨式三种,具体结构如图7-16所示。

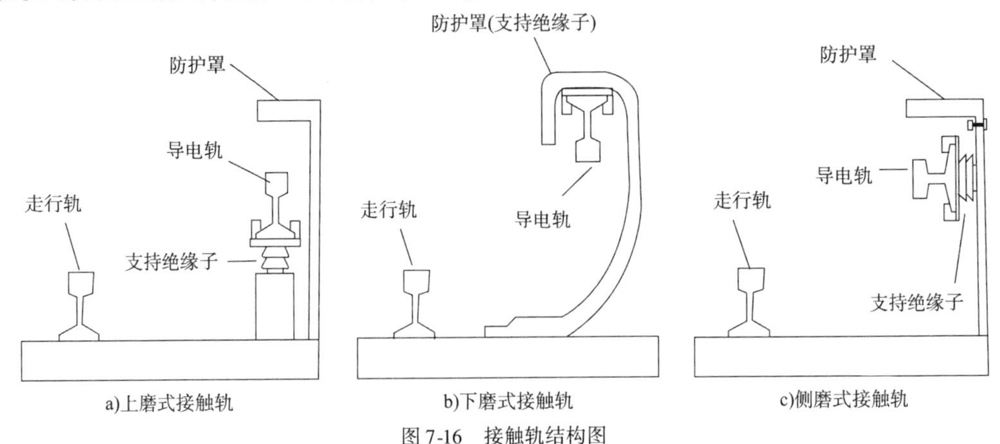

图7-16 接触轨结构图

上磨式接触轨安装在专用绝缘子上,工字形轨底朝下,接触靴自上与之接触受电;下磨式接触轨底朝上,由绝缘体紧固在弓形肩架上,肩架固定装在轨枕一侧。上磨式的优点是固定方便,缺点是接触靴在其上面滑行,无法加防护罩。下磨式的优点是可以加防护罩,对工作人员较为安全。

城市轨道交通直流 750V 系统一般可采用接触轨。北京地铁、天津地铁等采用接触轨,其优点是隧道净空高度低,结构简单,造价低;缺点是人身和防火方面安全性差,难以与采用架空式接触网的地面或高架线路衔接。

2. 架空式接触网

架空式接触网是架设在轨道上部的接触网,电动列车上部伸出的受电弓与之接触取得电能。架空式接触网在地面上与地下隧道内的架设方式是不同的,它又可分为地面架空式接触网和隧道架空式接触网。

(1)地面架空式接触网

地面架空式接触网由以下几个部分组成,如图 7-17 所示。

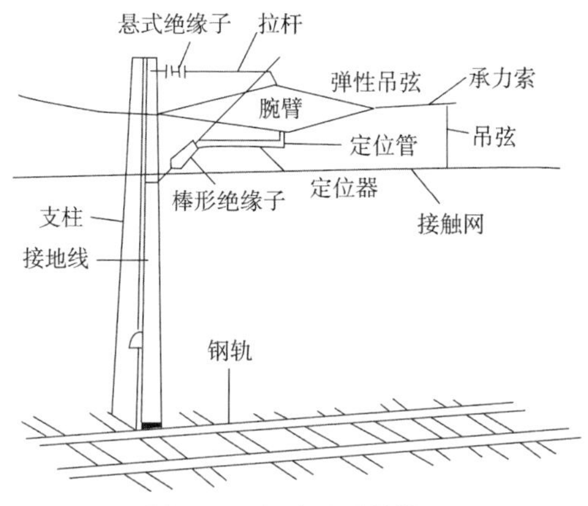

图 7-17　地面架空式接触网

(2)隧道架空式接触网

隧道架空式接触网的悬挂与地面架空式有所不同。一方面隧道内不能立支柱,支持装置是直接设置在洞顶或洞壁;另一方面又必须考虑隧道断面、净空高度、带电体对接地体的绝缘距离、导线的弛度等因素的限制。根据隧道断面和净空高度不同,接触悬挂有多种不同的方式。在隧道内,车辆限界、带电体与接地体的绝缘距离、弛度和安装误差等因素对接触悬挂高度有影响。在有限的净空高度内,欲使悬挂高度降低,可通过缩短跨距、减小弛度来调整。在有条件采用简单链形悬挂的隧道内,也可采用简单链形悬挂,以增加弹性,用具有张力补偿作用的装置来实现张力补偿,以减小弛度及其变化。架空式接触网又可分为柔性接触和刚性接触。隧道架空式接触网如图 7-18 所示。

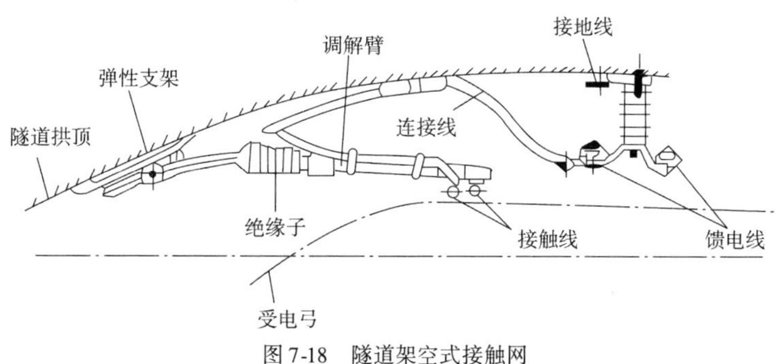

图 7-18　隧道架空式接触网

(三)供电方式和电分段

牵引变电所是通过接触网向电动列车供电。每个牵引变电所仅对其两侧的区间供电,供电距离过长,牵引电流在牵引网上的电压降也就越大,会使末端电压过低及牵引网上电能损耗过大;供电距离过短,将使牵引变电所数目增多,投资也增加。供电距离以及接触线截面等与接触网供电方式有关。牵引变电所向接触网供电有两种方式:单边供电和双边供电,如图7-19所示。

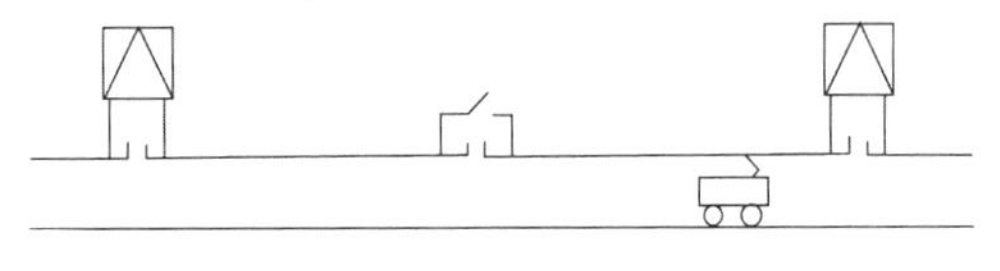
图7-19 城市轨道交通供电方式

地铁接触网在每个牵引变电所附近断开,分成两个供电分区,每个供电分区也称为一个供电臂,如电动列车只从所在供电臂上的一个牵引变电所获得电源,则称为单边供电。

四、地下迷流

1. 概念

在直流牵引供电系统中,牵引电流并非全部由钢轨流回牵引变电所,有一部分由钢轨杂散流入大地。再由大地流回钢轨和牵引变电所。走行钢轨中的牵引电流越大或钢轨对地绝缘程度越差,地下杂散电流也就相应增大,这种地下杂散电流又称为地下迷流,如图7-20所示。走行钢轨铺设在轨枕、道砟和大地上。由于轨枕等的绝缘不良和大地的导电性能,地下杂散电流流入大地,并在某些地方重新流回钢轨和牵引变电所。在走行钢轨附近埋有地下金属管道、电缆和其他任何金属构件时,地下杂散电流中的相当一部分就由导电的金属件上流过。在电动列车所在处附近的杂散电流从钢轨流向金属体,使金属体对地电位形成阴极区。在变电所附近,杂散电流从金属体流回钢轨和变电所,金属体对地电位形成阳极区,在阳极区,杂散电流从金属体流出的地方将出现电解现象,这种电解现象导致金属体被腐蚀。地铁本身和附近的金属管道、各种地下电缆或金属构件在长期的电腐蚀下,将受到严重的损坏。若地下杂散电流流入电气接地装置,又将引起过高的接电电位,使某些设备无法正常工作。由此可见,地下迷流及其影响应引起足够重视。

地下迷流的形成

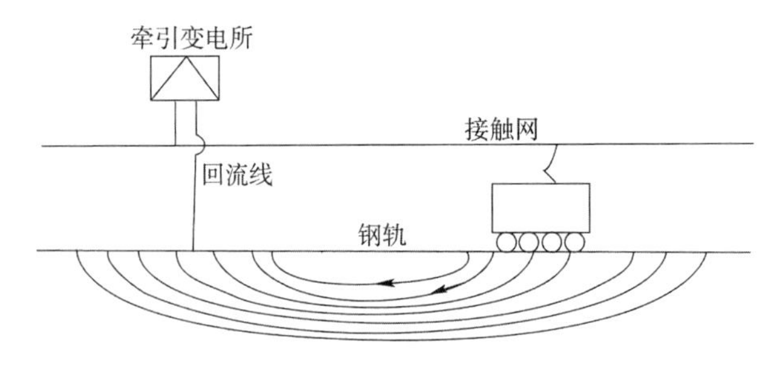

图7-20 地下迷流示意图

2. 迷流的防护

迷流的防护以治本为主减少迷流源的泄漏,将地铁杂散电流减小到最低限度,限制杂散电流向外扩散。地铁附近的地下金属管线结构,应单独采取有效的防蚀措施。为减少地下杂散电流,应采取各种排流措施。

(1)在电力牵引方面

①选择较高的直流牵引供电电压,以减小牵引电流和迷流。

②缩短牵引变电站间的距离。

③采用迷流较小的双边供电方式。

④在钢轨间用铜软线焊接,尽可能减小钢轨间接触电阻。

⑤增加附加回流线,减少回流线电阻。

⑥增加道床的泄漏电阻,提高钢轨对地面的绝缘程度。

⑦按规程定期检查轨道绝缘、钢轨接触电阻和进行迷流监测。

(2)在埋设金属物方面

①地下金属物应尽量远离钢轨。

②在金属表面和接头处采用绝缘。

③采用防电蚀的电缆。

④在电缆上外包铜线或套钢管。

⑤地下管道涂沥青后再包油毡。

⑥在地下金属物、钢轨间加装排流装置,如图7-21所示。

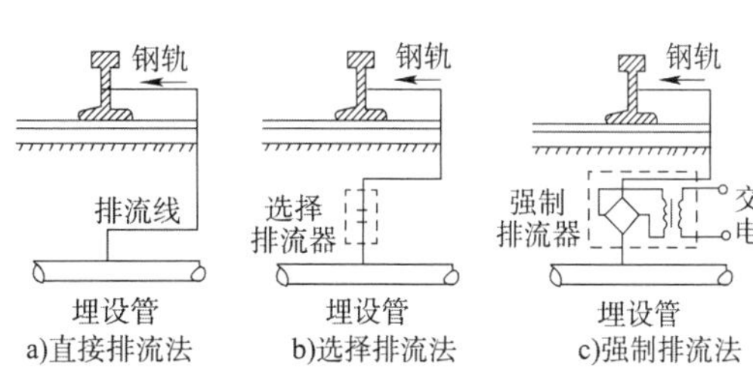

图7-21 三种排流法

单元7.3 城市轨道交通信号与通信

一、城市轨道交通信号系统

城市轨道交通信号系统保障着列车运行的安全,担负着指挥列车运行、提高运输效率、保证服务质量的重要任务,是城市轨道交通的重要机电设备。城市轨道交通安全、快捷、准时、速达的特性要求信号系统具有智能化、数字化、现代化等特点。随着科学技术的进步和城市化的快速发展,世界各国的城市轨道交通都得到了迅速发展,已成为现代化城市发展必不可少的交通工具。

城市轨道交通信号系统概述

(一)城市轨道交通信号系统组成

城市轨道交通信号系统是城市轨道交通最基础的控制系统,不仅影响着城市轨道交通的行车速度及列车运行间隔,而且影响着列车通过能力及输送能力,同时信号系统是安全行车的重要保证。根据城市轨道交通高密度、短间隔的特点,信号系统已经发展成一个具有列车自动防护(ATP)、列车自动驾驶(ATO)和列车自动监控(ATS)等功能的综合自动化系统。

城市轨道交通信号系统通常由列车自动控制系统(ATC)和车辆段信号控制系统两大部分组成,用于实现列车进路控制、列车间隔控制、调度指挥、信息管理、设备工况检测及维护管理等。城市轨道交通信号系统的基本组成如图7-22所示。

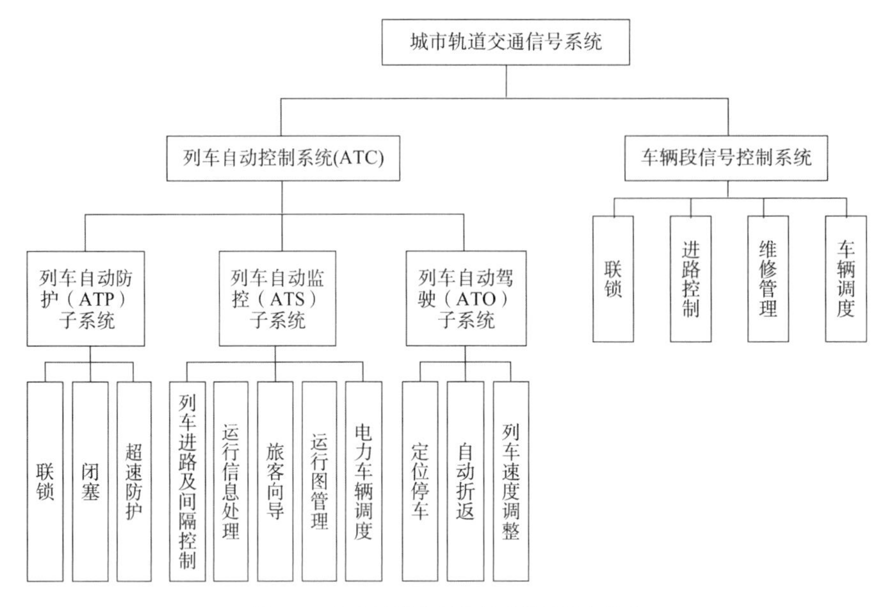

图 7-22 城市轨道交通信号系统的基本组成

1. 列车自动控制系统(ATC)

城市轨道交通具有行车密度大、站间距离短的特点,这对其信号系统提出了很高的要求。目前修建的大部分城市轨道交通,往往都提出了 2min(甚至 90s)的列车间隔要求。为了安全可靠地指挥行车,城市轨道交通主要通过先进的计算机控制系统实现速度控制、追踪间隔调整和定位停车等。实现这一功能的系统就是 ATC。ATC 包括 ATP 系统、ATO 系统和 ATS 系统三个子系统,简称"3A"。这三个子系统既相互独立又相互关联。

(1) ATP 系统的主要功能是列车的速度监控和超速防护,通过实时测速和测距,保证列车在安全的速度下行驶,必要时给出各种信号的提醒,甚至自动启动紧急制动;同时能对列车进行安全性停车点防护和列车车门的控制,在列车不能停稳时不允许列车运动等。

(2) ATO 系统的主要功能是完成站间自动运行,进行列车速度调节和进站定点停车,对车门和站台门的控制,接受 OCC 的运行调度命令,实现站台扣车、站台跳停等。ATO 系统帮助列车处于一个最佳的运行状态,提高了列车的正点率和乘客的舒适度。

(3) ATS 系统是整个城市轨道交通信号系统的运营核心,在 ATP 系统、ATO 系统的支持下完成对列车状态的监督和控制。其主要功能有运行图的管理、运行调整、仿真培训、乘客向导等。

2. 车辆段联锁设备

车辆段信号控制系统设一套联锁设备,用以实现车辆段的进路控制,并通过 ATS 系统车辆段分机与行车指挥中心交换信息。大部分的城市轨道交通系统的车辆段联锁设备在之前多采用 6502 电气集中联锁,近年来均采用计算机联锁。

联锁设备

先进的车辆段信号控制系统的特点是信号一体化,包括联锁系统、进路控制设备、接近通知、终端过走防护和车次号传输设备等。这些设备由局域网连接并经过光缆与调度中心相通。车的整备、维修与运行相互衔接成一个整体,保证了城市轨道交通的高效率和低成本。车辆段内试车线与正线设置相同的

ATP 系统轨旁设备和 ATO 系统地面设备,用于对 ATC 设备进行静、动态试验。

(二)城市轨道交通信号系统的设备分布

城市轨道交通信号设备,按所在地域可划分为 OCC 设备、车站及轨旁设备、车载设备、车辆段设备、停车场设备、试车线设备、维修和培训中心设备等。

信号设备

1. OCC 设备

OCC 设备为 ATS 系统的中央设备,其设备组成及功能应满足全线运营组织的功能需求。ATS 系统应有网络安全防范功能,并应与整个城市轨道交通系统的时钟同步。

OCC 设备是城市轨道交通信号系统监控的核心部分。其设备主要包括:ATS 系统中心设备、培训设备、维护设备及电源设备。其主要设备描述如下:

(1)应用服务器。应用服务器为 ATS 系统的数据处理中枢,它获得全线车站、停车场以及外部系统的数据后,将站场图显示、告警、列车状态等各种信息发往各车站 ATS 系统工作站和显示屏显示。应用服务器满足 OCC 自动控制、调度员人工控制以及车站控制的要求;满足城市轨道交通行车指挥及运营管理的需要;系统处理能力及处理方式满足可靠性、实时性和可维护性的要求;系统能力具有可扩展性、可与其他自动化控制系统(如综合监控系统)接口。服务器为双机热备设计,备机实时从主机获得同步的各种数据,可以实现无干扰切换。控制中心如图 7-23 所示。

图 7-23　运营控制中心

(2)通信服务器。通信服务器提供 ATS 系统与其他 CBTC 系统和外部系统间的接口和协议转换。其中,CBTC 系统是基于通信的列车控制系统。这些外部系统接口包括:无线通信系统、PIS、综合监控、FAS、BAS(环境设备监控系统)和广播系统等。其他 CBTC 系统接口包括:ATP、ATO、计算机联锁。

自主学习

了解 CBTC 系统。

(3)数据库服务器和磁盘阵列。OCC 的两台数据库服务器为双机冗余,在数据库服务器上运行并行数据库例程,数据库例程接受数据库访问。数据库数据(如计划数据、列车运行数据、列车编组信息等)存放在磁盘阵列上,以便系统调用和查看。

(4)大屏接口计算机。大屏接口计算机是指用于实现信号系统与大屏幕显示系统的接口,实现在大屏幕上显示全线线路配线情况、列车位置和车次号、列车进路、轨道区段、道岔和信号机的状态,信号系统设备的工作状态等信息。

(5)调度员及调度长工作站。OCC 设多台调度员工作站和 1 台调度长工作站,通过操作口令所有调度员(长)工作站可分台工作也可并台工作。各个调度工作站在硬件和软件上具有相同的结构,根据登录用户角色和控制区域的不同来完成不同的功能。如果一台调度员工作站故障,另一台调度员工作站可以接管其控制区域。

(6)运行图工作站。时刻表编辑工作站用于运行计划人员编制及修改列车运行图和时刻表。系统通过人机对话可以实现对列车运行图和时刻表的编辑、修改及管理。

列车运行图显示工作站主要用于显示计划运行图和实际运行图,提供与运行图相关的操作,如运行图修改、打印等。

(7)培训/模拟工作站。培训/模拟工作站含有模拟服务器和培训工作站,内配有各种系统编辑、装配、连接和系统构成工具以及列车运行仿真的软件,并可与调度员工作站具有相同的显示内容和相同的控制内容,但不参与在线列车的控制。此外,该工作站还能模拟仿真列车在线运行及各种异常情况,实习操作员可通过此台模拟实际操作。

(8)培训服务器。培训服务器用于存储培训所需的相关数据,包括车站、停车场以及外部系统的相关数据,将站场图显示、列车状态等各种信息发往培训工作站用于培训。

(9)维护工作站。维护工作站主要用于 ATS 系统维护、ATC 系统故障报警处理和车站、车辆段、停车场信号设备的监测;用于显示全线站场图、系统设备状态、故障报警、重要事件等,并进行数据存储管理、ATS 系统管理和网络管理等。

(10)通信前置机。通信前置机作为运营控制中心(OCC)ATS 子系统的通信枢纽,负责为 OCC 的外部系统(如无线、广播、PIS、时钟、综合监控等)提供接入 ATS 的接口。

(11)打印机。OCC 配备激光网络打印机,用于输出运行图及各种报表。

(12)电源设备。在 OCC 配备一套智能电源屏及 UPS 设备,将全线电源系统工作状态及故障报警信息纳入维修监测系统统一管理。

OCC 设备构成示意图,如图 7-24 所示。

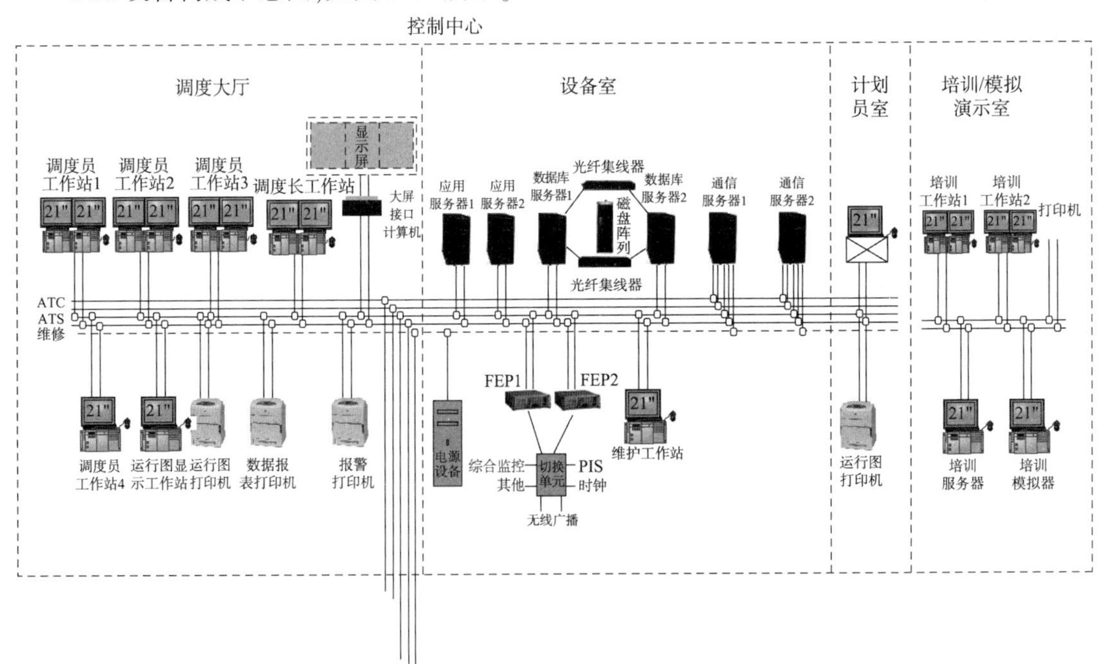

图 7-24 OCC 设备构成示意图

2. 车站及轨旁设备

车站分为集中联锁站和非集中联锁站。集中联锁站一般为有道岔车站,但也可能是无道岔车站。非集中联锁站一般为无道岔车站,但有道岔车站根据需要也可以由邻近车站控制,进而成为非集中联锁站。

以 CBTC 系统(基于通信的列车自动控制系统)为例,正线车站及轨旁设备主要包括 ATS 车站设备、ATP/ATO 设备、联锁设备、数据通信设备、维护监测设备、计轴设备及电源设备等。其主要设备描述如下:

(1) ATS 车站设备

①ATS 分机。在集中联锁站设置车站 ATS 分机,用于采集车站的各种表示信息、传送 OCC 的控制命令及存储由 OCC 下载的时刻表或根据列车识别号和目的地号进行控制,并实现车站进路自动控制的功能。

ATS 分机与 OCC、车站联锁系统之间进行数据传输,能根据列车运行图或目的地自动触发列车进路;当列车到达站台后,ATS 分机将正确驱动发车计时器的显示。

ATS 分机采用双机热备结构,备机实时从主机获得同步的各种数据,可实现无扰切换。

②现地控制工作站。在设备集中站和联锁站设置现地控制工作站(ATS 与联锁合用)。现地控制工作站用于显示系统设备状态、站场图、车次号,用来显示和操作联锁单元,控制操作列车自动进路排列,进行列车监视和追踪及其他相关控制操作。此外,它还能进行职责交接和授权等操作,界面与 OCC 基本一致。现地控制工作站还具有运行图显示功能,主要用于显示计划运行图和实际运行图,提供与运行图相关的查询操作。

③ATS 监视工作站。在非联锁站设置 ATS 监视工作站。它用于监视相应区域的列车运行信息,可显示系统管辖区域内的设备状态、站场图,显示车次号等。

(2) ATP/ATO 设备

ATP 系统是城市轨道交通列车控制系统中保障列车运行安全的关键设备。轨旁 ATP/ATO 计算机是 ATP 系统的轨旁控制设备,用于实时处理以下重要的安全相关功能:

①列车移动授权的计算。

②与联锁接口,实现轨旁设备状态和列车位置相关数据的交互。

③与 ATS 接口,实现列车运行信息(列车状态、准备模式、调整、扣车和折返等)的交互。

④通过无线系统,实现与列车车载设备的通信。

(3) 计算机联锁设备

在设备集中站、联锁站各设置一套计算机区域联锁设备和现地操作工作站(正线车站的 ATS 和联锁操作员工作站合二为一),用以实现管辖车站的进路控制功能,控制室外设备,如道岔、轨道空闲检测、信号机等。车站计算机联锁设备能接受车站值班员和 ATS 子系统的控制,并与 ATP/ATO 车站计算机接口。

(4) 数据通信设备

数据通信子系统主要由骨干网、无线网络组成,均按照冗余网络配置。骨干网络由交换机或专用传输设备构建;无线网络由无线接入交换机、轨旁 AP(无线访问接入点)与车载 AP 组成,均为冗余配置,轨旁 AP 接入无线交换机。轨旁无线通信设备,主要包括无线控制器和 AP 设备。

①无线控制器。设置冗余的无线控制器用于对全线无线 AP 设备进行管理和认证以及监控,并提供本地维护、远程维护、集中维护等多种维护手段,具有完备的告警、测试、诊断、跟踪、日志等功能,方便用户的日常维护管理。

②无线 AP 设备。它用于实现轨旁的无线覆盖。无线 AP 的设置原则是:列车在轨道上的任何一点都能至少检测到冗余网络 AP 发送的信号。根据经验沿线大约每隔 200m 左右安装一个无线 AP。同时,为全线配置骨干网网络管理平台、无线网络管理平台,确保对数据通信子系统各层设备进行网络管理。

(5)信号集中监测子系统设备

信号集中监测子系统,作为信号系统的设备状态监测和维护辅助工具,主要用于维护信息的采集,帮助维修调度人员对故障设备进行定位,管理维修作业。调度员可借助信号集中监测子系统制订计划与安排维修工作,达到比传统人工方式更加有效的效果。

集中监测子系统的车站设备为维护工作站。维护工作站设置在设备集中站的设备室。ATS 维护工作站与集中监测子系统的维护工作站共用同一设备。

(6)计轴设备

在设备集中站集中设置计轴室内设备,在室外轨旁设置辅助的列车位置检测设备,实现 ATP/ATO 无法正常工作时后备的列车位置检测功能。

(7)站台紧急停车按钮

在车站的上、下行站台的适当位置和车站综合控制室内,分别设置站台紧急停车按钮(图 7-25)。在紧急情况下,乘客按压该侧站台处或车站值班员按压综控室的紧急停车按钮,使进入或驶出该站台的列车紧急停车,并可通过综控室 IBP(图 7-26)上的紧急停车取消按钮进行取消。

图 7-25 紧急停车按钮

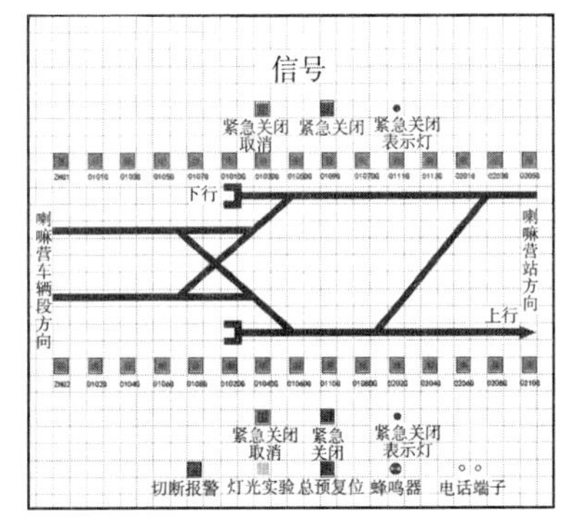

图 7-26 综合后备盘(IBP)

(8)现地控制盘

在正线各车站综合控制室内设置现地控制盘。该盘可与综合监控系统设置的控制盘(IBP)合并,由综合监控系统统一设置。通过操作盘上按钮,不仅可以实现 ATS 扣车与扣车解除等功能;还可以通过设置紧急关闭按钮等,实现相应的辅助功能。

(9)正线地面信号机

正线地面信号机应根据各信号系统的制式和特点来设置,原则上正线地面信号机的设置如下:在道岔区段设置道岔防护信号机;在每个车站出站方向设置出站信号机,若出站外方设有道岔,则出站信号机兼做道岔防护信号机;长区间降级模式下为满足必要的追踪间隔设置区间分隔信号机、折返阻挡信号机、出场(入正线)信号机;在线路尽头、折返进路终端设置阻挡信号机。

(10)发车计时器

每个车站正向出站方向的站台侧列车停车位置前方适当地点各设置一个发车计时器,用于显示发车时间。发车计时器采用发光二极管 LED 作为光源全屏显示,如图 7-27 所示。ATS 系统可以采集发车计时器的状态信息,并可根据需要在中心和车站的模拟显示屏及各工作站上显示。

图 7-27 发车计时器

(11)电动转辙机

转辙机用于转换道岔,使车站的列车进路得以建立。转辙机分为直流电动转辙机、交流电动转辙机和交流电液转辙机等类型。直流转辙机由于采用直流驱动以及受本身结构和加工工艺水平的影响,该系列转辙机经国家铁路多年使用表明,存在着日常维修工作量较大、大修周期短等缺陷。交流电动机转辙机采用交流三相电机作动力,具有动作可靠,电机故障率低,维修工作量小的特点,现国内已有成熟、可靠且适合城市轨道交通安装和运营的交流转辙机产品。电液转辙机在城市轨道交通应用较少。

(12)电源设备

正线车站各设置一套 UPS 及智能电源屏设备。UPS 的供电范围为所有信号室内外信号设备,UPS 电池的后备持续时间为 30min。电源监测信息纳入维修监测系统统一管理。

车站设备构成示意图,如图 7-28 所示。

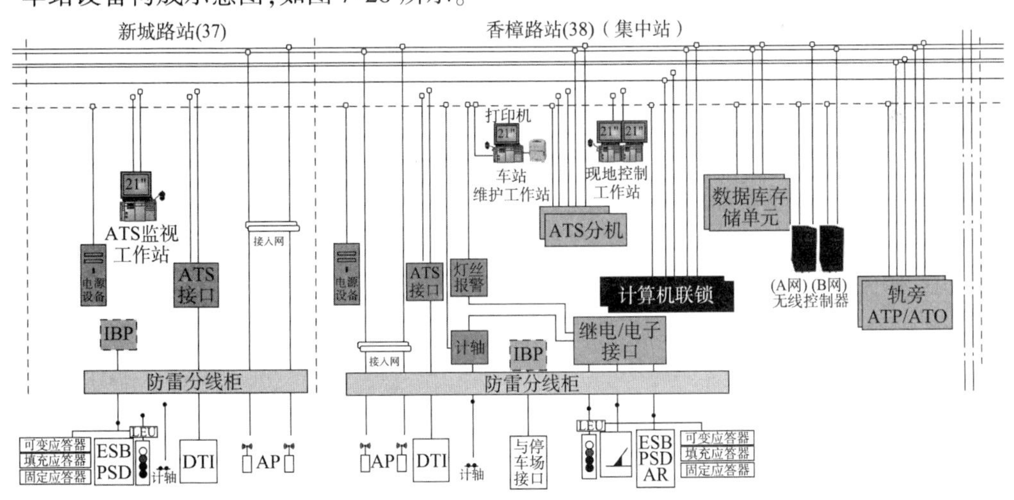

图 7-28 车站设备构成示意图

3. 车载设备

在每列列车的头、尾车各设一套车载设备,包括 ATP/ATO 计算机、操作和显示单元、车载无线设备(包括交换机及天线)、测速装置和应答器天线等。车载设备用来接收轨旁设备传送的 ATP/ATO 信息,计算列车运行曲线,测量列车运行速度和走行距离,实现列车运行超速防护以及列车自动运行,来保证行车安全和为列车提供最佳运行方式。另外,为保证列车折返功能和驾驶模式建立的连续性,需要敷设一定数量的列车线,以满足车载 ATP/ATO 相关信息的传输。车载设备的结构示意图如图 7-29 所示。

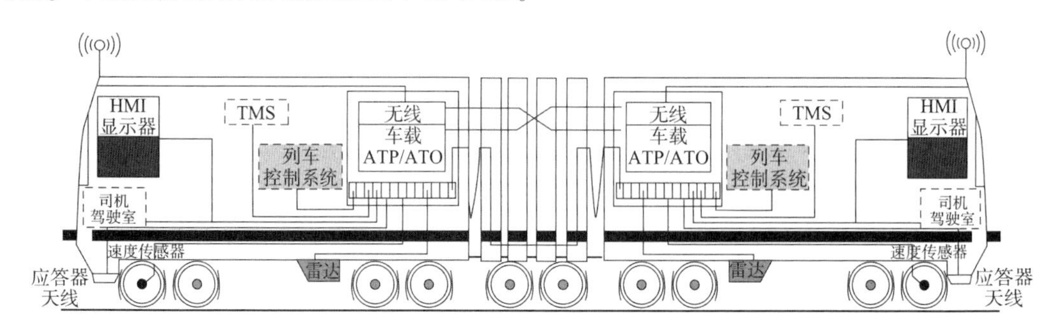

图 7-29 车载设备的结构示意图

4. 车辆段设备

车辆段/停车场信号设备,包括计算机联锁及监测设备、ATS 设备、数据通信(DCS)设备、信号机、转辙机、列车占用检测设备、日检设备、电源设备等。

(1)计算机联锁及监测设备

车辆段/停车场设置一套计算机联锁设备(含联锁现地控制工作站),用于实现段内的进路控制,通过 ATS 分机与 OCC 系统交换信息。车辆段/停车场设置一套计算机监测系统设备,采用信号计算机监测设备,用于实现对停车场室内、外信号基础设备状态的监督与检测。

(2)ATS 设备

车辆段/停车场纳入 ATS 的监视,在车辆段/停车场内设一台 ATS 分机,用于采集段/场内列车运行占用信息、信号机的状态信息等,实现车辆段/停车场内列车车组号的跟踪功能。OCC 显示屏及调度员工作站均可以显示车辆段/停车场进路办理、轨道占用等详细显示信息。车辆段/停车场派班室内和信号楼控制台室内分别设 ATS 工作站,与车辆段/停车场 ATS 分机相连。其主要实现的功能包括如下:

①每日由车辆段/停车场派班室值班员根据当日的列车时刻表,将当天的列车编组情况、车辆识别号由终端设备输入,产生列车运用表传至 OCC 和信号楼;车辆维修周期等情况也可由此终端机输入,送至 OCC,生成车辆维修统计报告。

②信号楼接到派班室列车运用表之后,在每列列车进入运营线之前的一定时间内(暂定 15min),提醒值班员提前办理列车出车辆段/停车场进路。

③显示停车库线内列车的车组号。

(3)数据通信设备

车辆段/停车场有线骨干传输纳入正线网络,相应设置与正线一致的通信设备,并与正线设置的节点连接在一起,形成全线的自愈环网络结构,实现全线骨干节点之间的数据传输。

(4)信号机

车辆段入口处设进段信号机,出口处设出段信号机,存车库线中间进段方向设列车阻挡信号机,段内其他地点根据需要设调车信号机。

(5)转辙机

车辆段/停车场内每组道岔用转辙机来扳动道岔。

(6)列车占用检测设备

采用计轴设备或者轨道电路,用于检查列车的占用和空闲情况。

(7)日检设备

在车辆段/停车场的停车列检库内设置车载信号设备的日检设备,对每天投入运行列车的车载 ATP/ATO 设备进行全功能静态测试,并将测试检查的数据及结果传至维修中心及 OCC。为此在停车列检库内设置无线通信室内外设备。同时,为使列车在到达转换轨之前提前建立车地通信,在库外也应设置无线通信室外设备。

(8)电源设备

车辆段/停车场信号楼及停车列检库内各配备一套智能电源系统设备及 UPS 设备,UPS 的供电范围为所有信号室内外信号设备;UPS 的持续时间为 30min。派班室 ATS 工作站及车载维护部的供电由停车列检库电源设备提供。

车辆段/停车场设备的构成示意图如图 7-30 所示。

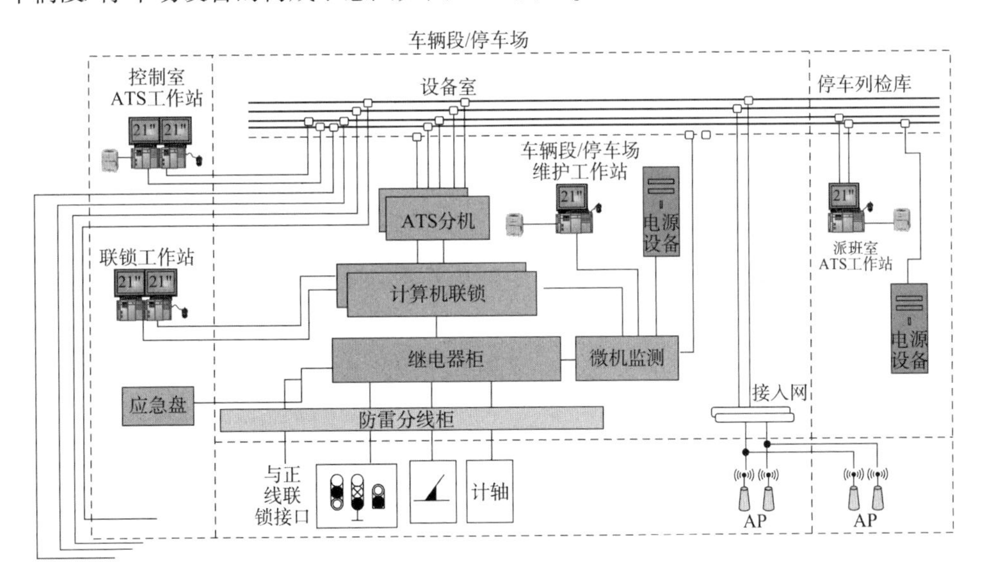

图 7-30　车辆段/停车场设备的构成示意图

5. 试车线设备

在试车线设置与正线相同的 ATP/ATO、联锁等室内及室外设备,并适应双向试车的需要,用于对车载设备进行静、动态试验;试车线控制室内设置控制台。试车线联锁与车辆段/停车场信号楼联锁之间按照非进路调车设计,试车前后必须与车辆段联锁进行授权作业。

二、城市轨道交通通信系统

城市轨道交通通信系统介绍

城市轨道交通通信系统与信号系统共同完成行车调度指挥,并为城市轨道交通的其他各子系统提供信息传输通道和时标(标准时间)信号。此外,通信系统是城市轨道交通内部公务联络的主要通道,使构成城市轨道交通内部的各个子系统能够紧密联系,以提高整个系统的运行效率。当然,通信系统也是城市轨道交通内、外联系的通道。

在发生灾害、事故等非正常情况下,城市轨道交通通信系统是进行应急处理、抢险救灾的主要手段。城市轨道交通越是在发生紧急情况时,越是需要通信联系,但若在常规通信系统之外再设置一套防灾救护通信系统,势必要增加投资,而且长期不使用的设备也难以保持良好的运行状态。所以,在正常情况下,城市轨道交通通信系统能为运营管理、指挥、监控等提供通信联络的手段,为乘客提供周密的服务;在突发灾害、事故等情况下,能够集中通信资源,保证有足够的容量以满足应急处理、抢险救灾的特殊通信需求。

1.城市轨道交通对通信系统的要求

城市轨道交通对通信系统的要求是能迅速、准确、可靠地传递和交换各种信息。

(1)对于行车组织,通信系统应能保证将各站的客流情况、工作状况、线路上各列车运行状况等信息准确、迅速地传输到OCC。同时,将OCC发布的调度指挥命令与控制信号及时、可靠地传送至各个车站及行进中的列车上。

(2)对于城市轨道交通运行的组织管理,通信系统应能保证各部门之间、上下级之间保持畅通、有效、可靠的信息交流与联系。

(3)通信系统应能保证本系统与外部系统之间便捷、畅通的联系。

(4)通信系统主要设备和模块应具有自检功能,并采取适当的冗余配置,故障时能自动切换和报警,OCC可监测和采集各车站设备运行和检测的结果。

2.城市轨道交通通信的分类

(1)按业务分类

①传输系统。

传输系统是城市轨道交通通信系统的基础,是系统各站点与OCC及站与站之间的信息传输,不同线路的信息交换的通道。

②公务电话通信。

公务电话通信是城市轨道交通内部的电话网,相当于企业总机,供一般公务联络使用,以及提供与外界通信网的连接。

③有线广播通信。

有线广播通信是城市轨道交通运行组织的辅助通信网。日常工作中,向乘客报告列车运行信息,播放音乐;在紧急情况下,可进行应急指挥和引导乘客疏散。

④闭路电视。

闭路电视是城市轨道交通的现场监控系统,用以监视车站各部位、客流情况及列车停靠车门开闭和启动状况;在紧急情况下,用以实时监视事故现场。

⑤无线通信。

无线通信提供对位置不固定的相关业务工作人员以及列车司机的通信联络,作为固定设置的有线通信网的强有力的补充。

⑥其他通信。

时钟系统,使整个系统在统一的时间下运转;会议通信系统,提供高效的远程集中会议通信,如电话会议、可视电话会议等;数据通信系统,用以传送文件和数据。

(2)按传输媒介分类

城市轨道交通通信按传输媒介可分为有线通信和无线通信。

有线通信的传输媒介为光缆、电缆。有线通信包括光纤传输、程控交换、广播、闭路电视等。

无线通信利用空间电磁波进行传输。无线通信包括无线集群通信、无线局域网(WLAN)、移动电视和公众移动通信网等。

3. 城市轨道交通通信网

城市轨道交通通信系统应是一个能够承载音频、视频、数据等各种信息的综合业务数字通信网。一般情况下,一条城市轨道交通线路建立一个独立的通信网,一个城市建立多条线路的情况下,可通过数字交叉连接设备(DXC)和中继线路连接各条城市轨道交通线路的通信网。

4. 城市轨道交通通信系统的功能

(1)传输系统功能。传输系统是整个通信网络的纽带,它给通信各子系统以及电力系统、信号系统、自动售检票系统、消防报警系统、办公网络等提供传输通道,将各车站、车辆段、停车场的设备与OCC的设备连接起来。

(2)公务电话系统功能。公务电话系统为城市轨道交通运营提供办公电话、传真等业务,同时在OCC、车站、段场等也设置公务电话,既可作为办公电话使用,也可以作为有线调度电话的备份,一旦调度电话故障,临时应急使用。

(3)专用有线调度系统功能。专用有线调度电话是为行车指挥、维修、抢险等设置的专用通信系统。

(4)无线列车调度系统功能。无线调度系统主要是用于解决固定人员(调度员、值班员)与流动人员(司机、维修人员、列检人员等)之间的通话。

(5)闭路电视监控系统功能。闭路电视监控系统是城市轨道交通运营管理及保证运输安全的重要手段,它给OCC的调度员、各车站值班员、公安值班人员等提供有关列车运行、乘客疏导、防灾救火、突发事件等情况下的现场视频信息。

(6)广播系统功能。广播系统为乘客提供列车到发时间、安全提示信息的同时,还能在紧急情况或突发事件时为乘客提供疏散信息。

(7)时钟系统功能。时钟主要是为行车组织提供统一的标准时间,并向其他系统提供标准时间信号。

(8)乘客引导显示系统。乘客引导显示系统的主要功能是为乘客提供关于行车时刻表、安全提示、视频等的文字或多媒体视频信息。

(9)防雷系统功能。防雷系统主要为其他通信子系统提供防雷保护,当设备遭到雷击或强电干扰后防雷系统通过隔离保护、均压、屏蔽、分流、接地等方法减少雷电对设备的损害。

(10)光纤在线监测系统功能。光纤在线监测系统主要对光缆传输通道进行实时在线监测,维护人员可以通过网管监控设备监测光缆状态,并能在故障时判断故障点。

(11)动力环境监测系统功能。动力环境监测系统对通信机房的温度、湿度、烟雾、空调等工作环境进行监测以及对通信系统 UPS 电源设备的工作参数进行监控,通过传输设备将车站内通信机房的信息传至 OCC 网络管理终端,以便维护工作人员能够实时监测车站。

(12)UPS 系统功能。UPS 系统主要为其他通信子系统提供稳定的电源,当市电或 UPS 主机发生故障时,通过电池组为设备供电,保证通信设备正常运行。

单元 7.4 城市轨道交通车站机电设备系统

城市轨道交通车站主要设备包括自动售检票系统、电梯与自动扶梯系统、站台安全门系统、乘客信息与广播系统、消防报警系统、给排水系统、暖通空调系统、低压配电与照明系统、环境与设备监控系统等。系统和设备选用要考虑其可靠性、安全性、稳定性、先进性、可扩展性、开发性、交互性、经济性和易于维护性等主要性能指标。

一、自动售检票系统

自动售检票系统(Automatic Fare Collection System,AFC)是建立在计算机局域网基础上的实时控制处理系统,集计算机网络技术、数据库管理技术、自动控制技术于一体,包括自动售票机(图 7-31)和闸机(图 7-32)。对售票、检票过程的计算机管理,可以大大提高数据的可靠性和员工的工作效率,为科学的财务管理和决策管理提供准确的依据。

图 7-31 自动售票机

图 7-32 闸机

自动售检票系统的主要特点如下:

(1)在原有人工售票的基础上,增设了自动购票机,实现了乘客的自助购票,不仅减少了排队的人数和时间,而且减少了售票人员的工作量,使乘车收费更趋于合理,提高了城市轨道交通的运营效率和效益。

(2)增加自助查询机数量,方便乘客的自助查询。

(3)增设一卡通自动充值,实现自助充值,大大减少了现金流通,可避免人工售票过程中产生的各种漏洞和弊端。

(4)对客流量、运营收入等综合业务信息进行汇总分析,有利于增强决策者客流分析预测能力。

(5)相比人工售检票,城市轨道交通自动售检票系统的运行效率已有很大提高,但遇客流高峰时,城市轨道交通的拥堵现象依然比较严重。目前国内大部分城市已经将移动支付应用在城市轨道交通售票中,如图7-33所示。

图7-33 出站闸机(移动支付)

售检票系统是城市轨道交通重要的子系统之一。经历了从人工售检票到半自动售检票,最后到自动售检票系统的过程,系统日趋完善。根据系统的动态性分析,城市轨道交通自动售检票系统未来的发展方向如下:

(1)标准化。统一系统设备及终端设备,使系统互联互通,采用统一的车票媒介,实现不同线路之间的便捷换乘。

(2)简单化。将复杂的自动售检票系统通过系统集成来简化乘客的使用操作。通过人性化设计,提高设备的操作效率,更好地实现系统架构。

(3)人性化。根据人体工程学基本原理设计终端设备的人机界面,设计符合乘客操作习惯的方式。

(4)集成化。采用通用件、通信和数据交换技术,构建可靠、安全、易用、可扩展、互联性高的系统架构,这是自动售检票系统的要求及发展趋势。

(5)国产化。城市轨道交通自动售检票系统的国产化可以摆脱对国外技术的依赖,降低运营成本。

二、电梯与自动扶梯系统

电梯与自动扶梯系统由电梯、自动扶梯及轮椅升降机组成。电梯是以电动机为动力的垂直升降机,装有箱状吊舱,用于多层建筑乘人或载运货物。自动扶梯是以台阶式踏步板装在履带上连续运行,主要设置于站厅与站台间或出入口与站厅间。楼梯升降机一般设置于车站出入口与站厅间,方便行动不便的乘客乘车出行。

电梯与自动扶梯系统是城市轨道交通系统的重要组成部分,每天担负着运送大量乘客的任务。其作为城市轨道交通车站内疏散乘客的重要工具,对客流的及时疏散和满足乘客对乘降舒适度的要求起到了至关重要的作用。车站应根据预期客流量及提升高度配备足够数量的上下行自动扶梯,以保证车站的正常运作;为保证残疾人乘客或其他行动不便者(如携带大件行李人员)的正常出行,车站内还应设置电梯、楼梯升降机,以满足特殊人群的需要。

电扶梯系统属于特种设备,直接面对乘客,是乘客经常使用的交通工具,设备的安全可靠性至关重要。

1. 电梯

城市轨道交通车站一般采用的是无机房电梯,如图7-34所示。无机房电梯主要由轿厢、门系统、对重装置、导轨、牵引装置、牵引设备、控制柜及各种安全装置等组成。

2. 自动扶梯

自动扶梯是带有循环运动梯路向上或向下倾斜输送乘客的固定电力驱动设备,如图 7-35 所示。整体结构主要由支撑部分、驱动系统、运载系统、扶手系统、电器控制系统和安全保护系统组成。在城市轨道交通车站中,自动扶梯的用途主要是快速的输送乘客,达到快速疏散乘客作用,即列车到达后,将大量的乘客从候车站台向地面、站厅疏解。由于车站的候车站台一般离地面 5 ~ 7m(浅埋式),甚至 7 ~ 10m(深埋式),自动扶梯则提供了一种自动输送乘客的功能,相对于楼梯而言,自动扶梯满足了乘客对乘降舒适度的要求。车站配有多部自动扶梯时,其布置排列方式有平行排列、连续交叉排列、连贯排列和“X”小交叉排列四种。

图 7-34　电梯

图 7-35　自动扶梯

若自动扶梯运行时突然加减速,有异常声音或振动时,应禁止乘客继续搭乘,待无人后停止运行,并通知专业人员维修。自动扶梯一般在扶梯的右下侧设有“紧急停机按钮”(高差较大的自动扶梯在扶梯中部也设有“紧急停机按钮”),如图 7-36 所示。一旦在自动扶梯运行中发生乘客失足摔倒或其他紧急情况时,应立即按下“紧急停机按钮”,使自动扶梯停止运行,并采取相应的救护措施。

3. 轮椅升降机

轮椅升降机的主要设备包括轮椅平台、驱动机、导轨、控制柜、充电指示装置、低电源蜂鸣器、安全装置等,如图 7-37 所示。

轮椅升降机的使用

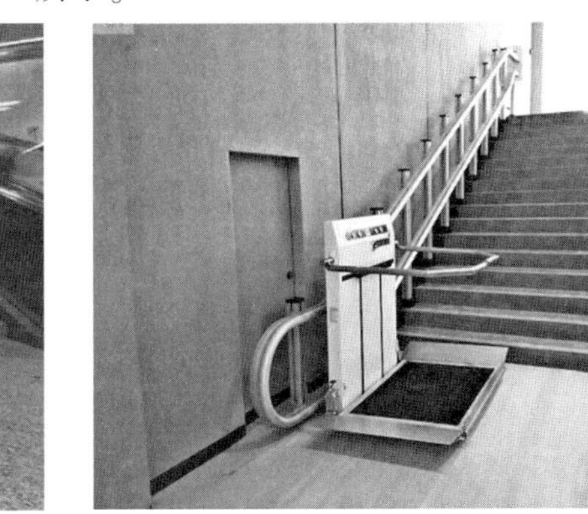

图 7-36　紧急停机按钮

图 7-37　轮椅升降机

三、站台门系统

站台门是一个集建筑、机械、电子、信号、控制、装饰等学科于一体的综合性门系统，设置于城市轨道交通车站站台的边缘。站台门系统主要由机械和电气两部分构成。其中，机械部分包括门体结构和门机驱动系统；电气部分包括电源系统、控制系统和监控系统。站台门从封闭形式上可分为开放式和封闭式。其中，开放式站台门包括全高式站台门和半高式站台门，如图7-38所示。

a)全高式　　b)半高式

图7-38　站台门

站台门系统在整个站台长度上将站台区域与轨道区域分隔开来。当列车进出站时，站台门系统随着列车车门的开闭而自动同步开闭。其主要作用如下：

站台门

(1)防止乘客或物品因车站客流拥挤或其他原因落入轨道，保证列车的正常运营，为城市轨道交通实现无人驾驶创造条件。

(2)减少列车噪声及活塞风对站台候车乘客的影响，改善乘客候车环境。

(3)减少站台区与轨道区之间气流的交换，降低城市轨道交通空调系统的运营能耗。

(4)对车站整体空间布置进行简化，减少设备容量、数量、土建工程量等投资建设成本，产生良好的社会效益和经济效益。

四、乘客信息与广播系统

1.乘客信息系统

城市轨道交通正在从"以车辆为中心"的运营模式发展为"以乘客服务为中心"的运营模式。城市轨道交通十分重视乘客信息系统，尤其是乘客信息系统(PIS)的建设。

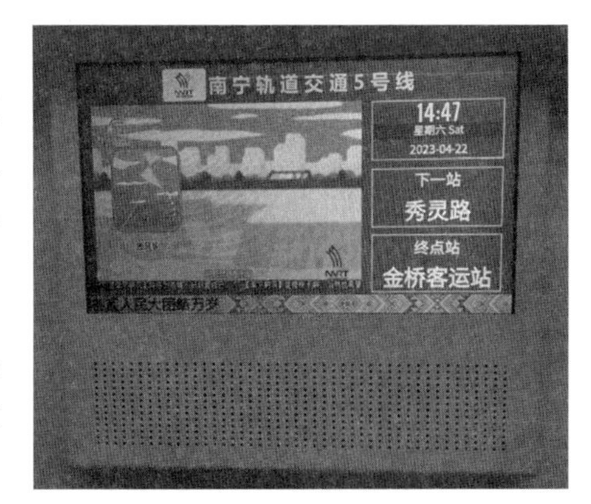

图7-39　乘客信息系统

乘客信息系统(Passenger Information System，PIS)是采用数字电视技术列车自动监控系统技术，利用先进的信息播出方式，实现信息服务功能。PIS通过设在车站的各类显示终端，为乘客提供各类相关信息，PIS的终端设备有PDP屏、LED显示屏(图7-39)、

LCD 显示屏、高清晰度电视、触摸式查询机等。

乘客信息系统在指定的时间将指定的信息显示给指定的人群的系统。

可提供列车时间信息、政府公告、出行参考、广告等实时多媒体信息。在火灾与阻塞、恐怖袭击等非正常情况下,提供动态紧急疏散指示。PIS 能为乘客提供上述各类信息,使乘客安全、高效地乘坐城市轨道交通,也使城市轨道交通高效、安全地运营。

2. 广播系统

广播系统由控制中心(OCC)广播、车站广播、车辆段广播三个相互独立又相互关联的子系统构成。它包括控制中心设备、车站设备和车辆段设备。

(1)广播系统的组成

车站广播设备是实现集中管理的重要组成部分,广播设备控制台一般设在车站控制室,广播设备分为自动广播和人工广播,广播的方式有:人工语音广播、语音合成广播、音乐广播和多路平行广播等。

(2)广播系统的功能

正常情况下,车站广播可在通道、站厅层和站台层对乘客进行导向服务,如报告列车进站离站的实时预告信息,报告相关的安全事项,传播服务信息,或播放音乐、广告等;在列车运行发生非常情况时,通过该系统及时向乘客通报,起到安抚、组织、疏导乘客的作用。同时,为组织好行车应及时将运行信息告知行车有关人员,自动广播还有集中广播和分区广播的功能。为了实现集中管理,车站广播设备除了车站广播外还应由控制中心集中播音。控制中心可对所有车站的所有区域插音,也可对某一个车站的某个区域有选择地播音。

五、消防报警系统

城市轨道交通在日常运营中可能碰到各类灾害,如火灾、水淹、风灾、雷击和停车事故等,城市轨道交通车站防灾以防火灾为主。消防报警系统(Fire Alarm System,FAS)能在火情发生后报警并迅速处理,是车站防火安全工作中重要的一环。

1. 消防报警系统的特点

(1)当火情发生时能迅速准确地发出火警信号并显示火情发生的地点、内容等信息。

(2)当火情发生后能立即启动防排烟系统、固定灭火系统,并有明确显示;能迅速切断灾区电源,以防电器失火,同时启动安全疏散人员的照明系统。

(3)除报警功能外,系统本身还应具备自诊断功能,能及时报告系统各部分发生的故障。

(4)系统必须设置备用电源。当主电源失电时,能自动切换并启动备用电源,确保系统正常运行。

(5)系统自身具备记忆功能,能自动记录火情及故障发生的地点和时间,以备事后的查询和分析。

2. 消防报警系统的组成

FAS 通常由消防报警系统和消防灭火系统两部分组成。前者的主要作用是对火灾初期的探知和报警,后者的主要作用是对火灾的及时扑灭和有效防护。二者紧密配合,组成一个功能完备的消防报警系统。

(1)消防报警系统一般分为中央级设备和车站级设备,中央与车站之间通过网络连接。中央级设备一般安装在控制中心;车站级设备一般安装各车站的车站控制室。

(2)消防灭火系统包括消火栓给水系统、自动喷水灭火系统和气体灭火系统。

六、给排水系统

给排水系统是保证城市轨道交通正常运营和安全运营必不可少的一个重要组成部分。

给排水系统由给水系统、排水系统和水消防系统组成,给水系统由城市自来水管网供水,主要负责为城市轨道交通运营提供所必需的生产用水、生活用水和消防用水;排水系统主要负责将收集的生产、生活中产生的废水污水,自然界的雨水、雪水和结构渗漏水等排出车站;水消防系统由城市自来水管网提供两路独立供水,主要负责为城市轨道交通运营提供必要的消防灭火用水。

城市轨道交通车站区间的污水和废水及雨水均应就近排入市政排水系统,污水应按规定达标后排放。地下车站及地下区间应设置废水泵房、污水泵房和雨水泵房。废水系统包括消防废水、地面冲洗废水、事故排水、结构渗漏水等,这些废水均通过线路排水沟汇流集中到线路区段坡度最低点处的废水泵站集水池内。污水系统主要指车站内卫生间和生活污水。在折返线车辆检修坑端部、出入口和局部自流排水有困难的场合需设置局部排水泵房,在地铁洞口及敞开出入口处应设雨水泵房。

七、暖通空调系统

城市轨道交通暖通空调系统是指对车站站厅、站台、隧道、设备及管理用房等场所的环境进行空气处理的系统,主要是调节指定区域内的空气温度、湿度、空气流速和空气品质等,以此创造一个适用于地铁设备正常运转、人员安全舒适的人工环境。正常条件下,暖通空调设备可通过就地级、车站级和中央级三级进行控制和自动控制系统进行监控,实现设备集中监控和科学管理。

1. 暖通空调系统的主要功能

(1)在列车正常运行时,排除余热、余湿,为人员提供所需的新风量,为乘客和工作人员提供一个适宜的人工环境,满足站内各种设备正常运转所需的温度、湿度要求。

(2)当列车阻塞在区间隧道时,向阻塞区间提供一定的通风量,保证列车空调等设备正常工作,维持车厢内乘客在短时间内能接受的环境条件。

(3)当发生火灾事故时,提供迅速、有效的排烟手段,为乘客和消防人员提供足够的新鲜空气,并形成一定的迎面风速,引导乘客安全、迅速地撤离。

2. 暖通空调系统的组成

暖通空调系统主要由以下四部分组成:区间隧道机械通风(兼排烟)及活塞风系统,简称隧道通风系统;车站公共区部分(站厅、站台、人行通道)的空调、通风(兼排烟)系统,简称车站大系统;车站管理用房及设备用房的空调、通风(兼排烟)系统,简称车站小系统;车站制冷供冷系统,简称车站水系统。

八、低压配电与照明系统

低压配电与照明系统在城市轨道交通中具有举足轻重的作用,其可靠性和安全性决定了通信、信号、BAS(环境与设备监控系统)、自动售检票系统、FAS(火灾报警系统)以及消防等系统的运行质量,尤其在非正常工况状态下,它是城市轨道交通正常运营不可缺少的重要保障。城市轨道交通供电电源一般取自城市电网,高压电通过输送或变换,以适当的电压等级供给设备,以保证电源的供应。

1. 城市轨道交通供电系统类型

根据用电性质不同,城市轨道交通供电系统分为两部分:由牵引变电所为主组成的牵引供电系统和以降压变电所为主组成的低压配电与照明系统。

低压配电与照明系统是以降压变电所为基础,将城市电网 10kV 中压配电降压为380V/220V 或 660V/380V的低压电,包含低压配电系统和照明系统两个子系统。低压配电与照明系统是城市轨道交通供电系统的重要组成部分,主要作用是为低压设备提供和分配电能。

2. 车站低压配电系统

车站低压配电系统为车站站台、站厅和设备用房的车站机电设备、售检票设备及通信、信号系统等提供电源。多采用380V 三相五线制和220V 单相三线制方式供电。

3. 车站照明系统

车站照明系统作为地下车站的唯一光源,对车站的正常运营具有重要的作用。照明系统按类型可划分为一般照明和事故照明。一般照明要求达到一定的亮度和均匀度;事故照明要求在事故状态下仍满足最低的照明要求。

九、环境与设备监控系统

为了实现对各车站设备有序的联动控制和监视,在城市轨道交通车站及控制中心设置了被称为环境与设备监控系统(Building Automatic System,BAS,简称环控系统)的自动控制系统,对城市轨道交通建筑物及隧道内的环境与空气调节、暖通、给排水、照明、乘客导向、自动扶梯及电梯、安全门系统等建筑设备和系统进行集中监视、控制和管理。它实现的最终目标是:保障车站的正常运营,创造舒适的车站环境;在灾害情况下可以实现灾害模式控制及联动控制,保证人员和设备安全,尽量减少损失;提高车站设备管理的自动化水平,降低能源能耗,降低车站运营成本。

1. 系统构成

环境与设备监控系统通常由中央、车站、就地三级实现对暖通空调系统、给排水设备、电梯、安全门、照明等设备的监视和控制,系统主要设备分中央级、车站级和就地级设备。

(1)中央级

系统中央级设于控制中心中央控制室(OCC),负责监视全线环控设备的状态和全线的环境状况并向各站发布控制命令,定时记录设备运行状态,记录车站温、湿度等原始数据,同时,可根据操作人员的需要绘制曲线图,定制报表等。

(2)车站级

车站级位于各站内的车站控制室,系统通过车站级监控工作站和模拟屏设备提供相应的人机界面(MMI),监控本站及所辖区间隧道的环控、给排水、自动扶梯、照明、安全门、防淹门、车站事故照明电源等设备的运行状态。

(3)就地级

相对集中于环控电控室、车站的重要房间(水泵房、冷水机房等)及公共区,它实现对所控设备的直接控制,并传送设备的运行状态及故障信息到车站工作站,执行车站级发出的指令。

2. 主要功能

①环境检测。BAS 通过布置在公共区、有人值班的管理用房及对环境有要求的设备用房的温度和湿度检测设备,实现环境温度和空气湿度的检测。

②机电设备监控。BAS 实现对全线通风空调、给排水、照明等机电设备的实时或定时监控。监视电梯、安全门的运行状态,紧急情况下,可实现对自动扶梯的紧急停止控制,对电梯紧急情况下上升或下降到安全层的控制。

③水位监测及报警。BAS 监视车站和区间各类排水泵房水位,接收水位报警信息,并具有对废水泵的远程控制功能。

④优化控制与节能。BAS 通过对环境参数检测以及相关计算,自动将暖通空调系统调控在最佳运营状态,一方面提高城市轨道交通系统整体环境的舒适度,另一方面实现节能控制,降低运营成本。

⑤防灾救灾。接收车站火灾自动报警系统发出的火灾控制模式指令,执行车站防灾设备的火灾控制模式。在火灾自动报警系统与 BAS 之间通信中断情况下,接收车站综合监控系统车站火灾模式控制指令,执行车站防灾设备的火灾控制模式。接收综合监控系统区间火灾模式控制指令,执行隧道排烟模式。接收区间列车阻塞通风模式控制指令,执行列车区间阻塞通风模式。

⑥数据管理。系统具有对受控设备运行参数分类存储、统计报表、自动生成系统设备维护报表和自动打印的功能。

单元 7.5 城市轨道交通运营管理

一、城市轨道交通行车组织

城市轨道交通行车组织工作是指在运输生产过程中,为完成运送乘客的任务而进行的一系列与运输有关的工作。城市轨道交通行车组织工作是城市轨道交通的中心工作,它担负着指挥列车运行、保证行车安全、提高运输效率的重要任务,是城市轨道交通系统运营的核心。

(一)城市轨道交通行车组织要求及特点

1. 城市轨道交通对行车组织工作的要求

城市轨道交通尤其是地下铁道因其特点,对行车组织提出如下要求。

(1)安全性要求高

因城市轨道交通尤其是地下部分隧道空间小,行车密度大,故障排除难度大,若发生事故难以救援,损失将非常严重,所以对行车组织工作提出了更高的安全要求。

(2)通过能力大

城市轨道交通一般不设站线,进站列车均停在正线上,先行列车停站时间直接影响后续列车接近车站,所以要求信号设备必须满足通过能力的要求。另外,不设站线使列车正常运行的顺序是固定的,有利于实现行车调度自动化。

(3)保证信号显示

城市轨道交通地下部分背景暗,不受天气影响,直线地段瞭望条件好,但曲线地段受隧道壁的遮挡,信号显示距离受到限制,所以保证信号显示是一项重要的工作。

(4)可靠性高

由于城市轨道交通隧道净空小,且装有带电的接触网(轨),行车时不便于维修和排除设备故障,所以要求信号设备具有高可靠性,应尽量做到运营时不维修或少维修。

(5)自动化程度高

城市轨道交通站间距短,列车密度大,行车工作十分频繁,而且地下部分环境潮湿,空气不佳,没有阳光,工作条件差,所以要求尽量采用自动化程度高的先进技术设备,以减少工作人员的数量,并减轻他们的劳动强度。

(6)限界条件苛刻

城市轨道交通的室外设备及车载设备,受土建限界的制约,要求设备体积小,同时必须兼顾施工和维护作业空间。

2. 城市轨道交通行车组织特点

城市轨道交通信号系统沿袭铁路的制式,由于其自身的特点,与干线铁路不同。城市轨道交通在整个运输生产过程中,调车作业甚少,行车组织基本上只从事列车运行组织和接发列车工作,由调度所(中央控制室)和车站(段)两级完成。

(1)具有完善的列车速度监控功能

城市轨道交通所承担的客运量巨大,对行车间隔的要求远高于铁路,最小行车间隔达到90s,甚至更小,因此对列车运行速度和位置监控的要求极高。

(2)联锁关系简单但技术要求高

城市轨道交通的大多数车站没有配线,不设道岔,甚至也不设地面信号机,仅在少数有道岔联锁站及车辆段才设置道岔和地面信号机,所以联锁设备的监控对象远少于铁路车站的监控对象,联锁关系远没有铁路复杂。除折返站外全部作业仅为乘客乘降,非常简单。通常一个OCC即可实现全线的联锁功能。城市轨道交通信号自动控制最大的特点是把联锁关系和ATP编/发码功能结合在一起且包含一些特殊的功能,如无人驾驶、ATO运行、自动折返、自动进路、紧急关闭、扣车等,增加了技术难度。

(3)车辆段独立采用联锁设备

城市轨道交通的车辆段/停车场类似于铁路区段站的功能,包括列车编解、接发列车和频繁的调车作业。线路及道岔多,一般独立采用一套联锁设备。

(4)行车调度自动化水平高

由于城市轨道交通的线路短,站间距离小,列车种类较少,行车规律性很强,因此它的调度系统中通常包含自动排列进路和运行自动调整的功能,自动化程度高,人工介入少。

(二)城市轨道交通行车组织机构认知

1. 城市轨道交通行车指挥机构

城市轨道交通行车指挥机构层次图如图 7-40 所示。城市轨道交通系统设立运营 OCC，OCC 一般按照分工设置不同的调度工种，通常设有值班主任、行车调度、电力调度、环控调度及维修调度等岗位。

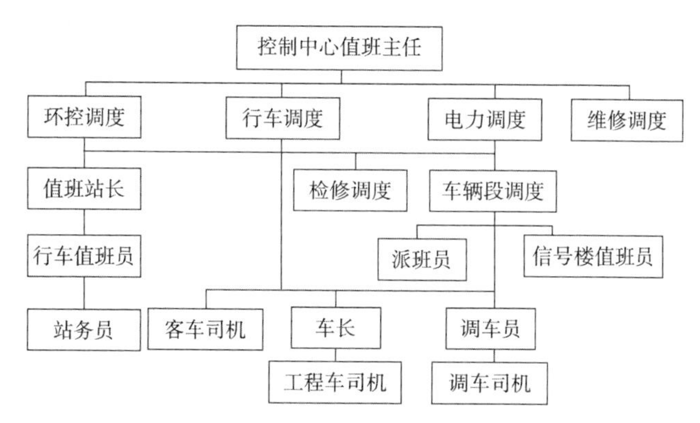

图 7-40 城市轨道交通行车指挥机构层次图

一般城市轨道交通行车指挥机构分为一级、二级两个指挥层级；二级服从一级指挥，一级指挥为行车调度、电力调度、环控调度和维修调度；二级指挥为车站值班站长、车辆段调度、检修调度。各级指挥根据各自职责任务独立开展工作，并服从 OCC 值班主任总体协调和指挥。OCC、车辆段及车站的指挥工作关系。

①车站由值班站长、车辆段由车辆段调度统一指挥。

②列车在区间时，电客车由司机负责指挥，工程车由车长负责指挥；列车在车站时，由车站值班站长负责指挥，或由行车调度员用无线电话直接指挥列车司机。

③发生行车设备故障时，车站值班站长(行车值班员)应及时报告维修调度员和行车调度员；由行车调度员跟进维修调度员或车辆段调度员组织抢修处理。

2. 各行车机构主要工作

(1)运营控制中心(OCC)

OCC 是城市轨道交通系统运营日常管理、设备维修、行车组织的指挥中心，通过各调度员，对全线列车运营和设备运行情况进行监视、控制协调、指挥和调度，也是城市轨道交通系统运营信息收发中心，所有与行车有关的信息必须通过 OCC 集散。

(2)车辆段控制中心(DCC)

DCC 是车场管理、车辆维修组织和作业的控制中心，负责车场范围内的行车组织、维修施工管理，负责车辆日常检修、清洁、定修和临修工作控制，为城市轨道交通系统运营及设备维修施工提供数量足够且工况良好的客车和工程列车。

(3)车辆段信号楼

车辆段信号楼设有计算机联锁设备，集中控制车场范围内的进路、道岔和信号机，隶属车辆段调度员管理，车场信号控制室与其邻接车站通过进路照查电路，共同组织与监控列车进出车场。

(4)车站

车站设有车控室,主要任务是接发列车,并做好乘客服务工作,遇突发情况进行应急处理,确保行车安全和乘客人身安全。

3. 主要行车人员的任务

(1)行车调度员

行车调度员负责城市轨道交通的日常行车组织、指挥工作,按照运营时刻表的要求组织行车,实现安全、准点和优质的运营服务;负责监督控制全线客流变化情况,调集人力物力和备用车辆,疏导突发大客流;负责组织、实施正线和辅助线范围内的行车设备检修以及各种施工、工程车运输作业;负责组织、处理在运营过程中发生的各种故障、事件、事故。

(2)列车司机

列车司机负责城市轨道交通列车驾驶及车辆故障的处理工作,听从行车调度员指挥,按照列车时刻表为乘客提供安全、正点、快捷、舒适的优质服务。

(3)车站行车值班员

车站行车值班员负责车站的行车组织工作,监督控制本站客流变化情况;负责组织、实施本站范围内的行车设备检修以及各种施工组织工作;负责组织、处理车站在运营过程中发生的各种故障、事件、事故。

(4)车辆段人员

①车辆检修调度员。

车辆检修调度员负责车辆的计划维修、故障抢修、事故处理、调试、改造作业安排及组织实施,监视所有车辆技术状态,提供列车运行图所规定的客车数上线服务,并确保其状态良好,符合有关规定。

②车辆段调度员。

车辆段调度员统一指挥车辆段内的行车组织工作,全面负责组织实施客车、机车车辆转轨、取送作业,组织实施列车调试作业、列车出入车辆段等工作,科学合理地调配人员、机车车辆,协调、安排车辆段内行车设备、消防设备及库房等设备设施的检修维护。

③车辆段信号楼值班员。

车辆段信号楼值班员根据接发列车作业计划、调车作业计划操作微机联锁设备,负责列车进出车辆段的行车组织工作。

4. 对主要行车人员的基本要求

(1)行车调度员

作为实现列车时刻表的实际组织者,行车调度员肩负着控制整体系统、指挥列车运行、处理突发事件的重大责任。

(2)列车司机

作为行车组织的最前线执行人员,列车驾驶员肩负着安全驾驶列车、快捷运送乘客、保证人身安全的重大任务。

(3)车站人员

车站人员要确保自动化设备和所提供的服务能满足乘客的需求,同时要保障在车站管辖范围内乘客的安全；车站的运输服务工作需要与控制中心紧密合作，车站人员随时准备执行行车调度员命令，协助行车调度员完成行车组织工作，根据客流状况做出适当的安排。

(4)车辆段/停车场人员

车辆段/停车场人员是行车组织工作中重要的后勤保障人员，为在线列车安全运营提供状态良好的列车，要求各岗位人员认真做好列车检修、维护及准备工作。

(三)列车运行图

城市轨道交通行车组织的主要工作内容为编制列车运行图。

1.列车运行图的含义

列车运行图(图7-41)是利用坐标系原理表示列车运行的一种图解形式，它是表示列车在各站和区间运行状态的二维线条图，能直观地显示各次列车在时间和空间上的相互位置和对应关系。

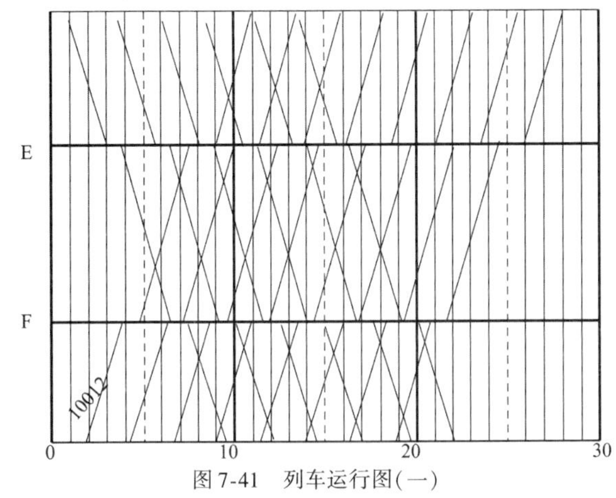

图7-41 列车运行图(一)

列车运行图中的符号

运行图的要素

图7-41中列车运行图各部分的含义说明如下。

(1)横坐标：表示时间，按要求用一定的比例进行时间划分，一般城市轨道交通列车运行图采用1分格或2分格。

(2)纵坐标：表示距离，根据区间实际里程，采用规定的比例，以车站中心线所在位置进行划分。

(3)垂直线：一簇平行的等分线，表示时间等分段。

(4)水平线：一簇平行的不等分线，表示各个车站中心线位置，一般称为站名线。它的确定主要有以下两种方法。

①按区间实际里程比率确定。即按照整个区段各个车站实际里程的比例来确定站名线的位置。这样画出来的列车运行图非常不美观，并且不利于发现区间运行时分上的差错，所以城市轨道交通运营企业一般不采用此种方法。

②按区间运行时分比率确定。即按照整个区段内各车站间列车运行时分的比例来确定站名线的位置。采用这种方法，虽然不能表示出站间距的大小，但是在列车运行图上的运行线基本上是一条斜直线，这样既美观，又可以直观地发现列车在区间运行时分上的差错，因此大多数企业采用此种方法。

(5)斜线：列车运行的轨迹，即运行线。一般以下斜线表示下行列车，上斜线表示上行列车。

(6)车次：列车运行图上每次列车规定有自己的车次。一般来说，上行为偶数，下行为奇数。

知识拓展

地铁在正线上应采用双线、右侧行车制。南北向线路应以由南向北为上行方向,由北向南为下行方向;东西向线路应以由西向东为上行方向,由东向西为下行方向;环形线路应以列车在外侧轨道线的运行方向为上行方向,内侧轨道线的运行方向应为下行。

根据横、纵坐标所表示变量的不同,城市轨道交通所采用的列车运行图主要有两种形式。一种是横坐标表示时间,纵坐标表示距离(目前大多数城市轨道交通的运行图都采用这种形式)。另一种是横坐标表示距离,纵坐标表示时间。这时,运行图上横线表示时间,竖线代表车站中心线。有个别的城市轨道交通运营企业采用此种类型运行图,如图7-42所示。不同的城市轨道交通运营企业会根据实际情况采用不同形式的运行图。

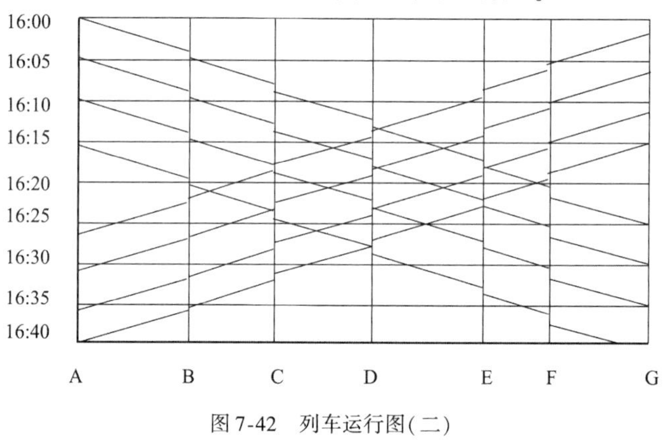

图7-42 列车运行图(二)

2. 列车运行图的分类

根据线路的技术设备、列车运行速度、上下行列车的数量、列车运行方式的不同,列车运行图可以分为不同的类型。

(1)按区间正线数目不同可以分为:单线运行图、双线运行图、单双线运行图;

(2)按列车的运行速度不同可以分为:平行运行图、非平行运行图;

(3)按上下行列车数量不同可以分为:成对运行图、不成对运行图;

(4)按列车运行方式不同可以分为:连发运行图、追踪运行图。目前,大多数地铁、轻轨采用追踪运行图,如图7-43所示。

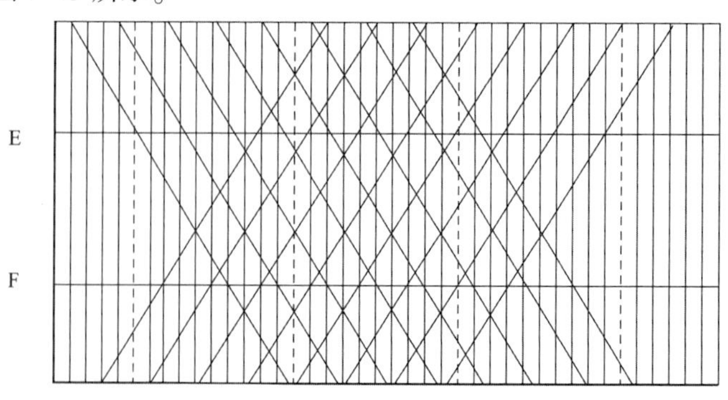

图7-43 追踪运行图

列车运行图的类型

(四)行车调度

城市轨道交通与城际铁路有相同点,具有轨道交通的特点;又与城市地面公交系统有相同点,具有适应城市公共交通要求的各项条件。由于必须兼顾到上述两方面,因此,城市轨道交通的运营管理行车组织工作与铁路调度、城市公交调度不同,有其独特的方面。

1.行车调度的基本任务

行车调度是城市轨道交通日常运输组织的指挥中枢,以安全运送乘客、满足设备维护的需要,按列车运行图的要求,实现安全、准点、舒适、快捷的运营服务为宗旨。各单位、各部门必须在集中领导、统一指挥的原则下,紧密配合、协调工作,确保行车和乘客安全,完成各项工作任务。

(1)负责城市轨道交通系统的日常行车组织、指挥工作,按照列车运行图的要求组织行车,实现安全、准点和优质的运营服务。

(2)负责监督控制全线客流变化情况,调集人力物力和备用车辆,疏导突发大客流。

(3)负责组织、实施正线、辅助线范围内的行车设备检修以及各种施工、工程车运输作业。

(4)负责组织、处理在运作过程中发生的各种故障、事件、事故。

2.行车调度组织工作

行车调度是实现城市轨道交通系统日常运输工作的指挥中枢,凡与运营有关的各部门、各工种都必须在行车调度的统一指挥下进行日常运营,基本原则是安全生产的原则、按图行车的原则、单一指挥原则、下级调度服从上级调度的原则。

(1)调度命令

调度命令是行车调度员在调度指挥工作中对行车有关人员发出的要求其配合完成某些行动的指令,调度命令分为口头命令和书面命令两种。

(2)正常情况下调度指挥的基本方法

在我国的大部分城市,通常由运营控制中心(OOC)担任城市轨道交通系统的列车指挥工作,运营控制中心(OOC)是城市轨道交通运营企业的运营指挥部门,负责所辖各条城市轨道交通线路行车、电力、消防环控及票务等的运行调度和突发事件处理等工作。

正常情况下列车运行组织的主要方法如下。

①始发站提前或推迟发出列车。

②根据车辆的技术状态、线路允许速度,改变列车运行速度,恢复列车运行正点。

③组织车站快速乘降作业,压缩停站时间。

④组织列车越站运行。行车调度员应严格遵循列车跳停原则;客流较大车站原则上不安排列车通过;不允许办理连续两列车通过同一车站;列车以规定运行等级速度通过车站;通过车站的计划原则上在始发站安排。

⑤变更列车运行交路,组织列车在具备条件的中间站折返。

⑥扣车。当一条线路的列车由于车辆或其他设备故障引起运行不正常,造成乘客拥挤时,行车调度员可采取扣车措施,将列车扣在附近车站,以缓解运行压力确保列车间隔。

⑦停运列车。当线路某区段中断,已不能满足在线列车运行时,行车调度员可适当抽调部分列车下线,拉大列车运行时间间隔。

（五）行车组织

1. 车站行车

（1）行车作业基本要求

车站行车作业包括行车接发作业、列车折返作业等。车站行车作业应按照列车运行图要求，不间断地接发列车与折返列车，确保行车安全与乘客安全。对车站行车作业的基本要求如下。

①执行命令，听从指挥。严格执行单一指挥制，车站行车作业由车站值班员统一指挥。列车在车站时，列车司机应在车站值班员指挥下进行工作。车站值班员应认真执行行车调度员的命令和上级领导的指示。

②遵章守纪，按图行车。认真执行行车规章制度，遵守各项劳动纪律。办理作业正确及时，严防错办和忘办，严禁违章作业。当班人员必须精神集中，服装整洁、佩戴标志，保证车站安全、不间断地按列车运行图接发列车。

③作业联系，及时准确。联系各种行车事宜时，必须程序正确、用语规范、内容完整、简明清楚，严防误听、误解和臆测行事。

④接发列车，目迎目送。接发列车应严肃认真，姿势端正。认真做好看、听、闻，确保列车安全运行。

⑤行车报表，填写齐全。行车报表包括各种行车凭证、“行车日志”和各种登记簿。行车凭证有路票、绿色许可证和调度命令等；登记簿有“调度命令登记簿”“检修施工登记簿”“交接班登记簿”等。应按规定内容、格式，认真填写各种行车报表，保持表报完整、整洁。

（2）行车作业制度

为加强车站行车作业组织，必须建立健全各项行车作业制度，做到行车作业制度化、程序化、标准化。车站行车作业制度主要有车站值班员岗位责任制度、交接班制度、检修施工登记制度、道岔擦拭制度、巡视检查制度和行车事故处理制度等。

（3）接发列车作业

由于国内城市轨道交通信号系统普遍实现列车自动监控系统，列车实行自动驾驶运行，城市轨道交通车站原则上不办理接发列车作业。车站对列车运行情况进行监视，负责向行车调度员报点，各站间相互报点。当发生意外事件时，向行车调度员请示，经同意后暂不报点；站台站务员按有关规定迎送列车。只有在信号联锁故障，需人工排列进路组织列车运行及列车开到区间因故障要退回车站等特殊情况下须办理接发列车作业。

站前折返过程

站后折返过程

（4）列车折返作业

根据车站折返线的布置，列车折返主要有站前折返、站后折返和混合折返3种。

2. 车场内行车

车场内的常见设备包括线路、信号进路和控制设备、运转日常管理以及各类机电设备、检修设备、列车存放和其他辅助设备。车场可为正线运行列车提供各类后勤保障和服务，确保正常的运营秩序，车场是运行勤务人员的重要工作场所。

（1）车场内行车作业内容

车场内行车作业是整个城市轨道交通系统行车组织的重要组成部分之一，它在上级运营指挥部门的统一指挥下，按运行图制定的行车计划完成日常的车辆运行工作，其日常工作范围包括：

①负责所辖各运行线路内的列车运行、检修、整备任务，确保上线运行列车状态良好。

②确保上线运营列车准点出场、回库，能顺利进行运行列车的调整。

③配合维修人员完成列车的维护、维修、调试等工作。

④安排场内调车作业及正线开行施工列车。

⑤协调场内各专业技术工种在规定范围和规定界面的施工作业。

⑥协助正线事故救援工作。

⑦编排列车运行计划，按运行图要求配置列车及乘务人员。

⑧对列车乘务人员及站场行车人员的行政管理、技术管理等。

(2)调车作业

除正线列车在车站到、发、通过及在区间内运行，参与运营活动以外的所有为了编组、解体列车或摘挂、取送车辆、转线等车辆在线路上有目的的移动统称为调车。

按调车目的不同，城市轨道交通调车主要有折返调车、转线调车、解体调车、编组调车、摘挂调车和取送调车等。城市轨道交通的调车作业主要是在车场内和折返站内进行。调车作业采用内燃机车或动车，车场内调车作业的特点是作业量大和作业复杂。

调车作业基本要求如下：

①调车作业必须按照调车作业计划以及调车信号机或调车信号的显示要求进行，没有信号不准动车，信号不清立即停车。

②特殊情况使用无线电对讲机联络进行调车作业时，司机与调车人员必须保持联络畅通，联络中断时，应及时采取停车措施，停止调车作业。

③调车作业时，调车员必须正确、及时显示信号，司机要认真确认信号并且鸣笛回示。

二、城市轨道交通客运组织

(一)城市轨道交通车站平面布置

1. 站厅层布置

站厅层的作用是将进出车站的乘客迅速、安全、方便地集和散，它是一个过渡空间。因此，站厅应依据车站内部结构及设施配置情况合理布置管理用房、设备用房及站厅内的客运服务设备，应注重分区明确，避免和减少进出客流的交叉干扰，同时应考虑突发性客流特点，留有足够的乘客集和散的空间，创造快捷的进出站条件。

站厅层的合理布局方式主要取决于车站的售检票方式(人工、半自动和自动售检票)。

一般站厅主要有两种布置方式：①分别在站台的两端上层设置站厅，如图7-44a)所示；②在站台上层集中布置，如图7-44b)所示。此外，有些地铁还考虑与地下商业建筑连接起来一起布置站厅，如图7-45所示。

站厅层设备区主要有设备用房、管理用房及辅助用房。设备区基本分设于车站两端，一端大，一端小，中间作为站厅公共区。设备用房是用于安置各类设备、进行日常维修及保养设备的场所;管理用房的设置应结合车站客流规模和业务量来具体设置,业务量比较大的车站,可考虑将特殊票务业务的服务用房和办理咨询用房分开设置。其他辅助用房(如洗手间、更衣室等)以方便使用的原则来设置。图7-46为某地铁地下站站厅设备区布置示意图。

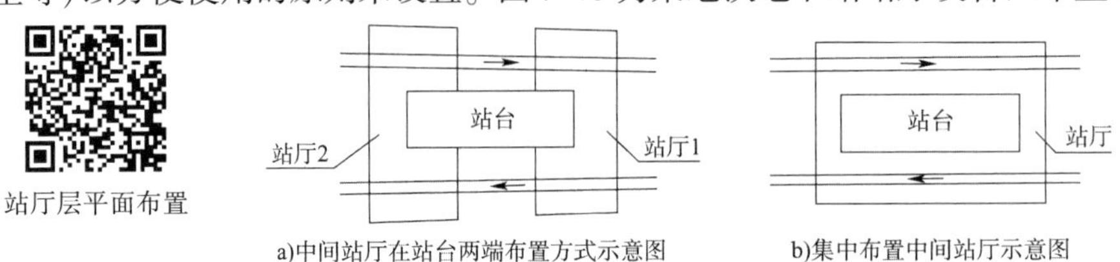

a)中间站厅在站台两端布置方式示意图　　b)集中布置中间站厅示意图

图7-44　站厅布置方式

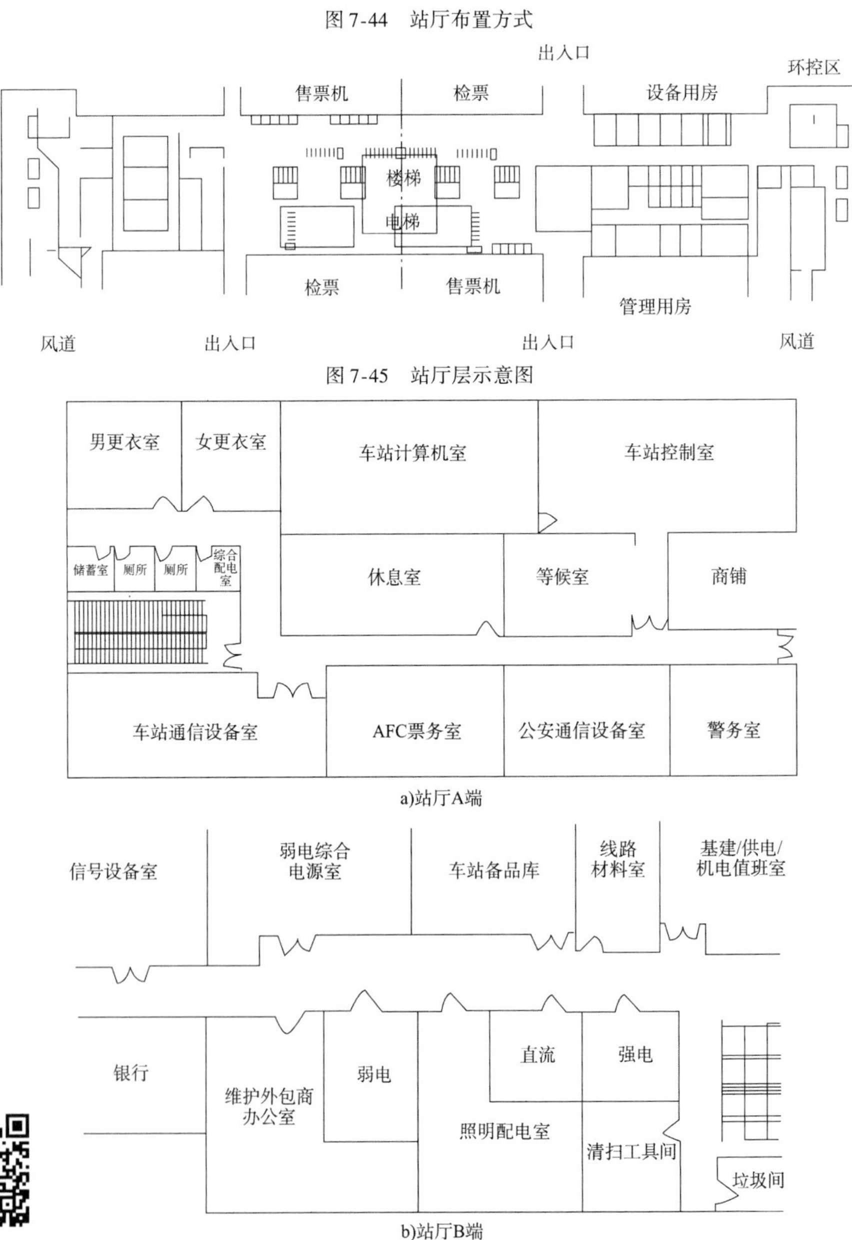

图7-45　站厅层示意图

a)站厅A端

b)站厅B端

图7-46　某地铁站厅层A、B端设备区布置示意图

车站控制室

2. 站台层布置

站台主要是供列车停靠、乘客候车及乘降的区域。站台分为公共区和设备区，一般两端为设备区，中间为公共区。站台公共区主要是乘客候车、上车及下车区域，有站台监控亭、乘客座椅、公用电话、立柱及防护设施等。站台设备区主要有设备用房及辅助用房等。图7-47为某地铁站岛式站台平面布置示意图。

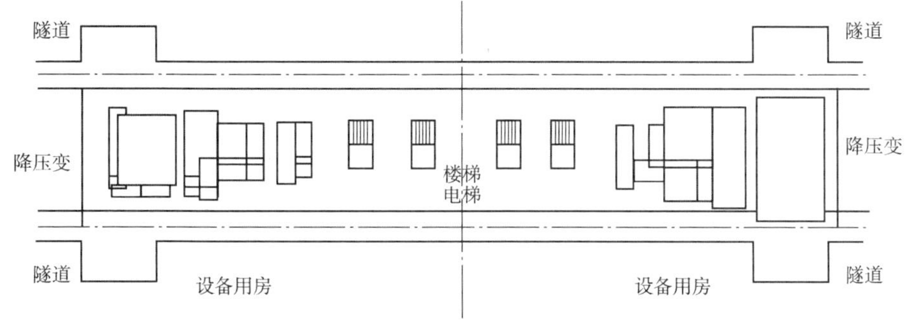

图7-47 某地铁站岛式站台平面布置图

站台层平面布置

3. 导向标志布置

导向标志是指由图形标志和(或)文字标志与箭头符号组合形成，用于指示通往预期目的地路线的公共信息标志。

(1)导向标志布置要求

导向标志

①位置适当。

导向标志应设置于容易看到的位置。一般设置在付费区域或非付费区域的交界处、地下建筑延伸到地面的地方、客服中心以及有拐弯的地方设置。

②有连续性。

连续地设置导向标志，加强了人的认知与记忆的程度和深度，直到人们到达目的地，其间不能出现标志视觉盲区。需要注意的是，标志之间的距离要适当安排，过长会缺乏连贯及序列感，过短会造成视觉过度紧张，可视性差。在无岔路的直通道，一般在20~30m应重复设置一次，以免乘客产生“是否正确”的疑问。例如，某地铁车站为了引导和组织乘客乘车，从进站处到乘车处的所有过程和通道，都设有不同功能的导向标志。

因此，导向标志的设置位置从车站外部沿出入口、站厅、站台一直到车辆是连续不断布置的。其设置位置如下：

车站外部——站名牌、站位图、线路图、出入口导向图等。

站厅部——售票/检票方向指示、价格表、车站周围示意图、紧急出入口等，如图7-48所示。

站台部——车站各种用房标志、时间表、线路图、显示列车到达时刻及目的地等信息的电子导向牌、出入口导向图等，如图7-49所示。

车辆内外部——车辆运行方向、区间标志(车头、车侧)、车号、车辆到站的标志(车内、门上部)、禁止靠车门、防止夹手标志、禁止拉动标志、乘客禁止入内标志等。

楼梯、自动扶梯等通道——方向标志、换乘标志、注意脚下标志、注意头部标志等。

图 7-48 车站周围情况示意图

图 7-49 列车到达车站时刻信息牌

③一致性原则。

标示要尽量设置在一致的位置上,如固定在天花板上的方向标志,不仅仅是同一个车站,一个城市所有的车站如无特殊规定都应设置在一致的位置,这样人们不需要搜寻整个空间,而只需要注视部分固定的区域即可找到方向标志。

④安全性原则。

由于部分车站连接各大商业圈,地下商场人员较多,火灾潜在的危险性较大,所以疏散指示标志的设置对人员的疏散具有重要作用。火灾时的烟雾较易积聚在上方,会遮挡上部的标志或妨碍识别,因此,在疏散走道或主要疏散地面上或靠近地面的墙上设置发光疏散指示标志。

⑤有一定的特殊性。

由于地下建筑相对封闭性的特点,处于地下空间中的人会需要相对于地上空间更多的信息才能满足需求。例如,地上空间的一个简单的出入口标志,在地下,则需要标明所对应的地上的确切位置。又如,一个区域中心地面上的图案,出入口处表现为地上建筑外部环境真实场景的巨幅照片。

(2)导向标志的设计要求

①要醒目。

标志视觉上一定要醒目,重要的标志要能达到对人的视觉有强烈的冲击效果。例如,使用图形上的强烈对比来使人注意。醒目的另一个方面是标志上的文字、符号等要足够大,以便人们能从一定的距离以外就能看到、读出。但是字的大小是相对的,视具体情况而定,不能盲目地一味求大,而忽略了整体的协调性。还有就是颜色,对于刺激视觉来说,颜色是最直观的一种方法,每种颜色都能给人一种不同感觉,使用鲜明的颜色或者强烈对比的颜色都有突出的意味,但要注意整体的协调。

②有规范。

标志的规范是指用以表达方向诱导标志信息内容的媒体(如文字、语言、符号等)必须遵循国家的规范、标准以及国际惯例等,使人们易于理解和接受。

③有区别。

导向标志必须和其他类型的标志(诸如广告、告示、宣传品、商业标志和其他识别标志等)区别开来,并且具有优先权。商业广告不能遮挡导向标志,并且在色彩、设置位置等各方面都要顾及导向标志。

④要简单便利。

简单是指导向标志上的词句必须精简、明确,用最少的文字和图形来表达复杂的意思,让人一目了然;便利是指人们在正常移动的情况下就能阅读和理解标志上的内容。

⑤保证信息质量。

对于公共信息类标志,应保证信息的可靠性,应保证与实际情况相符。例如,当列车时刻发生变化时,应及时更新;如果车站周边的其他交通方式或商业环境发生变化时也应及时更新相应的地图等。

⑥要考虑乘客个体差异。

车站内的导向标志要考虑乘客各种差异,尽量照顾到所有的人群,包括一些特殊人群。例如深圳地铁为盲人服务的导向标志就很人性化。

(二)车站的管理模式及管理制度

1. 车站的管理模式

城市轨道交通车站由值班站长负责站内的日常管理事务,其上级是中心站站长。一般情况,中心站管理模式下,以几个车站为一个单位进行日常工作管理。岗位体系实行层级负责制,由上至下顺序为:中心站站长、值班站长、值班员(客运、行车)、站务员(厅巡、站台、售票岗)。部分城市轨道交通运营企业的中心站管理模式下,在自然站设置一名副站长,以便更好地加强车站生产组织与协调。中心站管理模式下,车站的层级管理及车站岗位设置框架图如图7-50所示。

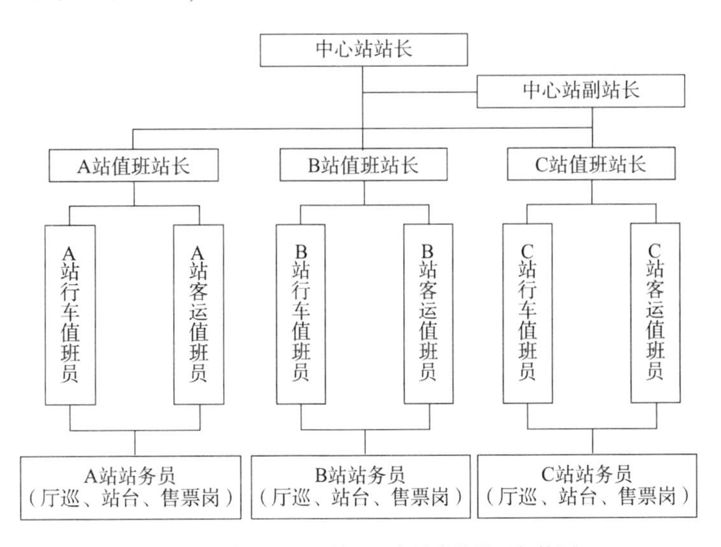

图7-50 车站的层级管理及车站岗位设置架构图

城市轨道交通车站内的工作人员除了隶属于本站的站务人员外还有非本车站的工作人员,包括保洁、各专业驻站维修人员、地铁公安、地铁保安、商铺工作人员及其他正在车站工作的员工等。

站内各单位之间是合作的关系,中心站成立以中心站站长为组长,警务班负责人为副组长、各单位负责人为组员的综治小组。综治小组的主要任务包括:每月至少组织一次集中会议,协调车站内的综合治理工作;综治小组成员相互通报相关信息,尤其在重大节假日前,站务应将有关运营服务信息及站内客运应急方案通报各单位;综治小组应定期组织各单位参加消防检查或应急演练。

当车站出现突发应急情况时,车站内各单位员工应积极配合站务人员,在车站当班负责人的调配下参与应急情况处理。

车站的站务人员有属地管理的权限,即对进入车站的乘客按企业规章进行管理,对车站地域范围内非站务工作人员有监督检查的权力;中心站(副)站长或当班值班站长在紧急情况下,可调动在车站范围内的非站务工作人员,参与车站紧急情况下的应急处理。

2. 车站的管理制度

(1)排班管理制度

城市轨道交通车站按照工作需要对车站各岗位实行定员、定岗,紧凑、合理、科学地排班,确保能以精简的人员满足运营需要。

车站一般采用轮班制,车站员工根据排班表安排上岗。车站排班一般按定员定岗标准执行,不能擅自增加或减少岗位。特殊情况下,如临时改变行车方案或遇大客流需做合理化调整时,须及时通知员工并上报上一级领导。排班时,要注意执行《中华人民共和国劳动法》的规定,每月确保员工休息时间符合国家规定,班与班的时间间隔至少有12h。排班时要考虑新老搭配、业务搭配和性格搭配。员工因个人原因调班时,一般要提前提出书面申请并说明原因,经批准后方可调班。要求员工上岗必须持有本岗位资格证,不允许低岗顶高岗。

(2)信息汇报制度

车站每天都有大量生产信息需要向外反馈,因此车站必须有清晰的汇报流程,以确保信息的反馈能及时有效并得到合适的处理。

车站通常要汇报的信息可分为一般生产信息和重要或紧急情况信息两类。一般生产信息可以每天汇总,按规定逐级反馈到部门处理;当发生重要或紧急事件时,由车站当班值班站长根据事件的具体情况,按相关规定立即向相关负责人进行汇报,并做好记录。一般信息汇报实行逐级汇报,由下至上的顺序依次为;站务员-值班员-值班站长—站长。在非正常情况下可越级汇报。

(3)会议制度

为了传达近期工作重点和重要文件精神,总结本班运营工作情况,培训相关知识,城市轨道交通车站一般在早班和中班员工交接之前召开车站交接班会议,确保重要生产信息的传递顺畅,保障车站各岗位员工明确各项生产任务的目标、要求。当班值班站长是车站交接班会议的组织人。车站的交接班会议是车站当班员工获知各种信息的重要途径,也是培训、学习业务知识的关键时机。

城市轨道交通车站除了交接班会议外,通常还设有全站员工大会、综合治理会、专题会议等。

(4)巡视制度

城市轨道交通车站作为一个开放型的公共场所,服务对象的群体具有流动性、临时性、复杂性、不确定性等特点。为保证运营时间各种设备设施的正常运行,确保正常的运营服务,车站各层级人员均需要在日常工作中进行巡视,以保证场所、设备设施、人身及财产的安全。

城市轨道交通车站通常对车站巡视工作制定管理制度,明确各岗位的巡视范围和巡视要求。巡视可以根据内容的不同分为人员服务、设备和设施、治安情况和乘客动态等。人员服务主要包括人员的服务态度、仪容仪表、作业流程等是否符合车站的相关管理规定。设备设施主要包括各种设备和设施的运行状态是否有异常等。治安情况主要包括车站的保卫和综合治理情况等。乘客动态主要包括乘客候车情况、客流情况及乘客所携带物品情况等。在巡视前、后巡视人员应及时通知车站控制室,并注意做好个人人身安全的防护;在巡视过程中,巡视人员发现问题不能现场解决时,应及时报告车控室的值班人员,由值班人员来安排处理,不要与外部人员发生冲突而导致事件升级。

(5)文件管理制度

文件是城市轨道交通车站日常管理中涉及内容最多的一项,也是生产信息传递的重要形式。同时,文件、规章是城市轨道交通车站日常运作的"指挥棒"。为了规范车站的文件分类、归档、更新以及保管和使用等内容,城市轨道交通车站一般都制定管理制度,并由车站专人负责进行分类、归档管理工作。

在城市轨道交通车站,文件通常按照安全、票务、服务、人事、党群、基础管理等类别进行分类,尤其需要重视的是对各类规章的管理,如修订、更新等,以避免由于管理不善而导致生产环节出错。

(6)钥匙管理制度

城市轨道交通车站的结构布局通常比较复杂,设有多个设备房间来满足正常运营需要。为此,车站的设备房间管理显得尤为重要。为了保证设备的正常运作,日常工作中设备的维修人员以及设备使用人员经常需要进出设备房间,因此要保证车站设备用房钥匙的状态正常、良好。

为确保安全及紧急情况下快速处理,车站通常要保留站内所有设备用房与管理用房的钥匙用于日常使用,并保留一套备用钥匙,以便发生紧急情况时供车站应急处理使用,车站任何房间的开启必须得到车站同意,由使用人员向车站借用相应钥匙,用完后及时归还。车站的钥匙应分类存放,日常使用一般由车控室行车值班员负责保管,借用归还要做好相应登记;备用钥匙一般由值班站长负责保管。

城市轨道交通车站都会定期安排人员进行设备用房钥匙的测试,发现无法使用的钥匙及时更换,避免紧急情况下无法打开设备房门而造成更大的损失。

(7)车控室管理制度

车控室是车站监督、指挥车站运作的核心地方,车控室内集中了车站设备控制系统以及行车指挥系统等重要设备,因此必须严格管理,确保车控室内的人员和设备安全可控。车控室综合后备盘(IPB)上的车站设备控制按钮及开关及车站的综合控制系统如图7-51所示。

车控室的工作人员不能超过3人(除特殊情况外),车站员工除了工作原因必须进入车控室外,不能以其他理由进入车控室;非站务员工到车控室进行施工请销点作业或借用物品时,不可多人进入车控室,只派一人到车控室办理相关手续,其他人员在通道门外等候,施工工具不能携带进入车控室;进入车控室的人员禁止大声喧哗、吵闹,严禁擅自启动、操作任何设备、设施;车控室值班人员作为车控室的负责人,负责车控室的安全,要对进入车控室的人员做好监控,如发现违规,及时制止。

(8)考评管理制度

为了增强车站员工的安全生产意识,提升员工的服务意识,维护正常的生产秩序和工作秩序,促进车站员工队伍的良性发展,通常需要建立员工绩效考核评价体系,对员工的工作量、工作态度、岗位技能、安全与纪律等方面进行考核与评价,评价结果运用于车站员工的晋级及续签劳动合同等工作中。

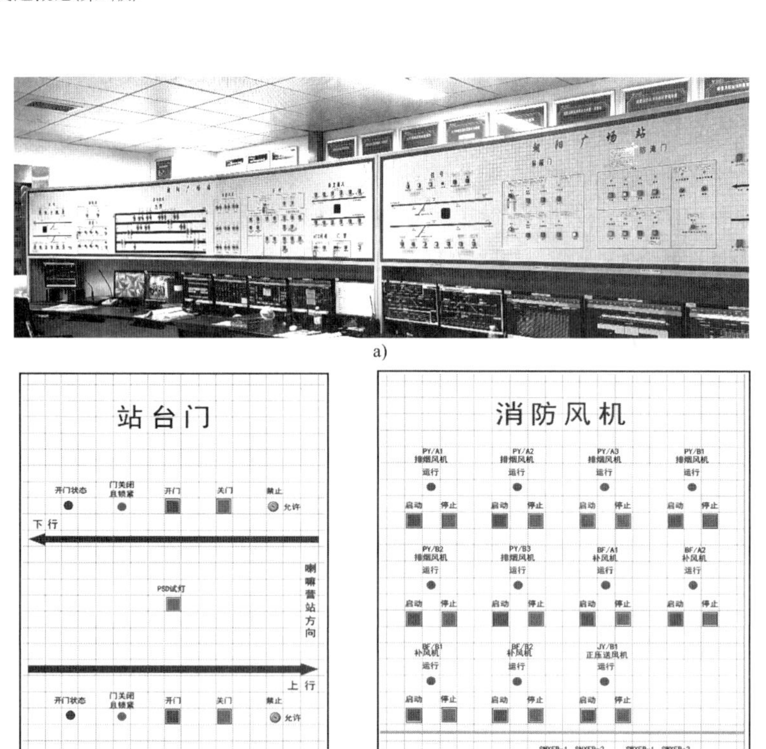

a)

b)

c)

门禁

释放状态

紧急释放

无效　有效

d)

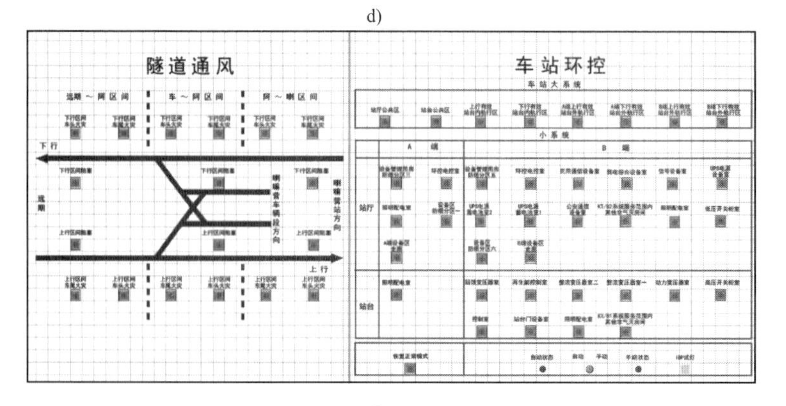

e)

图 7-51

f)

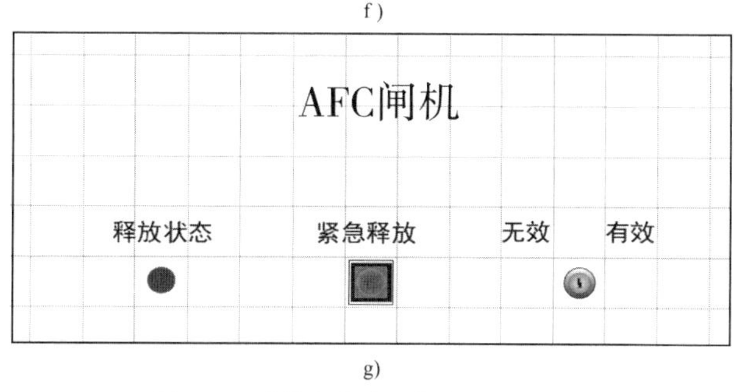

g)

图7-51　车控室综合后备盘及控制系统

(三)城市轨道交通客运组织工作内容

1.城市轨道交通客运组织的概念及宗旨

(1)城市轨道交通客运组织的概念

城市轨道交通客运组织是指通过合理布置客运有关设备、设施,对客流采取有效的分流或引导措施来组织客流运送的过程。城市轨道交通主要通过合理的客运组织来完成其大容量的客运任务。

客运组织工作是城市轨道交通运营生产的重要组成部分,客运组织工作的质量直接反映城市轨道交通运营企业的管理水平。客运组织工作必须实行集中领导统一指挥的原则,运行OCC负责全线的客运组织工作,车站的客运组织由车站站(区)长或值班站长负责。客运组织工作需建立健全各项工作制度,运营、乘务、维修等各部门之间密切配合,共同维护好车站秩序,完善管理工作细节提升工作效率和服务质量。

(2)城市轨道交通客运组织的宗旨

①安全。为保证乘客安全乘车,要制定并严格执行各项安全制度,采用先进的安全控制系统,所有的运营设备应定期检查,保证处于良好状态。

②准时。运营生产部门相互配合,严格按照列车运行图组织工作,确保列车按运行图规定的时间运行。

③迅速。运营生产各部门相互配合,提高列车运行速度,缩短列车间隔时间,减少设备故障。确保乘客快捷到达目的地。

④便利。车站内、外导向标识清晰完备,地下通道、出入口与地面其他交通工具衔接紧密,

方便乘客换乘。

⑤优质服务。客运服务人员应严格遵守职业道德,礼貌待客,耐心正确地解答乘客问询,主动热情地为乘客服务。

2. 车站日常运作工作

车站日常运作主要工作内容包括车站开启(包括开站准备和运营开站)、车站关闭、车站巡查等。

3. 客流调查与预测

城市轨道交通系统提供的是乘客运输服务,乘客流动的数量和方向直接决定线网及线路走向,客流是整个城市轨道交通系统规划、建设、运营的基础。

(1)客流概述

①客流的概念。

客流是指在一定时间内乘客的流量、流向和旅行距离信息的总称。包含时间、地点、方向和流量四个要素。客流可以是预测客流,也可以是实际客流。客流是轨道交通安排运力、编制开行计划、组织日常行车和分析运营效果的基础。

②客流的类型。

根据客流的时间分布特征,城市轨道交通客流可分为全日客流、全日分时客流和高峰小时客流。全日客流是指每日城市轨道交通线路输送的客流量。全日分时客流是指一天内城市轨道交通线路各小时输送的客流量。高峰小时客流一般指城市轨道交通线路早、晚高峰及节假日高峰小时内输送的客流。

根据客流的空间分布特征,城市轨道交通客流可分为断面客流和车站客流。断面客流是指通过城市轨道交通线路各区间的客流,车站客流是指在城市轨道交通车站上下车和换乘的客流。

根据客流的来源,城市轨道交通客流可分为基本客流、转移客流和诱增客流。

③影响客流的因素。

影响城市轨道交通客流的因素主要包括沿线土地利用情况、城市布局发展模式、城市人口规模与出行率、票价、服务水平、政府的交通运输政策、交通网的规模与布局、私人交通工具的拥有量等。

④客流的特点。

城市轨道交通客流的特点是客流整体表现出来的特性,而乘客行为的特点更多体现的是乘客的出行心理和出行习惯。主要体现以下特点:高集中性、多方向和多路径性、主导性、客流方向不均衡性、时间不均衡性、短时冲击性等。

(2)客流调查

客流是动态变化的,对城市轨道交通的客流进行调查和统计分析,可以了解客流在时间、空间上的动态变化规律,同时对既有线路的运营客流特征分析,也能为后续实施线路或其他城市规划路网提供参考数据,从而为其线网规模的控制、基建工程和设备采用与布置以及运输组织等诸多方面提供参考。

①客流调查的种类。

为了掌握客流现状与变化规律,必须经常进行各种形式的客流调查。涉及客流调查内容、地点和时间的确定,调查表格的设计、调查设备的选用和调查方式的选择以及调查资料汇总整理、指标计算、结果分析等。

客流调查可根据调查内容分为全面客流调查、断面客流调查、节假日客流调查和专题性客流调查等。

全面客流调查是对全线客流的综合调查，调查全线各站所有乘客的上下车地点和票种情况。通过对调查资料进行整理、统计和分析，能对客流现状及出行规律有一个全面清晰的了解。

断面客流调查是一种经常性的客流抽样调查，根据需要，可选择一个或几个断面进行调查，一般是对最大客流断面进行调查，调查人员直接观察记录调查车辆内的乘客人数。

专题性客流调查是对某一特定项目开展调查，包括突发客流调查、乘客情况调查和乘客满意度调查等项目。

②客流调查的方法。

客流调查的方法主要为随车客流调查法、驻站客流调查法、抽样客流调查法、AFC系统数据等方法。

(3)客流预测

客流预测以现行运输统计制度提供部分基础资料为依据，辅以对城市港口、车站等处的调查，运用相关理论及方法在此基础上进行预测。客流预测的作用体现在对节点运输的客运组织方案的制订上。车站依据前期客流走向的数据汇总以及客流处置经验在运营过程中的特殊时间节点(如节假日、大型活动)上提前预测客流规模，为节点运输做好充分准备。

(4)客流分析

城市轨道交通客流是动态的，它的分布与变化因时因地而不同，这种不同归根结底是城市社会经济活动与生活方式以及轨道交通本身特征的反映，因此客流的分布与变化是有规律的。对客流的分布特征与动态变化进行实时跟踪和系统分析掌握客流现状与变化规律，有助于经济合理地进行线网规划、运力安排与设备配置，对做好日常行车组织与运营管理工作具有重要意义。

4.客流组织

城市轨道交通客运工作的核心是保证客流运送的安全，保持客流运送过程的畅通，减少乘客出行时间，避免拥挤，保证大客流发生时及时疏散客流。城市轨道交通客运组织工作必须实行集中领导、统一指挥的原则。控制指挥中心负责全线的客运组织工作，车站的客运组织由站长和值班站长负责。

(1)车站日常客流组织

车站日常客流组织主要包括：车站出入口客流组织、安检组织、售票组织、检票组织、乘降组织、常态化限流组织和雨雪天气组织等内容。

站厅客流组织

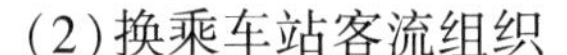

(2)换乘车站客流组织

①换乘车站客流组织特点。

换乘车站是城市轨道交通线网的重要节点，连通着两条及以上的轨道交通线路，客流以该节点作为始发站、中转站或到达站。由于换乘车站规模较大，客流组成复杂，客流流向纵横交错，其客流组织具有如下特点：

第一，客流流线复杂，容易产生进站客流、出站客流和换乘客流交叉、对流，甚至各流线间严重干扰，导致客流组织效率不高，服务水平难以提升。

第二，对客流导向及服务设施的要求高，若自动售票机、闸机、限流栏杆等设备设施布局不合理，突发大客流情况下易引发拥堵。

第三,大型换乘车站的通道有时会与地下商场连通并兼做社会通道,非乘客客流(如过街、参观或购物)的组织和引导易被忽视。

最后,在紧急情况下,客流疏散困难。

②换乘车站客流组织原则。

第一,随时掌握客流变化规律,经常统计分析客流量,监视客流的骤变,同时密切注视乘客的安全状况。

第二,合理设计乘客流动路线,在站台、楼梯、大厅处尽量减少客流交叉和对流,并设计标线,要求乘客在楼梯和扶梯上有序上下。

第三,在客流容易混行的区域,如大厅或楼梯等处,需设置必要的安全线或栅栏隔离,以免流向不同的乘客互相干扰。

第四,引导乘客在换乘通道内单向流动,以免双方向大客流相互冲击。

第五,完善统一导向标志系统,准确快速地分散客流,避免乘客交叉聚集和拥挤。

第六,应尽量为乘客提供方便,缩短进出站、换乘的时间及距离。

第七,应有站内空气、温度调节设备,并设置无障碍通道。

最后,应建立完善的突发事件应急客流组织和统一的调度指挥系统。

城市轨道交通换乘车站客流组织可从换乘车站的运行效率和内部设施布局合理性两方面来综合评价,进而对换乘车站客流组织进行优化。

(3)车站大客流组织

大客流是指在某一时段集中到达车站的客流量超过车站正常客运设施或客运组织措施所能承担的流量的客流。

一般来说,大客流出现的时间具有规律性如每天由于通勤原因引起的早晚高峰:大城市上班高峰大约在7:30~9:30;下班高峰大约在16:30~18:30。同时,还应预见外界因素引起的大客流,如节假日伴随的旅游高峰期举办重大活动(如大型体育赛事、文艺表演等),风、雨、雪等恶劣天气情况,都可引起客流的大幅增加。

车站大客流发生的原因一般有以下三种:第一,进站人数持续增加,站台聚集人数占据了站台有效区域的绝大部分;第二,列车运输能力不足,列车到站时满载率已经达到70%~80%,下车乘客少,造成乘客滞留站台不能乘车;第三,下车乘客非常多,出站楼梯、自动扶梯、通道、闸机等设施能力不足使得乘客滞留站台,造成站台乘客堆积。

①按大客流是否可以预见分为可预见性大客流和突发性大客流两种类型。

②按产生的影响和后果不同,大客流可分为一级大客流和二级大客流。

③车站大客流组织的原则。

第一,控制中心(OCC)负责地铁线路的客流组织工作,车站的客流组织由值班站长负责。

第二,在大客流情况下,车站应采取有效措施对车站客流进行控制。地下车站客流控制应遵循“由内至外,由下至上”的原则。

第三,如站台乘客数量大于站台容纳能力,必须对入闸机控制点进行客流控制,控制前往站台的乘客数量。

第四,如站台乘客数量大于站台容纳能力、站厅乘客数量大于站厅容纳能力,必须对出入口控制点进行客流控制,临时限制或者不允许乘客进站。

④车站大客流组织的方法。

第一,增加列车运能。

封站客流组织方案

可根据预测客流量,提前编制针对大客流的特殊情况下列车运行图,从运能上保证大客流的运营组织。在大客流发生时,根据大客流的方向,利用就近的折返线、存车线组织列车运行方案,增开临时列车,从而保证大客流疏散、增加列车的运能是大客流组织的关键。

第二,提高售检票能力。

控制客流方案

售检票能力不足是大客流疏散的主要障碍,车站在设置售检票位置时应考虑提供疏散大客流的通道。当可预见大客流情况发生时,可事先做好售检票设备的准备、车票和零钞的准备、临时售票亭的准备等票务服务准备工作。

第三,进站大客流组织。

限制客流方案

当车站发生进站大客流时,根据现场情况,可采取客流流线隔离、客流分流、延长走行路径、增加等候时间即进行分批放行。

第四,出站大客流组织。

当车站发生出站大客流时,按"疏导为主"的原则进行客流组织,最大限度地加快乘客出站速度,实现"快出站"。

第五,进、出站同时出现大客流的组织。

当车站同时发生进站大客流、出站大客流,即遭遇特大客流时,应遵循能控制在站外就不放在站内,能控制在站厅就不放在站台,能控制在站台就不放在列车,"出站优于进站"的原则实施客流控制,避免大量乘客积压在车站站台、站厅等面积有限的狭小空间内。一般来说,只要严格采用一级客流控制—控制站台客流、二级客流控制—控制站厅客流、三级客流控制—控制出入口客流的三级客流控制方法,车站可根据客流量逐步或越级采取一、二、三级客流控制,以缓解大客流压力,可确保乘客安全和车站秩序。

第六,换乘大客流组织。

当车站发生换乘大客流时,按照"先控制进闸,后控制换乘"的原则进行客运组织。

第七,采取临时疏导措施。

在大客流组织中,临时合理的疏导是一项很重要的组织措施。采取的疏导措施主要有设置临时导向标志、设置警戒绳或隔离栏杆、采用人工引导及通过广播宣传引导等。

三、乘务管理

乘务管理是城市轨道交通运营管理工作中一个非常关键的环节,乘务管理的好坏不仅可以直接体现城市轨道交通运营企业的服务水平,更能展现出了一个企业的文化和社会价值。乘务工作处在城市轨道交通运营生产的第一线,直接承担着行车安全、列车准点等重要任务,责任重大,因此非常重要。乘务员又称为电动列车司机。

(一)乘务员值乘方式

值乘方式的选择是城市轨道交通运营部门面临的关键问题之一,对运营机制的效率产生巨大的影响。

1. 包乘制(司机、车长负责一列车)

包乘制是指由固定的几个乘务班组成列车乘务组,轮流值乘一台列车的乘务制度。包乘制的优点如下。

①司机对自己包乘列车的车况、性能比较了解,有利于司机对列车进行保养和维护。

②司机与列车相对固定,便于管理和监督。

2. 轮乘制

轮乘制是指没有固定的列车乘务组,列车由若干乘务组轮流使用,各乘务组可以在任一台列车上值乘的乘务制度。在这一值乘制度下,列车的日常检查、保养和维修工作由专职人员负责。

(1)优点

①司机配备人数可以减到最少,对司机公寓或交通车等硬件需求相对较小。

②连续驾驶1~2h可以轮乘休息,避免了连续精力高度集中容易疲劳的问题,保证司机身体和精神状态良好。

③采用轮乘制时,可以保证乘务组有更好的劳动和休息条件,消除机车在折返段因等待乘务组休息而产生的停留时间,从而显著提高列车的运用效率和司机的劳动生产率,列车交路可得以延长。若将轮乘制和长交路加以结合,则可取得更佳的技术经济效果。

(2)缺点

司机对不同列车的车况、性能差异不熟悉,需制定措施强化值乘要求。

目前国内外城市轨道交通行业的值乘模式大多数采用轮乘的方式,包乘制已基本被淘汰。

(二)乘务员要求

乘务员的工作职责是将乘客安全、准点、舒适地运送到目的地,在高峰运行时段1列8节编组的A型电动列车上会有3000多名乘客,安全责任重大。因此,一名优秀的乘务员必须具备以下要求。

(1)身体和心理素质

身体素质:身高、视力符合要求,无色弱色盲,无高血压、心脏病、传染病等易发性疾病,要求体态灵活,思路敏捷。

心理素质:要有良好的心理素质,遇事沉着冷静。

(2)技能要求

上岗前需要经过专业的系统培训,取得电动列车驾驶证。熟练掌握列车驾驶操作、车辆构造、车站线路、道岔、信号以及故障排除方法,并且能够合理运用。

(3)良好的职业道德

城市轨道交通的目标是为乘客提供安全、准点、便捷、舒适的运输服务,要求乘务员具备爱岗敬业精神和高度的责任心,牢固树立“安全第一、优质服务”的意识。对工作高标准、严要求,对技术精益求精,顾全大局,团结协作,服从命令听指挥,扎扎实实做好各项工作。

(三)乘务员值乘管理

1. 出勤规定

(1)出勤是司机在投入运营前重要的准备阶段,在这个阶段应做好出勤前的各项工作准备,包括业务准备、生理准备、心理准备。

(2)司机在出勤前,必须充分休息,班前8h内禁止饮酒,生理和心理状况必须符合工作要求。

(3)司机必须在指定时间前到达指定地点,按规定方式出勤:停车库内出勤时,应按列车出库时间提前30min到运转值班室向运转值班员出勤,听从运转值班员的安排,并向运转值班员领取电动列车钥匙、司机报单、对讲机、应急包等行车物品:正线出勤时,应按接车时间提前20min到线路车站的指定候乘室,向班组长出勤(遇特殊线路,需线路两头出勤的,可通过电话方式向班组长出勤)。

(4)备用司机应在首班车出库前30min出勤,出勤后对备用列车进行检查,检查后应在司机候乘室内待命,严禁擅自外出或到司机公寓休息。

(5)司机出勤时,应穿着乘务人员识别服,佩戴好工号牌、星级标志或其他规定的相应标识,并携带好计时工具、工作证、有效驾驶证:严禁无证上岗,不得携带与行车无关的物品,手机必须调至振动挡。

(6)司机出勤后,认真听取班前布置会,了解当日值乘时间、地点及所接列车的车次,认真阅读并抄录涉及运营有关注意事项和调度命令并交值班员或乘务班组长签字确认。

2. 退勤规定

(1)司机在停车场内退勤时,应到运转值班室与运转值班员办理退勤手续,与运转值班员做好移交手续,移交内容包括:电动列车钥匙、司机报单、对讲机、应急包等,并将列车的技术状况及当日列车运行情况向其汇报。

(2)司机在正线退勤时,应到规定地点退勤,将当日运营情况向接班班组长汇报。遇值乘列车发生事故、严重晚点或乘务管理部门认为有必要时,值乘司机应至运转值班室办理退勤,书面报告事件经过并积极配合调查。

3. 交接班规定

(1)司机在停车库内交接班时,接班司机应与交班司机进行对口交接,交接内容包括:电动列车钥匙、驾驶专用物品、司机报单以及当日正线运行注意事项:对电动列车进行检查和试验,了解备用列车的技术状况,一旦发现列车故障或车辆状况不符合出库要求的,应及时向运转值班员报告。

(2)司机在正线交接班时,接班司机须等交班司机办理完开关门作业后,再执行对口交接工作,交接内容包括:电动列车钥匙、列车行驶交路、所交接列车的技术状况、驾驶专用物品、司机报单、继续有效的行车命令以及其他有必要交接的内容:若遇设备故障或发生事故情况,以及在规定时间内未交接完毕的,应随车继续交接,直至处置和交接完毕。

(3)在存车线与备用列车的交接班时,交接班司机应跟车进出存车线路。必须步行进入的,交接班司机应向行车调度员申请,按照面向来车方向通行路径,说明进出路线,得到其同意后,方能下线路与备车司机交接班,进入线路行走时,应加强对线路的瞭望,尽量靠线路限界外侧行走,确保自身安全。

(4)接班司机与交班司机交接完毕后,必须在司机报单上签字确认。

4. 应急处置

运行列车如遇突发列车故障,应及时汇报行车调度员,服从行车调度员指挥,并运用合理的方法处置列车故障;如列车自身不能运行,需要动用其他列车配合实施救援。

当需要进行列车救援时,一般执行正向救援原则,即由后续列车对故障列车实施救援。

(1)列车因故障无法继续运行时,司机经处理无效后,应及时向行车调度员提出救援请求。

(2)故障列车司机在得到救援命令后,及时打开客室车门进行清客,完毕后将方向手柄或模式开关打至后退位,点亮尾部头灯进行防护。

(3)故障列车司机按下停放制动按钮做好防溜措施,并逐个关闭客室中的制动缸阀门,并回到瞭望端驾驶室待命。

(4)救援列车司机在得到救援命令后,在指定车站清客,完毕后以 ATP 手动方式行驶至救援地点。

(5)救援列车应在距离故障列车安全距离处一度停车,救援列车司机下车确认双方列车的自动车钩状态是否良好、并根据连挂车辆技术条件,决定是否进行电气连挂。

(6)救援列车与故障列车连挂完毕后,由救援列车司机进行试拉,确认连挂良好后与故障列车司机进行联系,通知故障列车司机,缓解故障列车所有制动。

(7)故障列车司机缓解停车制动(关闭剩余的制动缸阀门)后,将方向手柄或模式开关打到向前位,救援列车即可牵引运行。

(8)列车救援一般采用推进运行模式,由故障列车司机负责瞭望,救援列车司机进行驾驶,一般限速 30km/h。

四、票务管理

票务系统的业务管理是借助自动售检票系统来实现的,主要内容有票卡管理、规则管理、信息管理、账务管理、模式管理和运营监督等。

1. 票卡管理

票卡就是乘客使用的车票,用于记载乘客的出行和费用信息,是乘车的有效凭证。票卡管理就是对票卡的发行、使用、更新等全过程进行的有效管理。票卡发行及其使用主要包括车票编码定义、车票初始化、车票的赋值发售、车票的使用等。

2. 规则管理

为保证票务系统能够在多部门和多环节高效运行,必须制定一套科学、严密的规则、流程,包括票价策略、结算规则、权限管理和操作流程等。票价基本政策主要指城市轨道交通运营企业对计价方式、乘车时限、乘车限制等方面的规定。

3. 信息管理

信息化是自动售检票系统的一个基本特征。为进行有效的管理和为决策提供可靠的信息,需对系统收集的基础数据进行深度挖掘、加工,开展统计分析并发布信息。

4. 账务管理

账务管理是对系统内的票务收入进行汇缴、清算、入账等过程的管理,包括账户设置、票款汇缴、登账稽核、收益清算、资金划拨和对凭证进行有效管理等。

5. 模式管理

模式管理就是针对不同的运营状况、条件所作出的相应操作行为的选择和实施,包括正常运营模式、降级运营模式以及相配套的运营管理。

6. 运营监督

运营监督就是通过系统设备以及所具有的完整、严密、及时的信息流,对运营状况进行实时跟踪监督,以提高运营质量和服务水平。它包括信息传输状况监督、客流状况监督、调配监督、收款监督及收益监督等。

五、城市轨道交通运营安全管理

(一)运营安全系统管理

1. 运营安全系统管理的概念

随着城市轨道交通改革和发展步伐的加快,对确保运营安全的资金投入和科技含量也日益加大。为适应城市轨道交通发展对运营安全更高的要求,应使用现代科学技术理论和方法,加强安全系统管理已成为我国城市轨道交通安全管理现代化的主要标志和发展方向。

运营安全系统管理是运用安全系统分析和安全系统评价等技术理论及系统管理的思想和方法,即把构成运营系统的要素—人、机(设备)、材料、信息、资金、环境等有效地组织起来,实行整体动态、定量的全方位管理,以求运营系统达到安全最佳状态。

所以,安全系统管理也就是安全最优化管理。从实际运作过程看,它所要解决的主要问题如下。

(1)发现运营系统中的事故隐患。

(2)预测由于主客观原因引起的运营系统危险的程度。

(3)设计和选用安全措施及方案,制订安全目标。

(4)实行安全目标管理,组织实施安全防范措施,达到安全控制的目的。

(5)对目标管理和措施效果进行分析和评价。

(6)加强信息管理,进行反馈调控等。

2. 运营安全系统管理的特点

建立在安全系统分析和安全系统评价基础上的安全系统管理是运营企业安全生产现代化管理的重要内容,其具有以下几个现代化管理的特点:

(1)管理系统化

通过对运营生产系统要素进行整体研究、综合分析、组织控制,协调各要素之间、各子系统之间、各职能部门之间的关系,以达到运营系统安全的目标,实现系统安全最佳状态。

(2)管理方法定量化

根据定量分析或定量与定性分析相结合所得的结果,预测事故发生的途径,找出经济有利、合理可行的预防事故发生的良策,并运用计算机进行数据分析处理,实现计算机辅助管理。

(3)管理思想现代化

在运用安全系统工程的思想和方法时,引入行为科学安全心理学、人机工程学等有关知识,强化以人为本的管理理念,促使广大员工立足本岗工作,安全生产。

3. 运营安全系统管理的基本内容

从运营安全系统工程的理论和实践情况看,安全系统分析、安全系统评价和安全系统管理相互关联、相互作用,是一个不可分割的整体,它们都是以实现运营生产安全为目的,但作用和分工各有侧重。安全系统分析主要通过分析研究系统的安全和危险因素了解系统的安全或危险程度,为安全系统评价和安全系统管理提供依据。安全系统评价是按照一定的评价指标体系和方法对安全保障系统防范效果所进行的总结性评价,以揭示安全质量水平和系统的薄弱环节,为加强安全管理进一步指明努力的方向,并提出具体要求。安全系统管理则是根据安全系统分析和安全系统评价结果,按照"安全第一,预防为主,综合治理"的原则,构建安全管理体系,强化和落实安全管理机制及措施。依照运营安全系统管理的基本原理和要求,安全系统管理的基本内容可包括总体管理、重点管理和事后管理三个方面。

(1)运营安全总体管理

城市轨道交通运营管理工作包含计划、生产、技术、质量、物资、设备、劳动、财务管理等各个方面。一切服务于安全生产的各管理部门,为确保运营安全所做的工作都应纳入总体安全管理的范畴,包括安全组织、安全法规、安全技术、安全教育、安全信息、安全资金等,形成安全管理工作的总体。

(2)运营安全重点管理

安全与危险是此消彼长的矛盾双方,运营安全管理的实质是促使矛盾向有利于安全的方面转化,但在不同的时间、空间、服务对象及客观条件下,各种矛盾和矛盾双方都有主次之分,使得安全管理的重点有所不同。凡对运营安全起决定性作用的影响因素及系统薄弱环节应重点加强安全管理和控制,如人员、设备管理,标准化作业控制和非正常情况下作业控制等,使有限的安全管理资源发挥最大的效用。

4. 运营安全事后管理

运营事故发生后,主管部门和有关单位需要做大量的调查和处理工作,如减少事故损失和防止事故扩大的抢险、救援及事故定性定责,总结经验教训,采取防范措施等,以防止同类事故重复发生。但更为重要的是,对于导致事故的直接和间接原因及其相互间的内在联系进行实事求是、深入细致分析,形成有利于改善安全状况的共识和对策,并将其上升为运营安全总体管理和重点管理的新内容。

运营安全系统管理,即通过安全总体管理、重点管理和事后管理的综合实施及全面加强,促进运营安全的全过程(计划、实施、监控)、全员(领导、干部、职工)、全要素(人员、设备、环境等)的全方位管理,有效地实现从"事故消防"向"事故预防",从"重治标、轻治本"向"标本兼治",从"条块分割、各自为主"向"条块结合、以块为主、逐级负责"等方面转变,切实把握运营安全生产的主动权。

5. 城市轨道交通运营安全保障系统

城市轨道交通运营系统是一个在时间、空间上分布很广的开放的动态系统,其影响因素错综复杂,涉及面很广。从系统论的观点出发,与运营安全有关的因素可以划分为四类:人、机器、环境以及管理。以管理作为控制、协调手段,协调人、机、环境间的关系,并通过反馈作用将系统状态的信息反馈给管理系统,从而改进安全管理方法,最终得到更为安全的系统。

城市轨道交通运营安全保障系统是指配置在运营系统上,起保障运营安全作用的所有方法和手段的综合系统,其一方面要保证运营系统内人员和设备的安全性,另一方面要保证运营系统不会受到其外部环境的威胁。

城市轨道交通运营安全保障系统作为一种管理系统，以直接影响运营安全的因素——人员、设备、环境作为管理的对象。从管理的对象出发，可将运营安全保障系统划分为不同层次的两个子系统：安全总体管理子系统和安全对象管理子系统。

1）安全总体管理子系统

城市轨道交通运营安全管理的内容包括对人的安全管理、对设备的安全管理和对环境的安全管理。对人员、设备、环境的安全管理，既是系统安全管理的三个不同内容，又是一个统一整体。这个“统一整体”正是安全总体管理的对象，它不是单纯指人、设备或者环境，而是指“人-机-环境”系统整体。因此，安全总体管理的内容，不是单独对人的安全管理、对设备的安全管理或者对环境的安全管理，而是对“人-机-环境”系统总体的安全管理，是凌驾于人-机-环境之上，又渗透其中的安全管理。从功能上看，安全总体管理起着系统软件的作用，它既是安全管理这个大系统中的一个子系统，又对整个系统的安全状况起着控制、监督的作用。

（1）安全组织

安全组织是安全管理的一个职能实体，所有安全保障措施的制订与落实离不开组织的支持。组织是一切安全管理活动的基础，安全组织管理的功能（排除单独针对人员的部分）包括：

①制定安全管理的方针、政策和目标。

②明确责任和权限。

③组织实施安全管理规划。

④提供决策沟通和协调配合。

⑤安全检查及整改。

⑥分析处理事故。

⑦其他。

（2）安全法制

建立、健全安全法制的目的就是使人、机、环境的安全管理活动做到有章可循、有法可依，即起到规范人、机、环境安全管理的作用。安全法制管理的功能主要表现在下述四个方面：

①完善运营安全法规。

②建立、健全规章制度。

③完善安全标准体系。

④监督与考核规章制度、作业标准的执行。

（3）安全信息

一切安全管理活动都离不开安全信息的支持。信息传递是组织管理理论的重要内容，信息促使系统管理动态化，将组织目标与参与人员联系起来。正是信息的纽带特性使得安全信息成为安全总体管理的内容。安全信息管理子系统的功能包括：

①收集、记录、整理、传输、存储系统安全信息。

②提供系统安全分析工具、评价方法与决策支持。

③追踪先进的安全科技与管理信息。

（4）安全技术

安全技术管理的内容包括对运营安全硬技术设备的安全管理和对运营安全软技术的研

究、开发与应用。安全技术管理中单独针对人员、设备和环境的部分属于安全对象管理而非安全总体管理,因此,作为安全总体管理中的安全技术,应排除单独针对人员、设备、环境的技术管理部分,包括:

①安全分析、评价和管理方法的研究与应用。

②事故管理方法的研究与应用。

③各种安全作业方法、工艺过程的研究与应用。

④制定与完善安全技术规范的方法的研究与应用。

(5)安全教育

在城市轨道交通运营"人-机-环境"系统中,为了避免各种危险,防止事故发生,必须通过多种形式和方法对广大轨道交通运营企业领导、干部与员工进行经常性的安全教育和培训,从而促进安全相关行为或改进人的行为状态。因此,安全教育管理应具有以下功能:

①完善各级安全教育体系。

②建立、健全促进安全行为的奖惩制度。

(6)安全资金

安全资金是做好运营安全管理必要的物质基础。安全资金管理的内容包括对保障运营安全所需资金的筹集、调拨、使用、结算、分配等。

2)安全对象管理子系统

如前所述,单独针对人员、设备、环境的安全管理称为安全对象管理,则安全对象管理子系统可进一步细分为人员安全保障子系统、设备安全保障子系统和环境安全保障子系统。

(1)人员安全保障子系统

人员安全保障是指保障人员安全性的所有措施,即保障不因人的差错而导致事故或隐患。在排除设备和环境因素之后,人员安全保障包括提高人员安全素质和加强人员安全管理两部分。

①提高人员安全素质的措施又可称作人员直接安全保障。提高人员安全素质最为有效的途径即为岗位安全教育和培训,包括针对不同岗位员工进行的不同内容的安全教育和培训。

②加强人员安全管理的目的是防止因间接原因而产生人的差错,又称人员间接安全保障,包括加强安全劳动管理、加强员工生活管理和加强行为管理。

(2)设备安全保障子系统

①设备安全设计。选用具有较高安全性(包括人机工程设计、可靠性、可维修性、先进性等)的设备。

②设备的维护、检修及更换。保障设备始终处于良好运行状态,对于超过服役期的设备要及时更换。

③设备状态及工作情况的检测和监控管理。有效获得各种设备安全性能的实时动态信息。

④设备的故障安全对策。保证故障发生后能够导向安全,不致产生非安全的连锁反应,使事故造成恶果的影响尽可能减小。

(3)环境安全保障子系统

影响运营安全的环境条件包括内部小环境(作业环境、内部社会环境)和外部大环境(自然环境、外部社会环境),因此,环境安全保障子系统可进一步细分为内部环境安全保障和外部环境安全保障两部分。

①内部环境安全保障。改善影响运营安全的内部环境是运营安全保障系统的重要内容,包括:

第一,作业环境安全保障。为保障运营安全,必须使操作者的作业环境处于良好状态,包括作业空间布置,温度、湿度调节、采光、照明设置,噪声与振动的控制,以及有毒有害气体、粉尘、蒸汽的排除等方面。

第二,内部社会环境安全保障。内部社会环境安全保障方法包括针对影响运营安全的系统内部的政治、经济、文化法律等环境条件所采取的一系列控制措施。

②外部环境安全保障。外部环境即不可控环境。外部环境安全保障就是指为了淡化外部环境对运营安全的负面影响,强化其正面影响,而对运营系统进行调节的所有管理手段,包括:

第一,自然环境安全保障。自然环境安全保障方法包括针对影响运营安全的自然环境条件所采取的一系列防范措施,其目的是使自然环境对运营安全的影响被降到最低限度。为此,必须做好自然灾害的预测、预报与防治工作以及恶劣气候下安全作业方法的完善与落实工作。

第二,外部社会环境安全保障。为了保障运营安全,城市轨道交通必须随着它所赖以生存的社会环境条件(技术、经济、政治、文化等)的变化而做适当调整,化消极影响为积极影响。

能力提升

1. 内容

调查您所在城市或邻近城市的城市轨道交通车辆类型、车站机电设备系统、运营管理的导向标识和安全运营措施等。

2. 要求

(1)以小组为单位进行活动,各组人员不超过6人,轮换推选组长1人。组长负责组织安排活动,协调、督促成员完成任务。

(2)每组制作演讲PPT,由老师任选1名成员在课堂上讲解。

知识巩固

一、填空题

1. 城市轨道交通车辆按车体宽度分为__________、__________、__________三类车型,其中当前新建地铁的城市大多采用__________型车,轻轨线路较多地使用__________型车。

2. 城市轨道交通车辆编组主要有__________、__________、二动二拖、__________等编组形式。

3. 接触网按其结构形式可分为__________和__________两大类。

4. 城市轨道交通信号系统通常由__________和__________两大部分组成。

5. 车站由__________、车辆段由__________统一指挥。

6. 列车在区间时,电客车由__________负责指挥,工程车由__________负责指挥。

二、简答题

1. 简述城市轨道交通车站机电设备系统。

2. 简述城市轨道交通车站导向标志的设计要求。

3. 简述城市轨道交通行车机构和行车人员的主要任务。

参 考 文 献

[1] 陈海峰,彭涌涛. 轨道交通概论[M]. 北京:人民交通出版社股份有限公司,2014.

[2] 中华人民共和国住房和城乡建设部. 城市轨道交通工程项目规范:GB 55033—2022[S]. 北京:中国建筑工业出版社,2022.

[3] 韩宝明,杨智轩,余怡然,等. 2020 年世界城市轨道交通运营统计与分析综述[J]. 都市快轨交通,2021,34(1):5-11.

[4] 秦国栋,苗彦英,张素燕. 有轨电车的发展历程与思考[J]. 城市交通,2013,11(4):6-12.

[5] 梅建萍. 结合政策法规解读我国城市轨道交通的发展历程[J]. 城市轨道交通研究,2019,22(3):1-6,110.

[6] 王铭珍. 我国最早修建的地铁[J]. 建筑工人,2009(6):34-35.

[7] 周庆瑞,王伯瑛,孔春燕. 北京第一条地铁建设历程[J]. 城市轨道交通研究,2021,24(10):10013-10018.

[8] 胡志强. 中国当代史的深邃记忆——北京地铁 1 号线的故事[J]. 工会博览(下旬版),2014(33):14-20.

[9] 中华人民共和国住房和城乡建设部. 城市轨道交通线网规划标准:GB/T 50546—2018[S]. 北京:中国建筑工业出版社,2018.

[10] 中华人民共和国住房和城乡建设部. 地铁设计规范:GB 50157—2013[S]. 北京:中国建筑工业出版社,2013.

[11] 王晓芳. 城市轨道交通线路与站场设计[M]. 上海:上海交通大学出版社,2017.

[12] 董必钦. 我国全断面隧道掘进机为何能实现装备自主化——董必钦老人回忆我国盾构机发展创新跨越的历程与经验[J]. 建设机械技术与管理,2022,35(1):36-41.

[13] 杨华勇. 中国盾构是怎样“炼”成的[J]. 科学中国人,2022(2):28-29.

[14] 阎国强. 城市轨道交通概论[M]. 3 版. 北京:人民交通出版社股份有限公司,2021.

[15] 慕威. 城市轨道交通概论[M]. 2 版. 北京:人民交通出版社股份有限公司,2021.

[16] 杜子学,常聪,杨震,等. 水平轮胎结构形式对跨座式单轨车辆运行平稳性的影响[J]. 重庆交通大学学报(自然科学版),2022,41(1):127-132.

[17] 周晓明,刘万明. 长沙中低速磁浮工程建设中的重要举措[J]. 城市轨道交通研究,2016,19(5):1-4,14.

[18] 中华人民共和国住房和城乡建设部. 跨座式单轨交通施工及验收规范:GB 50614—2010[S]. 北京:中国建筑工业出版社,2011.

[19] 中华人民共和国住房和城乡建设部. 跨座式单轨交通设计标准:GB/T 50458—2008[S]. 北京:中国建筑工业出版社,2022.

[20] 唐飞龙. 我国首列中国标准地铁列车下线[J]. 电力机车与城轨车辆,2021,44(5):118.

[21] 中国土木工程学会轨道交通分会. 长沙磁浮快线工程[J]. 城乡建设,2019(20):70-71.

[22] 中华人民共和国住房和城乡建设部. 地铁快线设计标准:CJJ/T 298—2019[S]. 北京:中国建筑工业出版社,2020.

[23] 鲍艳玲. 轨道交通高架车站结构设计浅述[J]. 地下工程与隧道,2004(1):20-22,56.

[24] 杨林,董瀚路. "站桥合一"高架车站内力影响因素分析[J]. 四川建筑,2014,34(3):206-208.

[25] 李静园. "站桥合一"地铁高架站静力及地震响应分析[D]. 西安:西安建筑科技大学,2019.

[26] 薄栋乾,江万红,吴浩,等. 地铁 DTⅢ型扣件 e 型弹条疲劳特性理论分析[J]. 铁道标准设计,2021,65(8):55-59.

[27] 杨程亮. DT-Ⅲ型扣件弹条断裂原因分析[D]. 北京:中国铁道科学研究院,2019.

[28] 余轲. 跨座式单轨项目技术经济指标研究[J]. 建筑经济,2021,42(S1):71-73.

[29] 陈小梅. 曲折艰辛地铁路——新中国第一条地铁线路建设探源[J]. 中国档案,2012,460(2):72-73.

[30] 杨海,卢瑞林,王明星,等. 聚氨酯泡沫合成轨枕产品均匀性评价研究[J]. 聚氨酯工业,2022,37(4):35-37,41.

[31] 耿幸福,崔联云. 城市轨道交通行车组织[M]. 3 版. 北京:人民交通出版社股份有限公司, 2021.

[32] 刘莉娜. 城市轨道交通客运组织[M]. 3 版. 北京:人民交通出版社股份有限公司,2021.

[33] 张新宇,王富饶. 城市轨道交通安全管理[M]. 2 版. 北京:人民交通出版社股份有限公司,2021.

[34] 仇海兵. 城市轨道交通车站设备[M]. 3 版. 北京:人民交通出版社股份有限公司,2021.